中国政法大学网络法学研究院资助

# 网络法学研究

WANGLUO FAXUE YANJIU

王立梅　郭旨龙○主编

中国政法大学出版社

2022·北京

**图书在版编目（ＣＩＰ）数据**

网络法学研究/王立梅，郭旨龙主编. —北京：中国政法大学出版社，2022.6
ISBN 978-7-5764-0326-8

Ⅰ.①网…　Ⅱ.①王…②郭…　Ⅲ.①计算机网络－科学技术管理法规－立法－中国－文集　Ⅳ.①D922.174-53

中国版本图书馆CIP数据核字(2022)第018406号

--------------------------------------------------------------------------------

出 版 者　中国政法大学出版社
地　　址　北京市海淀区西土城路 25 号
邮　　箱　fadapress@163.com
网　　址　http://www.cuplpress.com (网络实名：中国政法大学出版社)
电　　话　010-58908435(第一编辑部) 58908334(邮购部)
承　　印　固安华明印业有限公司
开　　本　880mm×1230mm　1/32
印　　张　9
字　　数　218 千字
版　　次　2022 年 6 月第 1 版
印　　次　2022 年 6 月第 1 次印刷
定　　价　49.00 元

# 前　言

　　中国政法大学网络法学研究院成立于 2017 年 12 月，是由中国政法大学和腾讯公司共同创建的新型科研机构。网络法学研究院致力于研究网络法治理论和网络空间国际治理规则，着眼于培养网络法治人才和构建"中国特色、世界一流"的网络法治智库，以期为建设法治网络、实现我国从网络大国迈向网络强国提供人才支撑和智力支持。

　　研究院成立以来高度重视学术研究工作，出版了网络法学研究 2018 年卷（总第 1 期）。本书可谓是第 2 期。本书一共十篇文章，聚焦于数字身份、数据法治、智慧法治三大主题。作者来自北京大学、武汉大学、西南政法大学、南京师范大学、中国政法大学等高校，以及实务机构上海市青浦区人民法院。

　　数字身份是数字时代的人们进行数字化生存和生活的重要基础。本书第一篇文章是来自北京大学法学院胡凌老师的《数字身份的未来》。笔者在一系列文章中对早期实名制、数字身份的形成、作为基础身份标识符的人脸与疫情期间二维码的使用进行了讨论，尝试追溯身份数字化的转变过程，以及相关权力主体如何推动身份认证与识别进程。数字身份与认证、识别、账户、个人信息、基础设施、网格/网络治理模式等诸问题都息息相关，从这一角度入手可以帮助我们更好地理解一些热门争议问题的实质。本文尝试在现有讨论的基础上，进一步总结未来的数字身份形态演进的原理和相关配套法律制度的完善。首先，说明数字身份形态如何因技术和需求而变化。其次，讨论看似虚拟的数字身份的"物质性"特征。再次，尝试归纳宽泛的数字身份制度。最后，进行总结。该文说明，身份认证的过程是一个不断从静态到动态的过程，传统静态认证是以相对不变的地址、单位、网格等治理要素为核心，而动态认证则是以社会主体为中心，强调网络化的流动性和动态追踪。这就需要最庞大的认证主体——国家——保持体制创新，依靠地方区域协同、互联互通。未来的数字身份体系究竟会成为何种样态，还需要持续观察。

数据要素成为近年来我国各行业、各阶层关注的话题。本书第二篇文章是来自武汉大学法学院袁康老师、鄢浩宇同学的《数据要素市场化配置的法律保障》。该文认为，数据是数字经济时代重要的新型要素，数据要素的市场化配置是充分发挥数据积极效用并促进经济增长的前提。实现数据要素的市场化配置，需要在坚持市场机制决定性作用的基础上发挥政府的积极作用，借助合理的法律制度安排，解决数据资源流通的数据权属不清、数据竞争失序、数据资源分散、个人信息保护政策不明等现实问题，为数据资源的有效流通奠定制度基础，同时通过建设数据交易场所、完善数据定价机制、健全数据市场监管体系等配套制度，促进和规范数据要素市场的组织运行。

数据的重要来源是爬虫机制，但它引发重大争议。本书第三篇文章是来自西南政法大学姚万勤老师、陈道晨老师的《网络爬虫行为规制的刑民界限》。该文认为，随着大数据、5G技术的发展，万物形成互联，数据已然成为连接现实世界的一条重要纽带。针对网络爬虫的"异化"倾向，司法机关对其采取一定的努力，但其公布的判决书也暴露出其刑民难分的困境。而在缓和的违法一元论的立场上坚持质量混合区分说具有一定的合理性。坚持"质量混合区分说"，以"质"作为其核心领域，在客观上借助"量"以避免核心领域判断因素的抽象化、空洞化，即只有当网络爬虫触及了刑法的核心保护范畴，才能够进入刑法规制领域；反之，如果只是具备了"量"的因素，只能是民事不法行为。只有如此才能更加周延地区分出网络爬虫行为规制的刑民界限。

数据的虚假是网络时代面临的重大社会挑战。本书第四篇文章是来自南京师范大学李谦老师的《电商时代流量造假的刑法规制》。流量造假是电商时代一种典型的网络危害行为。在概念上，它是指通过各种网络技术，制造虚假流量并谋取不正当利益的行为。在类型上，根据其对流量运营的影响方式，可分为商业信息型、经营秩序型和系统数据型三种类型。流量造假的概念与类型，将有助于我们展开对其刑法规制的研究。具体来说，这包括三个维度的内容：其一，刑法规制流量造假的正当性依据，在于流量运营的风险现实化。其二，刑法规制流量造假的关键举措在于应确保流量运营安全。其三，对损害商业信誉、商品声誉的判断，对扰乱电商经营秩序的界定，以及对侵害电商主体系统数据的考察等事项，都是我国刑事司法中必须认真面对的问题。

数据议题中的重点在近年来尤其体现在个人数据的保护。本书第五篇文章是来自中国政法大学谭子文同学的《个人信息处理主体何以分类》。该文指出，基于专业性、成本的考量以及法律的规定，多个信息处理主体共同参与处理个人信息的情形已渐成常态，因此对多个主体进行分类并且厘清各自的义务也是应然的选择。产生于20世纪90年代的欧盟的"控制者-处理者"分类方案难与现代商业实践相匹配，尤其是与互联网、人工智能、物联网、大数据等新技术相脱节。欧盟为了弥补上述缺陷而打的若干"补丁"，却使"控制者"与"处理者"之间的界限越发模糊，丧失了可操作性。因此，与其盲目追求以技术为基准的分类方案，不如将成熟的基础法律制度——委托关系作为分类基准。而且，委托关系中受托方与委托方的决定权能、工作侧重点、面向的对象、利润来源等都有所不同，这为采用"委托方-受托方"的分类方案提供了良好基础。同时，分类本身不是目的，如何在不同信息处理主体间进行义务与责任的分配才是分类的意义所在。

数据议题中的重点在近年来还体现在公共数据的治理。本书第六篇文章是来自广东技术师范大学罗伟玲老师、广东君信律师事务所梁灯律师的《试论政府数据共享的暗礁及清障路径——一个被遗忘权的例子》。该文提出，政府数据共享以提升行政效能和公共服务质量为宗旨，政务部门数据的真实性、准确性和完整性是实现共享目标的基石和根本保障。但其中的准确性和完整性要求往往会遭遇来自外部的非共享主体人为因素的挑战。被遗忘权的行使即为一例。被遗忘权起源于有严苛隐私保护传统的欧洲，是大数据时代个人数据主体维护个人信息安全、抵制数据控制者算法强权的武器。而政府着力于宏观环境的福利，出于共享的效用动机，通过数据共享扩大数据基数、扩张数据版图，客观上加速人的行为数字化进程。两项制度的价值背离和理论张力使得两者若在客体上重叠，将不可避免地形成制度冲突。通过考察比较欧盟的被遗忘权制度与我国现行的政府数据共享机制，可发现两项制度在实然和应然层面都呈现客体重叠的可能性，为保障该两项良好制度匹配运行，在构建中国版被遗忘权制度时需要从价值、功能、结构三方面对其进行重塑，同时优化正在实施的政府数据共享机制的结构，以使两者达至同频共振、无缝衔接。

我们所处的信息网络时代已经进化到人工智能时代，二者相互嵌入，引发更多法治问题。本书第七篇文章是来自上海市青浦区人民法院陈强法官、尹强法官的《智慧法院时代庭审记录改革的探索与优化——来自一线法官的实践观察》。该文认为，庭审记录是庭审活动的如实反映。传统庭审记录的人工输入模式，与司法改革的庭审实质化、镜像化、高效化之间存在不小的差距；以区块链、音字转换等信息技术为支撑，推进以录音录像代替传统人工记录的新型庭审记录改革，具有现实必要性；作为新生事物，庭审记录改革亦需在法律规定、审判理念、技术进步等方面进行必要的驱动增能，以期适应新时代的人民法院司法改革需要。

人工智能已经为公权机关深度应用，其中的法治机遇与法治挑战都需要认真研究。本书第八篇文章是来自中国政法大学贾斯瑶同学、郭旨龙老师的《比较法视野下警用人脸识别技术与公民隐私保护之平衡》。该文认为，信息技术的革新正在重塑执法人员的犯罪侦查方式，人脸识别技术的应用有利于提高刑事侦查的效率，但也同时对公民的隐私保护构成隐忧。本文旨在探讨司法办案过程中如何平衡好二者的关系，使其既能充分发挥信息技术侦查的作用，维护公共安全、打击刑事犯罪，又能有效保护公民面部特征信息。在阐释刑事侦查过程中人脸识别技术应用现状的基础上，勾勒警用人脸识别技术场景下对公民隐私保护之忧患。以宪法权利视角为切入，从理论上确立公民面部特征信息的权利地位，同时反思和借鉴美国、欧盟司法实践中警用人脸识别技术法律的规制思路。通过比较法学的研究视角，可以进一步分析我国警用人脸识别技术使用的边界，以期探讨我国在数字时代解决刑事侦查与隐私权保护之间界限难题的进益之法。

人工智能给予社会治理的机遇与风险是一个全球性的议题。

本书第九篇文章是来自英国杜伦大学法学院迈克尔·博兰德教授的《"全球圆形监狱":大规模监控与作为反人类罪的数据隐私侵犯?》,由北京外国语大学安柯颖副教授翻译。在该文中,作者试图审问一个前提,即我们可能需要从国际刑法下的对受保护权利的传统理解,特别是在危害人类罪(CAH)的背景,转变到21世纪的模式。国际刑法(ICL)仍然过分强调可以看到和立即相关的伤害——对生命肢体,个人自由和财产的威胁,并且越来越关注性暴力和基于性别的暴力。但是,有些权利在本质上是非物质的,但是对这些权利的侵犯可能会造成同样有形的伤害。正如福柯式分析所表明的那样,政府和私人参与者不加选择地收集大量数据的做法不仅具有压制言论自由和信仰自由的潜力,而且压制特别的隐私权,其和传统目标权利有着同等的效力。在法律改革的辩论中,隐私权已日益成为公众关注的焦点,主要集中在打击犯罪和反恐努力的主题上。这种所谓的个人自由与为了公众利益而进行控制之间的对立关系,给寻求直接而及时的解决方案带来了巨大的障碍。基于万物平等的假设,尽管在概念和术语上确实缺乏清晰的轮廓,但作者认为,要触发(国际)刑法的保护,就必须在国际法层面上存在一条"红线"。然而,对当前判例法的分析表明,对危害人类罪(CAH)的简单分类的任何希望(可能已经存在的迫害罪除外)似乎都是没有根据的。到目前为止,人们尚未充分意识到当今的隐私权已经可以与作为危害人类罪(CAH)与战争罪基础的传统权利相提并论。像其他国际法律一样,国际刑法是由国家制定的,也就是说,由那些更多的是问题的一部分而不是问题的解决者制定的。然而,即使在这样的环境中,也有必要继续向当权者讲述真相,并有时候希望真相的力量最终会占上风。

人工智能对于人类社会法治文明秩序的挑战需要多方面、多角度的应对。本书第十篇文章是来自山西大学博士生席斌翻译的《〈欧洲议会和欧盟理事会关于开发、部署和使用人工智能、机器人和相关技术伦理原则的条例〉（立法动议、提案及解释性陈述）》，由汪渊智教授校阅。该文包括三方面内容：就确立开发、部署和使用人工智能、机器人和相关技术伦理原则提请欧洲议会进行决议之立法动议；《关于开发、部署和使用人工智能、机器人和相关技术伦理原则的条例》之立法提案；立法动议及提案之解释性陈述。该提案的主要原则和目标是：①通过确保以遵循伦理的方式开发、部署和使用人工智能、机器人和相关技术，以建立对这些技术的信任。②支持欧盟人工智能、机器人和相关技术的发展，包括通过帮助企业和初创企业评估和解决发展过程中的监管要求和风险。③通过提供适当的监管框架，支持在欧盟部署人工智能、机器人和相关技术。④通过确保以遵循伦理的方式开发、部署和使用人工智能、机器人和相关技术，支持在联盟中使用这些技术。⑤要求在公民之间以及开发、部署或使用人工智能、机器人和相关技术的组织内部有更好的信息流动，以确保这些技术符合拟议条例的伦理原则。

　　本书最终付梓成功，要感谢中国政法大学网络法学研究院张婷老师的大力支持，感谢中国政法大学网络法学研究所李怀胜老师、商希雪老师在约稿、审稿方面的忘我奉献，感谢中国政法大学出版社艾文婷、李闯两位编辑老师的悉心付出。希冀本书的出版能为我国的信息网络法学、人工智能法学提供一些重要参考资料。

王立梅　郭旨龙

2022 年 1 月于中国政法大学研究生院科研楼

# 目 录

胡 凌

数字身份的未来 ...... 1

袁 康 鄢浩宇

数据要素市场化配置的法律保障 ...... 14

姚万勤 陈道晨

网络爬虫行为规制的刑民界限 ...... 41

李 谦

电商时代流量造假的刑法规制 ...... 63

谭子文

个人信息处理主体何以分类 ...... 83

罗伟玲 梁 灯

试论政府数据共享的暗礁及清障路径

——一个被遗忘权的例子 ...... 120

网络法学研究

陈 强 尹 强
智慧法院时代庭审记录改革的探索与优化
——来自一线法官的实践观察 …… 160

贾斯瑶 郭旨龙
比较法视野下警用人脸识别技术与公民隐私保护之平衡 …… 194

迈克尔·博兰德 著 安柯颖 译
"全球圆形监狱"：大规模监控与作为反人类罪的数据
隐私侵犯？ …… 212

席 斌 译 汪渊智 校
《欧洲议会和欧盟理事会关于开发、部署和使用人工智能、机器人和
相关技术伦理原则的条例》（立法动议、提案及解释性陈述）…… 243

# 数字身份的未来<sup>*</sup>

胡 凌<sup>**</sup>

## 一、引言

身份依赖于社会建构，社会主体多元的身份处于不同的权力关系当中，其运转的有效性和特定身份技术息息相关。身份也是一项社会制度，法律主体之所以能顺畅地在特定法律关系中行使权利、承担义务，依赖于身份制度的有效运转。可以说，身份制度是维系从传统低流动性的乡土社会到当代高流动性的市场经济社会的相关秩序的基础设施，它确保特定社会网络中人际关系的可预期性，具备信任感和安全性，也通过声誉和其他信息机制对社会主体进行约束。在现代社会，政府或企业雇主为公民或雇员创设在一定范围内的独一无二的身份，并在行政管理或劳动管理过程中加以使用。在互联网上，数字平台同样为用户创设数字身份，用于提供虚拟服务，并通过数据的收

* 本文是国家社科基金重大项目《大数据时代个人数据保护与数据权利体系研究》（批准号：18ZDA146）的阶段性成果。
** 胡凌，北京大学法学院副教授。

集分析来追踪用户行为偏好。和传统身份相比，数字身份展示出碎裂化、关联性强、依赖多元且分散的技术、以数据处理为核心等特点，为法律实践和研究带来了诸多新问题。

笔者在一系列文章中对早期实名制[1]、数字身份的形成[2]、作为基础身份标识符的人脸[3]与疫情期间二维码的使用[4]进行了讨论，尝试追溯身份数字化的转变过程，以及相关权力主体如何推动身份认证与识别进程。数字身份与认证、识别、账户、个人信息、基础设施、网格/网络治理模式等诸问题都息息相关，从这一角度入手可以帮助我们更好地理解一些热门争议问题的实质。本文尝试在现有讨论的基础上，进一步总结未来的数字身份形态演进的原理和相关配套法律制度的完善。第一节说明数字身份形态如何因技术和需求而变化，第二节讨论看似虚拟的数字身份的"物质性"特征，第三节尝试归纳宽泛的数字身份制度，最后进行总结。

## 二、数字身份形态的变化

数字身份之所以在当下成为问题，不是因为身份本身（身份一直都存在），而是因为塑造数字身份的技术成本降低，使在各种不同场合通过多元身份进行的活动变得更加可见，这表现为越来越多的活动都要求注册账户并积累相关行为数据，从而使社会主体产生数据滥用的担忧。要缓解这一问题带来的社会

---

[1] 胡凌："中国网络实名制管理：由来、实践与反思"，载《中国网络传播研究》2010年辑。

[2] 胡凌："塑造数字身份：通过账户的认证与识别"，载《北航法律评论》2020年第1辑。

[3] 胡凌："刷脸：身份制度、个人信息与法律规制"，载《法学家》2021年第2期。

[4] 胡凌："扫码：流动性治理的技术与法律"，载杨明主编：《网络法律评论（第23卷）》，中信出版社2021年版，第180~185页。

心理和认知负担（不大可能予以彻底解决），可以从简化账户入手，即在前台通过一个统一账户登录，将基础身份关联至后台多项服务，甚至第三方服务，从而降低对大量用户名/密码的记忆成本。这一过程实际上也重塑了身份体系，目前我们看到两条路径：一是地方政府进行的一网通办政务改革，让办事主体最多跑一次，将不同办事窗口的身份查验过程合并，通过单一政务 APP 提供服务，甚至逐渐跨省协同、整合数据资源；一是大型平台企业通过推动使用自身账号登录其他第三方服务、开发小程序或者通过企业并购来合并服务账户等，使自己成为大量互联网服务的入口。

这意味着，数字身份不是一种固定不变的事物，而是本身在不断整合各种服务的生成过程。它由两个层面组成，一是表露在外的标识符，可以被权力主体或其他社会主体识别出来，一是通过与标识符关联的账户之内的行为数据，这些数据经过分析后作为一个整体可以被贴上多元标签。这个过程将散落在线下的各种身份功能逐渐打通融合，如成员资质、权利义务、通行证、服务改进等，将其直观地体现为某种使用或访问（access）权限。这类权限之前是同一社会主体在不同的时间和空间内享有的，它们之间缺乏关联，现在则可能通过技术和商业手段关联起来。其不仅在同一个数字平台上使用不同的服务，也可以用同一个身份标识登录不同的平台。关联一切是互联网时代的特点，也是诸多问题产生的根源。人们有时会质疑为何某些事物会被关联在一起（例如在讨论社会信用时认为其是不当联结，或担心账户失窃或身份冒用风险），有时则对关联视而不见，反而希望增加便利、降低账户使用成本。社会若想对此过程达成共识还为时尚早，而在此之前，我们看到的趋势似乎是通过基础账号不断打通各类服务，同时尽力确保此类账户的安全性。

基础账号催生出对基础身份的需求，这在互联网产生初期并非如此。早期互联网无政府主义意识形态主张，在赛博空间中可以并且应当存在多个（伪装的或匿名的）身份，真实身份需要隐匿，最好与虚拟身份彻底切割，无须为后者的任何行为在物理空间中负责，也不受线下法律的约束。历史经验表明，线上与线下的界分仅限于某种科幻式想象，实际上二者是相互影响的，且往往被平台企业用来当做减轻责任的说辞。逐渐兴起的网络主权本身就蕴含着将现代国家的治理方案进一步延伸至赛博空间。一旦以基础身份打通不同领域的身份活动，次级身份之间也就可以相互作用和影响，更多行为数据与评分就会被归集到唯一社会主体身上。数字身份的内涵在这个意义上逐渐从空间维度转向技术维度，所谓的赛博空间无非是某种推动各类关联性的技术创造而已，只要特定技术成熟就可以创造推广一种新的身份标识，用以带动新的服务和社会功能。

这不意味着线上只能和线下一样，存在唯一的基础身份（如身份证的广泛使用）。我们已经看到数字基础身份一直在发生变化，从身份证、电话号码、CTID 到人脸乃至二维码（未来还可能有皮下芯片），都是在前一批基础身份的使用过程中不断根据实际需要进行改变和互认，而且每一批都整合了之前的基础身份信息，以确保认证的真实准确。例如，之前还可能有在逃通缉犯通过伪造身份证持续脱逃，但刷脸使其在公共场所无处遁形。整合基础身份信息的意义还在于防止单一身份信息泄露所造成的身份失窃，其在认证过程中推动多重因子认证，特别是在金融服务这类需要高安全标准的领域中发挥作用。

将基础身份信息广泛地作为标识符以打通不同的活动领域，也不意味着所有的身份都必然混同。人们仍然只关心在各个领域不同身份带来的资质和权利义务关系，只是如果它们都能关联到一个基础身份，那么基础身份本身的效能会受到影响。例如，如果各处都用身份证或人脸识别认证，那么一些不安全的私人服务认证过程就会传导至公共服务认证或其他私人服务，带来连锁身份冒用。相应地，随着 2020 年公众舆论对人脸识别应用的负面评价不断升级，不少原来使用刷脸认证的单位退回到使用身份证或其他证件，同时也增加了身份证丢失补办的概率。这说明在接受国家认证权力的前提下，作为认证的基础身份信息越来越需要独立出来，成为确保唯一性的安全标识符，同时在公共和私人服务领域保留既有的次级身份体系。

作为标识符的基础身份信息与账户中的其他行为数据（或称为隐私）越来越紧密结合在一起。前者仅仅用于机读，无法在表面上展示身份，其只有和后者结合起来，才能在具体场合中判断社会主体是谁。即是说，在当下，隐私或私密的个人信息在事实上也构成了身份的一部分，数据积累得越多，越能凸显出多元化的身份和行为特质。在传统熟人社会中，较少需要对日常行为的追踪和记录技术，人的身份镶嵌在伦理和社会网络中，并需要按照这一身份行事，人们只要认脸（或者服饰）就可以判断对方的社会身份，从而按照相应规范做出回应。在传统熟人社会中，低头不见抬头见，身份之外的具体活动和数据本身就隐藏在社会网络的集体记忆中，帮助确保合作和交易安全，因此个人隐私问题并不突出。身份与隐私的分离在现代社会无法持续，高度的社会流动性冲破了熟人社会中的身份关系和规范，使身份变得更加平等且私密，人的身份不再可能通过外表进行判断，而需要了解更多个人信息以确保交易与合作安全，即公共信息。现代国家需要不断地将隐私或私密的个人信息以某种方式转化为社会和市场主体可以利用的公共信息或数据产品，并进行实时监控追踪和计算，才能更好地维护大规模交易秩序，实现各类公共政策目标和技术治理，特别是在公共卫生事件当中尤为如此。[1] 其前提就是先制造新的超越具体社会网络的一般基础身份，然后通过标识符对其进行精准定位，这样就会把隐私整合进身份当中，从而随着公共利益的需求加以调整，而非像自由主义意识形态宣称的那样不可侵犯。在这一整合过程中，数字身份表现出一个不断生成的状态，社会主体的一些行为往往反映其人格的某个侧面和特质，而另一些行为则不会作出反映，由此对数据挖掘的权力的争夺、控制和约束，就形成了数字身份的政治经济学——国家需要借此提升认证能力，企业需要借此加强劳动管理和消费者偏好预测，个人则希望控制自身的数据使用。

### 三、数字身份的物质性

数字化的身份核心在于围绕特定身份信息的生产、收集和使用行为展开，这体现在从发放令牌证件到核验认证到追踪分析到跨区域系统进行评分等一系列活动中。围绕信息行使的权力过程是传统线下身份制度所无法比拟的，信息总量的不断增加超越了单个社会主体能够自我管理和想象的限度，并使得被遗忘成为不可能。从表面上看，数字身份更多地在后台通过机器进行比对验证与计算，从而使载体发生了相当的变化，体现不同身份的证件展示功能似乎变得不再重要，认证过程从前台转向后台。但作为一种制度，此处借用文化研究的一个术语，即它仍然具备相当程度的"物质性"。这里所说的"物质性"更多地反映在四个主要方面：①依赖特定技术；②成为基础设施；③回应社会需求；④嵌入生产关系。

----

〔1〕 参见胡凌："私密个人信息如何转化为公共信息"，载《探索与争鸣》2020年第11期；彭亚平："照看社会：技术治理的思想素描"，载《社会学研究》2020年第6期；戴昕："'防疫国家'的信息治理：实践及其理念"，载《文化纵横》2020年第5期。

第一，辅助身份认证与识别的物理设备和装置（证件、摄像头、传感器、服务器）仍然是必需的，且会根据实际推广和应用的物理成本而不断变化。身份证依赖于读卡器，CTID 或 eID 依赖于（特定型号的）智能手机和识别终端，刷脸依赖于摄像头，电话号码和二维码依赖于智能手机，这都说明随着无处不在的认证需求的增加，可能无法在短时间内统一各类基础身份标识符，而是根据实际需要和社会成本决定在特定范围内使用何种身份标识，这是动态多变的。

第二，数字身份已经成为连接诸多领域的必不可少的要素，成为一种基础设施。如前所述，这种数字基础设施既是市场的，又是社会的；既是政治的，又是经济的；既是历史的，又是当下的；既是公共的，又是私人的。基础数字身份的这种混合与模糊不清的状态对习惯于在边界清晰的法律关系内讨论问题的法律研究者提出了挑战。它不断连接万物，使社会主体的身份与其他物的身份相互感知进而发生持续联系、交换数据，使我们熟悉的身份实际上难以和其他事物完全割裂开来，而是融为一体。但无论数字身份如何变化，认证本身不会消失，其功能已经成为可信互联网的基础架构的一部分。

第三，数字身份，特别是基础身份，伴随着社会需求的变化而变化。无论是身份标识符还是行为数据，都可以被纳入个人信息范畴加以讨论。但大多数分析止步于此，似乎只需要讨论现存的个人信息即可，而未看到个人信息的创设过程，特别是无法在整体制度上回应一个不断生成的动态身份网络。如前所述，认证功能在当下流动性治理过程中起到关键作用，像实名制这样的认证制度由社会需求推动，而且所谓的实名不一定需要社会主体披露姓名，而可能是任何其他基础身份信息标识符（如生物信息）。从经验上看，基础身份标识符往往和敏感个人信息联系在一起，这是因为后者代表了较大概率的独一无二性，可以用在大范围内的认证和追踪。从这个意义上说，不是敏感个人信息本身的特性决定了个人身份的使用边界，而是身份技术及其制度决定了何种信息能够成为敏感个人信息，在确保统一认证功能的同时防止在不相干领域中的使用，以免冲击和影响认证权力。例如，并非所有的生物信息都必然会成为基础身份信息，只有伴随着 DNA 信息检测成本降低、技术普及，且广泛存在认证终端设备的时候，这类有价值的信息才值得予以特殊保护，否则为了保护而保护只会增加社会成本。类似地，人脸也是一种被列为敏感个人信息的生物信息，被一些专家呼吁予以限制使用、严格保护。人脸信息之所有具有价值恰好是因为它具有成为通用基础身份标识符的潜力，如果看不到这一点，就会认为一切生物信息都因为其具有人身属性，本身就值得保护，从而增加无谓的社会成本。

流动性的社会需求催生了安全认证，而一整套认证系统与思维方式也会进一步推动各类新的身份标识符出现，甚至应用至社会主体以外的各类事物，进而在事物交互连接中产生价值，控制风险，不断打破和维持秩序。从这个意义上讲，从账户到区块链都试图使用某种技术方式对涉及的主客体进行追踪，防止记录伪造，并通过披露信息或者数据产品的方式进行公开使用。不论是对虚拟物品（如网络出版物、短视频）还是对 AI（如无人驾驶汽车、无人机）都可以赋予独一无二的标识，这将是未来某些 AI 率先成为法律主体的技术和制度基础。

随着行为数据的累积，身份从一个看上去相对固定不变的状态变成了可以经由其他行为数据进行推导关联的状态。个人信息的法律概念大致被各国立法分为"关联说"和"识别说"两种体例，前者看上去范围较广，但实际上隐含了一种确定信息主体固定身份的方法，而后者则隐含了针对不特定身份状态的保护，即承认即使是去标识化或匿名化的数据，仍然有可能与其他数据相结合以识别特定信息主体。一个疑问是，我们究竟需要何种程度的认证？以及在哪里需要认证？不难看到，在高度流动性的数字社会，基础身份标识符与次级身份行为数据都在不断变动当中，确定使用何种身份数据，取决于对特定场合下的成本收益衡量。

第四，数字身份的价值不仅反映在政府的管理过程中，也嵌套在企业和平台的生产和劳动管理过程中，成为信息资本主义生产方式的一部分。事实上，控制和生产从来都是赛博空间中微观权力机制的两面。一方面，分享经济平台赋予用户的特定标识（哪怕是在去标识化以后）可以追踪到唯一账户，通过柔性的平台活动规则和评分机制对劳动者的账户行为进行影响和管控。另一方面，用户的身份也更加商品化了，自己的行为数据被卖给广告商或第三方服务提供者，虽然技术能够确保基础身份信息得到去标识化或匿名化处理，但最终仍无法摆脱这一生产方式。只有通过这一过程才能理解私人平台如何像政府一样开发独一无二的身份标识并对其开展流动性治理，数字身份因此得到生产和再生产，也由此产生基于不同身份/数据的劳动者/消费者歧视等问题。

### 四、数字身份的制度构成

身份从来都是一项社会制度，而不单纯关乎个人。从历史看，基础身份的功能不断发生改变，例如从公民意识的政治整合到管理经济导向的流动性，其表现形态也更加形式化和理性化，即使用抽象的证件、号码、符号代表社会主体进行治理，而与具体的人格无关。在现代社会，虽然有像《居民身份证法》这样的法律对基础身份标识符进行规定，但其很难跟上现实的变化，身份证已经被证明无法适应高速流动性的需求。因此，笔者认为，有必要将身份放在一个更加广阔的视野下，抽象出围绕基础数字身份展开的身份制度。基于经验，我们可以稍微归纳出有关数字身份制度的相关内容，至少包括：①标识符与基础身份；②作为连接点的账户；③个人信息处理的一般规则；④次级身份的行为规范；⑤身份利益保护；等等。

第一，如前所述，标识符是身份认证与识别过程中的重要环节，它既可能是人为赋予的符号，也可能是生物性信息。只有一个权威事先赋予其以特定身份（"你是谁"的问题，即合法性），才存在后面的认证与识别（"你是你"的问题，即操作性）。作为基础身份标识符的敏感个人信息并非一成不变的，它伴随着对技术成本和社会收益的综合判断而决定是否采用，然而这种判断目前还处于多元标准和系统并存的局面，往往通过外部竞争被社会逐渐接受和采纳。例如，在决定使用身份证作为数字身份标识符时，存在着 CTID 与 eID 的竞争，但它们都只能通过特定终端或软件发挥作用；随着人脸识别技术的发展，从公共到私人服务迅速布置了刷脸认证；而在疫情期间，由于无法对佩戴口罩的人进行精准识别，于是又出现了健康码的广泛使用，尽管这距离二维码的发明已经有将近 30 年。又如，每一个平台企业都有自己的账号系统，但用户更倾向于使用大型平台的账号进行登录，这就逐渐形成了少数平台账号的优势地位。这些能够定位到具体个人的基础身份标识符决定了敏感个人信息的范围，并最终服务于社会需求。因此，这很难通过立法确定何种信息会成为永久不变的标识符，尽管可能存在担忧，即认为生物信息因为其不可更改的特性，一旦泄露会带来不可预知的风险，但风险永远无法预知，而社会总是能根据需求找到安全和风险的平衡点。

第二，账户作为两个空间的连结点往往被研究者忽略。更精确地说，账户并不是单纯连接线上与线下世界，而是连接着固定不变的单一主体和多元身份，即固定的标识符后面隐藏着变动的大数据。账户的功能是将一切在线行为都关联起来，并获取因人而异的服务。账户的出现在网络法上具有相当的意义。它改变了数字身份和资质的展示功能，例如，传统票据和证件为了降低交易成本而强调当场查验时的无因性，但账户内的电子票据和证件在维持了低查验成本的同时能够自动将历史行为数据关联起来，在后台确保可追踪性和安全性。甚至一切虚拟服务都能够与购买或支付账户关联在一起，且无需转让给他人，因为在线的服务成本足够低廉，不需要通过转让产生次级价值，如电子书或数字音乐的二手市场。它还能间接地帮助解决那些在特定场合中无法识别当事人身份的困境（如家庭账户，类似于传统户口本的数字升级版），如：未成年人偷用父母银行卡购买游戏装备或直播打赏的行为，没有智能手机的老年人无法使用健康码出行，贫困村的农民无法通过特定行为数据证明自己是扶贫对象，等等。这些问题实际上又回到了根本点：不同领域中的认证及其社会功能。

　　一旦一个账户能够关联大量应用、服务和数据库，就成了基础账户，会影响用户的日常行为，并因此超越了简单的金融、证券等专门化的账户。数字时代的精神并不是永久删除或遗忘，而是确保数据的完整性，不因特定处罚而注销账户。私人平台对特定账户的处理行为尤其值得关注。例如，如果微信账户因不当内容被封，应当仅限于限制即时通信功能，而不应波及支付、健康码、其他公共服务等功能；即使是限制其通信功能，也需要采取慎重态度，否则有可能将当事人排除在社会关系网络之外，从而形成新的数字鸿沟，除非能够将过往数据转移至新账号继续使用。在未来，还可能出现更加智能化的账户，依托行为数据成为用户的代理人，进而产生更多有关账户控制权的争议。

　　第三，个人信息处理的一般规则是身份制度的应有之义，不仅需要讨论认证与识别环节相关的操作问题，也需要和一些更为次级的身份场合联系起来加以讨论分析，例如处理信息究竟处于何种法律关系中，是否可以将其看作是一种数字基础设施，其是通用标识符还是特定标识符，使用的方式是前台展示还是后台分析，使用的环境是在网格下还是在网络中，等等。控制权的边界往往是人们在谈论身份和数据时争议的焦点，例如数据主体希望控制何种信息和身份；究竟是控制全部数据，还是在不同场合下共同控制某些数据；等等。

第四，数字身份带来了围绕身份利益的新问题。其核心要点在于如何有效区分一个账号涉及的人格利益、财产利益和公共利益。例如，虚拟身份也可能存在类似于商誉的名誉问题，即使没有人知道一个公众号背后的主体是谁，仍然不能对其进行诋毁，针对其产生的社会危害行为也可以提起诉讼。如果放在生产关系的维度予以观察，还涉及对特定行业身份的约束管理问题。例如，某个主播因严重行为失范被平台拉黑以后，在各大平台都会被除名，这相当于一种行业禁令。又如，在数字劳动研究中，一个较为务实的提议是，希望平台能够为灵活就业者积累用工数据（包括培训、评分等），以便成为类似工龄一样的档案，从而更加科学地评估其工作技能。

**五、结语**

数字身份伴随着互联网的扩展，其在形成过程中，出现了截然相反的双向趋势。一方面，数字身份的碎裂化局面还将持续，随着对身份认证需求的增加，出现了大量商业创新，很多科技企业都在为不同的社会主体开发身份认证服务；另一方面，在确保交易安全的同时，地方性身份系统和行为数据的不兼容也带来了新的交易成本，更广阔的社会和市场需要统合、兼容和互认数字身份，降低交易成本。在逐级统合的过程中，大型平台企业与地方政府可能是较为突出的权力主体，它们在智慧城市的建设过程中会进一步推动基础身份信息的集中，这有可能与一些积分落户或购房、社会信用账户等措施共同协助强化地方公民的身份意识，使公民意识到资质的重要性；也能激励地方政府通过一网通办提升公共服务质量，吸引更多企业入驻，提升其在全国城市竞争中的地位。从健康码和社会信用账户的逐级统合经验来看，这一过程实际上越来越快速，形成了从地方城市实验、邻省协同到全国统一标准化部署的路径，但其也遇到地方数据归集受阻的问题。本文已经说明，身份认证的过程是一个不断从静态到动态的过程，传统静态认证是以相对不变的地址、单位、网格等治理要素为核心，而动态认证则是以社会主体为中心，强调网络化的流动性和动态追踪。这就需要最庞大的认证主体——国家——保持体制创新，依靠地方区域协同、互联互通。未来的数字身份体系究竟会成为何种样态，还需要持续观察。

# 数据要素市场化配置的法律保障[*]

## 袁　康　鄢浩宇[**]

**摘　要：**数据是数字经济时代重要的新型要素，数据要素的市场化配置是充分发挥数据积极效用并促进经济增长的前提。实现数据要素的市场化配置，需要在坚持市场机制决定性作用的基础上发挥政府的积极作用，借助合理的法律制度安排，解决数据资源流通的数据权属不清、数据竞争失序、数据资源分散、个人信息保护政策不明等现实问题，为数据资源的有效流通奠定制度基础，同时通过建设数据交易场所、完善数据定价机制、健全数据市场监管体系等配套制度，促进和规范数据要素市场的组织运行。

**关键词：**数据要素；数据市场；数据交易；数据流通；市场化配置

---

[*] 本文系武汉大学网络治理研究院 2020 年年度研究课题"数据要素市场化配置的法律保障机制研究"的阶段性成果。

[**] 袁康，1989 年生，湖北荆门人，法学博士，武汉大学法学院副教授，武汉大学网络治理研究院副院长，主要研究网络法学和经济法学。鄢浩宇，1997 年生，江西赣州人，武汉大学法学院硕士研究生。

2019 年，我国数字经济增长值规模达到 35.8 万亿，占 GDP 比重超过 1/3，以数据采集、数据清洗、数据标注、数据交易等为核心的中国数据要素市场规模在 2020 年达到 545 亿，数据要素市场复合增速将超过 30%[1]。面对飞速发展的数字经济，数据资源日益凸显其基础性和战略性地位。2020 年，中共中央、国务院陆续发布《关于构建更加完善的要素市场化配置体制机制的意见》和《关于新时代加快完善社会主义市场经济体制的意见》，提出要加快培育数据要素市场，推进数据要素市场化配置。在新一轮数字经济浪潮或将来临之际，为充分发挥数据资源的效用、把握数字经济发展红利，数据要素的市场化配置成为重要的改革任务。数据资源的有效流通和数据市场的有效运行是数据要素市场化配置的主要实现方式。实践中，数据资源的流通利用面临着数据权属不清、数据竞争失序、数据资源分散、数据利用与个人信息保护取向不明等一系列问题。数据要素市场运行面临着数据交易场所不成熟、数据定价机制不完善、数据市场治理监管体系不健全等问题。本文试图在明晰数据要素及其作用机理、数据要素市场的运行机制、数据要素市场化配置及其内在要求的基础上分析以上问题产生的原因及其制度需求，并尝试构建数据要素市场化配置的机制。

## 一、作为要素的数据与数据要素的市场化配置

数据是数字经济时代的新型市场要素，与劳动力、资本、技术等传统生产要素共同构成了推动经济发展的重要资源。数据要素的市场化配置，是在发挥市场机制决定性作用的基础上，借助市场机制和政府调节的有机结合，实现资源的优化配置，

---

〔1〕 国家工业信息安全发展研究中心：《中国数据要素市场发展白皮书》，2020 年 11 月，第 5 页。

充分发挥数据要素的积极效用。厘清数据作为生产要素的重要地位和明确数据要素市场化配置的基本要求，是探讨数据要素市场化配置法律保障机制的前提。

《政治经济学大辞典》中将"生产要素"定义为：生产要素（Factor of Production）是生产某种商品时投入的各种经济资源。[1] 在数字时代，数据之所以能够成为一种新型生产要素，是因为其具备生产投入的必要性、生产要素的商品化和流通性。首先，作为信息的一种表现形式，数据不仅能解决信息不对称的问题，为市场主体提供信息优势，还成为大数据、云计算、人工智能等领域不可或缺的资源要素，因此其具备生产活动投入的必要性。其次，数据具有使用价值和交换价值的双重属性，其能够作为商品随着市场主体的交易行为在不同领域、不同行业、不同部门和不同主体之间加以流通和配置，因此其具备作为一种新型生产要素所需的条件。

数据作为一种生产要素，能够提高生产效率，促进经济发展。一方面，数据是基础性战略资源，催生了众多新产业、新业态、新模式的变革和发展，如数据采集存储、数据分析挖掘、数据清洗加工、数据可视化、数据安全保障等在数字经济下产生的新兴行业；另一方面，数据具有对其他要素资源的乘数效应，可以推动传统行业的改造和革新，使劳动力、资本等生产要素在各行业中发挥更大的效用，从而提高全要素生产率，促进社会经济的整体发展。[2] 具体而言，数据要素对生产活动的促进作用主要体现在两个方面，一是可以缩短生产时间，二是可以降低生产成本。在生产过程中，劳动者和生产资料的结合

---

〔1〕 张卓元主编、中国社会科学院经济研究所编：《政治经济学大辞典》，经济科学出版社 1998 年版，第 371 页。

〔2〕 于施洋、王建冬、郭巧敏："我国构建数据新型要素市场体系面临的挑战与对策"，载《电子政务》2020 年第 3 期。

需要时间，包括生产决策时间和物理结合时间。[1] 生产决策的优劣往往取决于生产者的生产经验和个人能力，对于一般的生产者尤其是初入行业的生产者而言，其需要耗费大量的时间和精力并付出一定的试错成本，数据的作用则在于可以整合生产者决策所需的各种信息，为生产者提供直接的决策结果或间接的决策参考，从而缩短决策时间、提高决策质量，从而在整体上提高生产效率。例如，北京云杉世界信息技术有限公司基于物联网大数据技术所打造的"互联网+"现代农业供应链一体化平台对农产品的生长数据进行采集，将采集到的数据与作物的生长模型耦合，从而预测农产品的产量[2]，根据预测结果可以调整生产投入，优化生产决策，从而达到缩短生产时间、提高生产效率的效果。此外，大数据的运用可以降低生产成本，提高利润空间。首先，生产过程中对数据的运用可以使生产资料的投入向集约化和精细化发展，降低生产过程中的资料损耗，以避免不必要的闲置和浪费。其次，经营者通过大数据的运用可以分析市场上消费者的消费偏好，发掘潜在的需求群体，实现广告的精准推送，降低寻求交易机会和广告宣传的成本。最后，经营者可以通过分析消费者画像预估市场对特定商品的需求种类和数量，实现按需生产，避免产品压库，减少仓储成本，从而在整体上提高产品的利润空间。

要素市场的形成，是某一资源要素发展到一定程度的产物[3]。在数字经济时代，数据成为一种新型生产要素，少数生

---

[1] 参见王胜利、樊悦："论数据生产要素对经济增长的贡献"，载《上海经济研究》2020 年第 7 期。

[2] 参见国家工业信息安全发展研究中心编著：《大数据优秀产品和应用解决方案案例集（2019）产品及政务卷》，人民出版社 2019 年版，第 286 页。

[3] 参见杨玉川主编：《生产要素市场结构与运行机制研究》，经济管理出版社 1998 年版，第 2 页。

产者可以实现数据要素的自给自足甚至对外供给，但大多数生产者尚不具备自主生产数据要素的条件，只有通过流通交换的方式获得，数据要素市场的产生有了现实需求。数据要素市场可以界定为数据作为生产要素进行交易的场所及其交换关系的总和[1]。数据要素通过在数据要素市场上的交易流通来实现在不同领域和不同主体间的配置。数据要素市场的运行依赖一定的市场机制，包括利益机制、供求-价格机制和竞争机制。数据要素市场主体为了追求自身经济利益的最大化，根据市场行情作出决策买卖数据，随着市场主体的买卖行为，数据资源实现在不同领域和不同主体间的流动和配置。数据要素的供求关系影响价格水平，价格水平的波动又将引起供求关系的变化，市场主体根据价格的变化在利益机制的驱动下实施不同的买卖行为，推动数据要素在不同领域和不同主体间的流动和配置。在数据需求更迫切的领域，数据的价格相对较高，数据根据利益机制和供求-价格机制朝着相对价格高的用途和领域配置资源，由此发挥数据的最大效用。竞争机制形成对数据市场主体的激励和约束，使其自发地遵循市场规律进行决策和经营，实现市场机制的持续运行。数据资源在数据要素市场机制的作用下在市场中交易流通，从而实现在不同领域、不同主体之间的配置。

　　资源配置包括两种基本方式，一是市场化配置，二是行政化配置。在市场化配置下，资源通过市场机制实现竞争性配置，突出市场决定作用和市场需求偏好；在行政化配置下，资源通过政府的行政权力和宏观调控手段来实现配置，反映政府的意志和偏好。[2] 对数据要素的市场化配置可以理解为，发挥市场

---

　　〔1〕　参见国家工商行政管理局市场监督管理司编：《生产要素市场管理概论》，经济管理出版社 1996 年版，第 13 页。书中将"生产要素市场"界定为"生产要素交易的场所及其交换关系的总和"。

　　〔2〕　施镇平：《资源配置与市场机制》，立信会计出版社 2000 年版，第 7 页。

的决定性作用，通过市场机制实现数据生产要素在不同领域、不同行业、不同部门和不同主体间的竞争性和公平性配置。合理的数据要素市场化配置可以实现物尽其用，使数据资源配置能够在最需要的使用领域和使用方向，引导其他生产要素和资源的配置，从而发挥各资源要素的最大效用，避免资源的重复投入和闲置浪费，提高全要素生产率。

要素的配置是通过市场主体的活动而实现的，某种意义上，对要素的配置就是对市场主体权利的配置。[1] 要实现数据要素的市场化配置，首先需要赋予市场主体平等地获取数据要素的权利。只有当市场主体能自由地开展与数据相关的活动，数据资源才能随着市场主体的活动实现在不同领域的流动和配置，因此需要由法律制定相应的产权制度和竞争规则，保证数据主体平等地参与数据流通利用的权利。其次，需要有完善的市场交易制度。[2] 数据要素的市场化配置需要通过数据资源的流通利用来实现，而对数据予以流通利用的主要方式为数据要素市场中各数据主体之间的数据交易，因此完善的市场交易制度是数据要素市场化配置的内在要求。实践中，数据要素市场主体往往因为缺乏安全高效的数据交易场所和普遍认可的数据交易规则而对数据的交易流通持较为保守的态度。为了改变这种现状，需要建设成熟的数据交易场所和健全的数据交易制度，从而为数据资源的交易流通提供保障，通过市场机制的运行实现数据要素的市场化配置。此外，需要发挥市场的决定性作用，同时配合政府的规制手段。数据要素市场化配置意味着应当将市场的决定性作用作为数据要素配置的核心和首要原则，最大

---

〔1〕 周晓唯：《资源市场化配置的法学分析》，中国社会科学出版社 2005 年版，第 2 页。

〔2〕 朱红涛：《供给侧结构性改革下的市场决定资源配置》，经济管理出版社 2018 年版，第 23 页。

限度地减少政府对数据要素的直接配置和对微观数据活动的直接干预，充分发挥市场的主观能动性，以市场的无形之手代替政府的有形之手，通过市场主体的自主活动和市场机制的自我调节完成数据要素的流通配置。但市场调节具有盲目性和自发性[1]，应当在必要时运用政府的调控和规制手段，合理规制数据泄露、数据滥用、数据垄断、数据不正当竞争等问题，协调运用市场机制和行政手段，充分发挥两者的耦合作用，实现数据要素市场化配置的最优效果。

## 二、数据资源有效流动的制度需求

数据要素的市场化配置主要通过数据的流通利用和数据要素市场的有效运行来实现，数据有效流通利用的前提是数据权属相对明晰且数据流通竞争秩序良好，前者提供了数据流通利用的静态条件，后者提供了数据流通利用的动态条件。此外，充足和标准的数据资源，以及有利于大数据发展的个人信息保护政策是促进数据资源有效流通利用的保障。实践中，数据资源的有效流动面临着数据权属不清、数据竞争失序、数据资源分散、数据利用与个人信息保护取向不明等一系列问题，需要明确相应的制度需求，建立配套的制度保障，促进数据资源的有效流动。

### （一）数据权属与产权保护

对经济权利主体产权的界定是资源配置活动的起点[2]，数据的产权界定是数据要素市场化配置的前提。产权的相对明晰，一方面能够保护数据权利人的合法权益，另一方面也能避免不必要的纠纷，减少数据供需方的交易风险，提高数据的流通

---

〔1〕 李昌麒主编：《经济法学》，法律出版社 2016 年版，第 26~27 页。
〔2〕 周晓唯：《资源市场化配置的法学分析》，中国社会科学出版社 2005 年版，第 54 页。

效率。

相比于传统物品，数据在产权界定和保护方面存在难点。在数据权属的界定上，数据具有非竞争性和一定的非排他性[1]，在实践中同一项数据可以被若干主体同时收集或使用，例如个人数据被企业和政府依次采集，企业和政府又对采集而来的个人数据进行不同程度的加工，从而形成了个人、企业和政府对数据不同程度的权利主张[2]，如何将数据权属在不同参与主体之间合理划分以实现对各参与主体的产权激励成为难题。此外，对数据权属的界定还应当考虑到社会成本，如果对产权的法律界定导致数据流通利用的成本过高，抑制了数字经济的发展，那么这种产权界定将变得无效率[3]。在数据产权的保护上，关键在于将数据视为何种类型的权利并予以保护。数据权益的转移不同于传统物品的登记或转移占有，往往只需要通过浏览即可[4]，这使得数据权利极易受到侵害。物权说[5]、债权说[6]、邻接权客体说[7]等传统财产权的保护路径在理论契合度上存在瑕疵，无法适应作为新型财产性权利的数据所具有的特征；"商业秘密说"和"竞争法上的财产权益说"等竞争

---

〔1〕 于立、王建林："生产要素理论新论——兼论数据要素的共性和特性"，载《经济与管理研究》2020 年第 4 期。

〔2〕 于施洋、王建冬、郭巧敏："我国构建数据新型要素市场体系面临的挑战与对策"，载《电子政务》2020 年第 3 期。

〔3〕 田杰棠、刘露瑶："交易模式、权利界定与数据要素市场培育"，载《改革》2020 年第 7 期。

〔4〕 张敏："大数据交易的双重监管"，载《法学杂志》2019 年第 2 期。

〔5〕 周林彬、马恩斯："大数据确权的法律经济学分析"，载《东北师大学报（哲学社会科学版）》2018 年第 2 期。

〔6〕 梅夏英："数据的法律属性及其民法定位"，载《中国社会科学》2016 年第 9 期。

〔7〕 林华："大数据的法律保护"，载《电子知识产权》2014 年第 8 期。

法上的保护路径容易走向适用范围有限或无限扩张的极端[1]。为此，需要建立数据权属界定和产权保护的相应制度，明确各数据主体权利行使的边界，保护数据主体的合法数据权益。

（二）数据竞争秩序

资源配置活动是通过竞争来达到最佳配置的，正当的竞争有利于个体和整个社会的进步，但超越合理界限的竞争将导致市场失序和社会危害[2]，为实现资源要素的市场化配置，需要建立规范的竞争制度。一方面，自由平等的数据竞争秩序可以促进数据市场主体间的良性竞争，鼓励数据产品和数据服务的创新[3]，推动大数据产业的发展；另一方面，其使得数据经营者拥有自由进入市场和进行数据经营的权利，数据随着经营者的自由活动在不同领域和不同主体之间交换，实现数据资源的有效流动和配置。

实践中，数据竞争的失序主要表现在数据不正当竞争和数据垄断两个方面。数据的易复制性和易篡改性使得其极易被违法违规利用，具体体现在数据提供方的重复出售行为、数据需求方的擅自转卖行为和不当获取数据并交易等数据滥用行为。类似的数据不正当竞争行为将侵犯数据经营者的合法权益，扰乱市场秩序，损害数据经营者的数据交易积极性，影响数据的交易流通。此外，在先进入数据市场的经营者可能形成市场支配地位并实施垄断行为。在数据市场中，在先进入市场的经营

---

〔1〕 张建文："网络大数据产品的法律本质及其法律保护——兼评美景公司与淘宝公司不正当竞争纠纷案"，载《苏州大学学报（哲学社会科学版）》2020 年第 1 期。

〔2〕 周晓唯：《资源市场化配置的法学分析》，中国社会科学出版社 2005 年版，第 3 页。

〔3〕 *See* Daniel L. Rubinfeld & Michal S. Gal, *Access Barriers to Big Data*, Arizona Law Review, Vol. 59, pp. 375~377 (2017).

者往往能够吸引更多的用户，拥有大量用户的经营者可以收集更多的数据来改善服务，进而吸引更多用户，形成"用户反馈循环（user feedback loop）"；不断获得的用户数据可以提高广告投放的精准度和服务的盈利水平，获得更多的收益用于提高服务质量，从而收集更多的用户数据，形成"货币反馈循环（monetization feedback loop）"[1]。两者构成了"数据驱动的网络效应"[2]，使得较早进入市场的数据经营者能够不断积累其获得的先发优势，形成和维持市场支配地位。一方面，经营者为了保持市场支配地位和竞争优势不愿对关键数据进行流通和共享，并利用会员制、积分制等手段提高用户黏性；另一方面，用户在某一数据产品或服务上积累的使用习惯、账户好友、图片视频文字记录等导致经营者向同一类型数据产品或数据服务转移的成本高、意愿低[3]。由此形成了针对新进入市场的数据经营者的巨大数据壁垒，数据的流通利用被限制在封闭的范围内。

（三）数据资源整合与数据标准化

数据主体进行数据流通交易的基本前提是市场上有充足的数据资源。种类丰富、数量充足的数据资源能够吸引数据需求方的参与，扩大整体的市场需求，进而又吸引更多的数据提供方参与，由此发挥数据要素市场的聚集效应，形成数据流通利用的良性循环。数据资源整合的前提是明确数据的来源，目前

---

〔1〕 See Graef, Inge. *Market Definition and Market Power in Data*: *The Case of Online Platforms*, World Competition: Law and Economics Review, Vol. 38（4）, pp. 473 ~ 505（2015）.

〔2〕 See OECD, Big Data: Bringing Competition Policy to the Digital Era——Background note by the Secretariat（November 2016）, https://one.oecd.org/document/DAF/COMP（2016）14/en/pdf, visit on 2020-12-20.

〔3〕 殷继国："大数据市场反垄断规制的理论逻辑与基本路径"，载《政治与法律》2019 年第 10 期。

我国对于数据来源的分类在立法上还未形成统一的界定，不同的法律文件存在不同的分类和表述，从中央和地方的政策文件和法规规范来看，对数据来源的分类主要有二分法[1]、三分法[2]和四分法[3]，具体采用何种分类方式将直接影响数据资源整合的效果。比较而言，《深圳经济特区数据条例（征求意见稿）》一审稿中的四分法[4]对数据来源的种类划分最为全面和细致，对各类数据的概念定义也较为合理，可以作为数据资源来源分类的主要参考，应当明确数据来源的分类，合理开源，以提高市场中数据资源的体量和流动性，促进数据资源的流通利用和配置。此外，为保证数据流通利用的效率和质量，数据

---

　　[1] 二分法，即"公共数据"和"非公共数据"的二分，参见《浙江省数字经济促进条例》。

　　[2] 三分法，一是"公共数据"、"个人信息"和其他数据的三分，参见《电子商务法》和《网络安全法》，由于"公共数据"和"个人信息"显然不构成所有数据的全集，因此还包括除"公共数据"和"个人信息"外的其他数据，此处的其他数据并非专有名词；二是"政府数据"、"企业信用信息"、"个人信息"的三分，参见国务院《促进大数据发展行动纲要》。

　　[3] 四分法，一是"政务数据"、"企业商业秘密"、"社会数据"、"个人数据"的四分，参见《中共中央、国务院关于构建更加完善的要素市场化配置体制机制的意见》；二是"公共数据"、"企业数据"、"社会数据"、"个人数据"的四分，参见《深圳经济特区数据条例（征求意见稿）》一审稿。

　　[4] 《深圳经济特区数据条例（征求意见稿）》一审稿将数据分为"公共数据"、"企业数据"、"社会数据"和"个人数据"四类，将"公共数据"定义为各级行政机关和依法授权行使行政职能的组织以及具有公共管理和服务职能的企事业单位在依法履职或提供公共管理和服务过程中收集或产生的，以一定形式记录、保存的各类数据及其衍生数据；将"企业数据"定义为企业开展经营活动过程中，合法制作或获取的，通过自动化等手段记录的各类数据及其衍生数据；将"社会数据"定义为行业协会、学会、商会等组织在开展活动中依法收集的各类数据及其衍生数据；将"个人数据"划分为个人信息数据和隐私数据，前者指通过自动化等手段记录的能够单独或者与其他数据结合识别自然人个人身份的数据，后者指与自然人私人生活安宁和不愿为他人知晓的私密空间、私密活动、私密信息密切相关的数据及其衍生数据。

要素市场中用以流通交换的数据在形式上和内容上应当满足一定的条件，即数据的标准化。形式上，数据的格式应当便于统一储存、传输、查询、运算和处理，以便发现数据之间的联系、挖掘数据的潜在价值，发挥数据的规模效应[1]。内容上，数据应当具有真实性和合法合规性，非经捏造或篡改，来源合法且权属相对清晰，以避免交易流通中产生过多的纠纷，提高数据交易流通的效率。

（四）数据利用与个人信息保护

在数字经济时代，个人作为经济生活的最基本单位，其产生的数据在多数情况下构成企业数据、社会数据和公共数据的基础，于某种程度上而言，对大数据的运用就是对个人数据的利用，对个人信息的立法政策和保护手段将直接影响数据流通利用的受限程度和规则构建，因此，如何权衡数据利用和个人信息保护的关系已成为不得不讨论的问题。欧美国家在数据利用和个人信息保护方面已经积累了一定的立法和实践经验，而我国暂时还未有相关的统一立法，需要立足我国的立法土壤和执法环境，结合他国的立法和实践经验，根据我国的产业现状和发展需要来寻求契合我国实际的个人信息保护政策。

欧洲的《一般数据保护条例》（GDPR）规定个人数据的流通利用和保护，其规定了个人信息利用的"知情同意"或称"选择进入（opt-in）"的基本规则，赋予了个人信息主体的被遗忘权（the right to be forgotten）、数据可携权（the right to data portability）等丰富的个人数据权利，整体而言对于个人信息采取的是严格保护的态度[2]，这与欧洲大陆较为深厚的人权保护

---

〔1〕 郝爽等："结构化数据清洗技术综述"，载《清华大学学报（自然科学版）》2018年第12期。

〔2〕 何治乐、黄道丽："欧盟《一般数据保护条例》的出台背景及影响"，载《信息安全与通信保密》2014年第10期。

思想和受美国科技巨头垄断的数据产业现状的影响有关。美国在数据的利用和保护方面较有代表性的法案为《加州消费者隐私权利保护法案》（CCPA）和 2020 年 11 月签署公布的《加州隐私权法案》（CPRA），前者所规定的个人信息利用"选择退出（opt-out）"的基本规则使得美国加州收集处理个人信息的条件相对宽松[1]，后者通过扩大敏感个人信息的范围、赋予个人信息主体更正权、成立专门的执法机构等举措，加强了对个人信息的保护，但整体上仍未改变美国加州偏向于对个人数据予以流通利用的整体趋向，这与美国鼓吹自由市场、扩大自身数字竞争影响力的战略相契合。我国尚缺乏数据利用和保护的统一立法规定。在个人信息的利用和保护方面，现行规定散见于《消费者权益保护法》《网络安全法》《电子商务法》《民法典》等法律规范当中。此外，2020 年 7 月发布的《深圳经济特区数据条例（征求意见稿）》一审稿和 2020 年 10 月 21 日公布的《个人信息保护法（草案）》尝试着对个人信息的利用和保护作出了更为细致的规定。从以上法律法规对个人信息利用和保护的立法趋势来看，"知情同意"规则的基本确立[2]、扩张

---

　　〔1〕　参见吴沈括、孟洁、薛颖、赵小琳："《2018 年加州消费者隐私法案》中的个人信息保护"，载《信息安全与通信保密》2018 年第 12 期。

　　〔2〕　从最初的《消费者权益保护法》第 29 条第 3 款对知情同意规则的提出，到《网络安全法》第 41 条第 1 款、《电子商务法》第 23 条、《民法典》第 1035 条、《个人信息保护法（草案）》第 14 条，个人信息的收集处理中的"知情同意"规则被基本确立。

的"知情同意"豁免情形[1]、不断丰富的个人数据权利[2]和在《个人信息保护法（草案）》中尝试建立的数据权利行使的申请受理和处理机制[3]使我国的个人信息立法政策整体偏向于安全保护，这一点与欧盟的 GDPR 相似。应当注意的是，我国的社会经济和数字产业发展水平与欧洲不尽相同，相比于欧洲，我国拥有更明显的网络数字技术实力和更广阔的个人信息数据资源，因此，我国应当在保障个人信息安全的情况下以更为积极的姿态充分利用数据和发挥数据的效用，把握数字经济时代的发展红利，保持并扩大我国在全球范围内的数字竞争优势。

### 三、数据要素市场有效运行的制度需求

目前我国的数据要素市场仍然处于初级阶段，其有效运行需要配套的制度建设，包括必要的交易场所和供需双方都能接

---

〔1〕 从《网络安全法》第 42 条第 1 款规定的匿名化的个人信息除外，到《电子商务法》第 25 条增加有关主管部门依照法律、行政法规要求经营者提供有关数据信息的除外，到《民法典》第 1036 条增加自然人或其监护人同意的范围内、自然人自行公开或其他已经合法公开、为维护公共利益或自然人合法权益等情形除外，到《个人信息保护法（草案）》第 13 条规定的为订立或履行合同所必需、为履行法定职责或法定义务所必需、为应对突发公共卫生事件或紧急情况下保护自然人生命健康和财产安全所必需、为公共利益实施新闻报道和舆论监督所必需、法律和行政法规规定的其他情形除外，"知情同意"的豁免情形不断增多。

〔2〕 从《网络安全法》第 43 条中规定的数据主体的删除权和更改权；到《电子商务法》第 24 条规定的用户查询、更正、删除权；到《民法典》第 1037 条中规定的数据主体的查阅权、复制权、更正权、删除权；到《个人信息保护法（草案）》第 45~第 48 条规定的查阅、复制权，更正、补充权，删除权、要求解释说明权，数据主体的数据权利不断丰富。

〔3〕 《个人信息保护法（草案）》第 49 条，个人信息处理者应当建立个人行使权利的申请受理和处理机制。拒绝个人行使权利的请求的，应当说明理由。

受的交易条件[1]。出于数据本身的特性，数据交易对数据交易场所的交易机制有更高程度的要求，相比于普通商品，其在交易定价上也存在更大的难度，因此需要建立更加安全可信的数据交易场所和更加准确高效的数据定价评估机制。此外，任何市场的有序运行都离不开治理和监管，因此，科学系统的治理和监管体系也是数据要素市场有效运行的制度需求。

（一）数据交易场所的建设

数据的交易流通需要一定的设施和场所，安全可信的数据交易场所不仅是数据要素市场有效运行的必然要求，还能够吸引数据供需方参与数据市场的交易活动，汇聚和融通数据资源。为此，需要明确数据交易场所建设的必要性，分析实践中数据交易场所建设存在的问题，探索数据交易场所制度的完善路径。

2018年4月，欧盟委员会在其《欧洲内公司间数据共享研究》（Study on data sharing between companies in Europe）中指出：在数据提供方和数据需求方之间建立信任关系是实现数据交易的重要成功因素。数据交易相比于一般商品的交易，其存在诸多特殊性：买方无法了解数据的质量，一旦了解数据内容后又无需再购买，形成对数据质量检验的难题；卖方难以限制买方的数据转卖和数据滥用，形式数据交易潜在的负外部性。在数据交易中，需要建立起比传统商品交易更可靠的信任关系，以保证双方对义务的自觉履行，实现交易公平。因此，数据交易能否顺利开展的核心是交易各方能否彼此达成信任关系。实践中发展出关系契约、数据担保和数据经纪人三种建立交易双方信任的策略，但总体而言，上述策略或是适用范围狭窄，或是适用条件苛刻，或是有赖于市场培育与演进，均无法满足数据

---

[1] 于刃刚、戴宏伟：《生产要素论》，中国物价出版社1999年版，第249页。文中提出，要素市场的形成需要有三个基本条件：一是有买卖双方，二是有可供交换的商品，三是有可供交易的场所和买卖双方都能接受的交易条件。

要素市场的发展需求[1]，大数据交易场所应运而生。

实践中，大数据交易所面临着重复建设和定位不清的问题。一是大数据交易所的设立门槛过低，同一地区的数据交易所数量众多，重复建设和数据割据现象严重[2]，以华中大数据交易所、长江大数据交易中心、东湖大数据交易中心三个交易平台为例，三者均处于湖北省境内，但在发展定位和功能定位上界线不清，过多的数据交易平台可能使数据市场割裂，形成"数据孤岛"，无法有效发挥数据交易平台的功能优势[3]。二是各类大数据交易平台的功能定位不清，目前我国大数据交易平台种类和数量众多，学界对于大数据交易平台的分类也存在不同的观点[4]，对于不同类型的大数据交易平台应当发挥怎么样的功能、大数据交易的发展应当以什么样的交易平台为主仍不清晰，各种数据交易所、数据交易中心、数据交易公司呈野蛮生长的状态。三是大数据交易所的职能定位偏离，实践中，大数据交易所面对数量稀少的数据交易不得不做起数据交易撮合和

---

〔1〕 参见许可："北京大数据交易所能成功吗?"，载微信公众号"数字经济与社会"，https://mp.weixin.qq.com/s/lhzMVxiuiEn8fR2iMBl1eQ，2020年10月9日。

〔2〕 张阳："大数据交易的权利逻辑及制度构想"，载《太原理工大学学报（社会科学版）》2016年第5期。

〔3〕 雷震文："以平台为中心的大数据交易监管制度构想"，载《现代管理科学》2018年第9期。

〔4〕 有学者根据大数据交易所成立依托的背景，将其划分为政府主导、企业主导和产业联盟性质的交易平台三类，参见何培育、王潇睿："我国大数据交易平台的现实困境及对策研究"，载《现代情报》2017年第8期；有学者根据大数据交易所的交易模式，将其划分为大数据分析结果交易模式、数据产品交易模式和交易中介模式三类，参见庄金鑫："大数据交易平台三大模式比较和策略探析"，载《中国计算机报》2016年8月8日，第002版；还有学者根据大数据交易所是否自身作为数据产品提供方参与交易，将其分为综合性大数据交易平台和纯中介大数据交易平台，参见王卫、张梦君、王晶："国内外大数据交易平台调研分析"，载《情报杂志》2019年第2期。

数据应用的服务[1]，变相地成为数据经纪商和数据供应商，偏离了其作为交易平台的职能定位。

（二）数据定价机制与价格的法律调节

数据定价规则是数据交易规则的重要部分，数据价格的公开化和交易的透明化是数据交易市场健康发展的重要条件，合理的价格不仅能够建立起数据供需方对数据交易市场的认可，还能够激发数据变现的能力，吸引数据主体开展数据交易，促进数据资源的流通利用和配置。

数据定价评估的难度在于，数据本身价值密度低，数据价值取决于数据的分析挖掘技术和不同主体对数据的需求，且数据价值会随着时间的推移和持有人数的增多而不断降低，因此具有较大的不确定性。实践中，贵阳大数据交易所和上海数据交易中心均根据交易所的各项数据资产评价指标对数据价格进行评估后由系统自动定价给出数据参考价格[2]，但就目前而言，交易所的数据参考价格不具有决定性效力，最终数据成交的价格仍然由数据供需方根据实际需求和双方协商来确定，本质上仍然是数据协商定价。协商定价的优点在于买卖双方均对数据的价格拥有定价权，交易双方沟通的机会多，目标性强[3]，定价的自由度较高，但其缺点在于协商过程可能过于漫长，双方付出的时间和精力成本高，且在数字经济时代的大规模数据交易下，较难满足交易效率上的需求。此外，实践中的数据交易所还采用集合竞价和拍卖定价等市场化的方式来确定

〔1〕李慧琪 程姝雯："缺少真正数据交易的大数据交易中心真正缺少什么？——业内人士和专家分析，其面临底层法规欠完善、定价机制未明确、确权标准难统一等困境"，载《南方都市报》2020年9月9日，第GA13版。

〔2〕参见《贵阳大数据交易所702公约》第12条数据定价及交易模式；参见《上海数据交易中心数据互联规则》第九节流程体系第3款、第4款。

〔3〕王文平："大数据交易定价策略研究"，载《软件》2016年第10期。

数据价格，但集合竞价需要有多个供需方参与竞价才能最终形成反映市场供需关系的数据价格，在数据交易市场厚度和流动性尚不足够的情况下，集合竞价的效果较难实现[1]。拍卖定价也仅适用于数据具有多名潜在的需求方的情况，若数据需求方少，则拍卖可能难以起拍[2]，且对数据的起拍价和拍卖价格增长幅度的确定本质上仍然需要回归到数据的基本定价问题上。数据价格评估的不准确或低效率将影响数据交易的开展，数据价格的随意定价或垄断定价将破坏数据交易市场的秩序，为此需要建立合理的数据定价评估机制和相应的法律调节机制。

（三）数据要素市场治理监管制度

数据交易市场作为一个新兴的要素市场，在发展初期，各项制度尚不成熟，往往具有盲目性和自发性，应当进行必要的治理和监管，具体而言，一方面需要加强政府的治理监管职能，另一方面需要发挥行业的自律管理能力。

首先，我国大数据的政府治理监管体系需要优化。在中央层面，为了迎接大数据发展的浪潮，自2015年来近60%的部级单位印发大数据发展相关的文件，国家发展和改革委员会、工业和信息化部、国家互联网信息办公室、国家安全部门、公安部等部门对于大数据治理和监管均具有一定的权限，但各部门在数据监管方面的职责划分并不明晰，数据监管事实上处于缺位状态[3]，缺少统筹协调，监管合力不足。在地方层面，有学者统计，全国已有近80%的省级地方成立大数据管理机构，但

〔1〕 邹传伟：“如何建立合规有效的数据要素市场”，载《第一财经日报》2020年5月18日，第A11版。

〔2〕 李成熙、文庭孝：“我国大数据交易盈利模式研究”，载《情报杂志》2020年第3期。

〔3〕 田杰棠、刘露瑶：“交易模式、权利界定与数据要素市场培育”，载《改革》2020年第7期。

成立的机构有的为原有政府机构加挂牌子，有的是新组建的事业单位，其表现形式不同、职能范围不同，所属的主管部门也不尽相同[1]，各地设立的大数据管理机构无法对其同级别的政府组成部门的数据行为进行有效监管和规范[2]，不同地方对于大数据的治理和监管自成体系，缺乏管理部门上的协调和管理标准上的统一，造成数据管理的混乱和数据资源的割据。其次，我国大数据行业的自律管理缺位。在我国尚未有统一的关于数据交易和数据治理的法律规范，以及数据治理和监管体制尚未成熟的情况下，数据治理和数据监管在很大程度上需要依靠市场主体、交易平台和行业协会等的自律管理。我国数据交易市场的自律管理主要体现在两个方面，一是各大数据交易平台的章程规定、会员管理办法和交易规则，二是国家大数据发展促进委员会、深圳市大数据产业发展促进会等国家或地方层面的数据行业协会的自律管理规则和公约。但实践中仅有部分大数据交易平台规定了平台的自律法人地位[3]，仅有部分省市设立了大数据行业协会，交易平台和行业协会在自律管理中发挥的作用有限，大数据行业的自律管理实际上处于缺位状态。

## 四、保障数据要素市场化配置的制度构建

结合数据要素市场化配置的内在要求和制度需求，应当从交易主体、交易场所、交易定价和监督管理四个方面构建数据要素市场化配置的制度。交易主体的制度构建旨在赋予数据主

---

〔1〕 于施洋、王建冬、郭巧敏："我国构建数据新型要素市场体系面临的挑战与对策"，载《电子政务》2020 年第 3 期。

〔2〕 袁康、刘汉广："公共数据治理中的政府角色与行为边界"，载《江汉论坛》2020 年第 5 期。

〔3〕 张敏："交易安全视域下我国大数据交易的法律监管"，载《情报杂志》2017 年第 2 期。

体平等的数据权属界定和产权保护，赋予数据主体自由平等获取利用数据资源的权利；交易场所和交易定价的制度构建旨在建设完善的数据市场交易制度，保障数据市场的有效运行，促进数据资源的有效流通；监督管理的制度构建旨在加强政府和行业的数据治理监管职能，维持数据要素市场的有序发展。

（一）赋予数据主体平等的数据流通利用权利

数据主体平等参与数据市场的权利既包括对其已有数据产权的确认和保护，也包括对数据自由经营行为的保障，前者构建静态的数据权属界定和产权保护平等，后者构建动态的数据自由竞争权利平等，两者共同构成数据主体平等参与数据流通利用的基础。

对于数据权属的界定，关键在于对不同数据权利主体的产权拥有程度的界定，这需要综合考虑数据主体的参与程度和权属划分的公平性，既要实现一定的产权激励，也要反映一定的政策导向，兼顾数据主体利益与公共利益的平衡。数据产权的保护需要综合考虑不同场景和数据的不同类型来选择最恰当的路径，既要在理论上符合数据作为一种新型财产权利的特性，也要在实践上达到切实保护数据权利的效果。由于传统的"赋权-维权"路径存在行权难题，可以考虑从关注数据本身转向关注数据控制人的义务，尝试通过信托机制来对数据控制人施加义务与责任，以实现对数据权益人的保护。[1] 此外，地方立法上认定数据作为一种新型财产权益的尝试也为数据权利保护提

---

〔1〕 冯果、薛亦飒："从'权利规范模式'走向'行为控制模式'的数据信托———数据主体权利保护机制构建的另一种思路"，载《法学评论》2020 年第 3 期。

供了思路[1]。需要注意的是，严格的"先明晰产权，再发展交易"的模式不仅使得产权规则的制定缺少实践基础，也无法满足市场主体对数据流通交易的迫切需求，应当坚持"在实践中规范，在规范中发展"的原则，允许来源合法和权属争议不大的数据作为可交易对象，保障数据要素市场具有充足的数据交易资源，再根据市场实践不断完善数据权属界定和产权保护规则。

良好的数据竞争秩序能够合理规制数据不正当竞争和数据垄断行为，保障数据经营者自由平等参与数据流通利用的权利，促进数据资源的有效流动和配置。为此，一方面需要利用现有的反不正当竞争法律制度对数据不正当竞争行为进行规制，例如运用商业秘密[2]或"竞争法意义上的财产权益"[3]来对数据经营者的合法权益予以保护；另一方面需要优化不正当竞争法的规制路径以适应数字经济背景下的数据竞争。在数据垄断行为的规制上，合理的数据专享行为和通过改善经营获得的市场支配地位应当被允许，但以签订垄断协议、排除限制竞争方式获得或维持的数据市场支配地位，以数据专享为由排除、限制市场竞争、影响数据流通利用的，则应当被视为数据垄断行

---

〔1〕《深圳经济特区数据条例（征求意见稿）》一审稿中规定了个人数据权作为一种区别于传统物权、债权和知识产权的新型权利，在权利谱系上，赋予数据权决定、控制、处理、收益和利益损害受偿等多项权能；在数据权利保护路径上，其通过赋予个人数据权、规定知情同意规则和撤回同意规则来保护个人的数据权利。

〔2〕 衢州万联网络技术有限公司与周慧民等侵害商业秘密纠纷上诉案，参见上海市高级人民法院（2011）沪高民三（知）终字第100号民事判决书。

〔3〕 参见杭州铁路运输法院（2017）浙8601民初4034号民事判决书，浙江省杭州市中级人民法院（2018）浙01民终7312号民事判决书，浙江省高级人民法院（2019）浙民申1209号民事判决书，安徽美景信息科技有限公司与淘宝中国软件有限公司商业贿赂不正当竞争纠纷一案。

为而予以规制[1]。需要综合考虑数据经营者的市场支配地位和数据专享行为对数据竞争、产业创新和数据流通可能产生的负面影响[2]，平衡数据专享和数据流通之间的关系，平衡数据经营者利益和社会公共利益之间的关系，对于确有产生负面影响效果的数据垄断行为采取强制措施，维护良好的数据竞争秩序和平等的数据经营权利，保障数据资源的流通利用。

（二）建立安全可信的数据交易场所

数据交易场所的制度建设应当着重围绕搭建信任桥梁、便利数据交易、保障交易安全的宗旨进行，明确数据交易场所的职能定位，确定主要培育和发展的数据交易场所对象，设定相应的数据交易场所发展标准，充分发挥数据交易场所促进数据交易流通的作用。

首先，应当明确数据交易场所的职能定位。数据交易场所的核心功能在于搭建交易信任的桥梁，撮合数据交易、提高交易效率，监督数据交易、保障交易安全，吸引数据主体参与数据市场的交易流通，汇集和融通数据资源。应当将数据交易场所区别于普通的数据经纪商或数据产品服务供应方，着重发挥数据交易场所在汇集数据资源、促进数据资源流通利用上的实效。其次，应当明确以政府主导的大数据交易所为主要培育和发展对象。中国信通院发布的《中国数字经济发展白皮书（2020年）》根据数据交易场所的成立基础和依托背景，将我

---

〔1〕 殷继国："大数据市场反垄断规制的理论逻辑与基本路径"，载《政治与法律》2019年第10期。

〔2〕 杨东："论反垄断法的重构：应对数字经济的挑战"，载《中国法学》2020年第3期。

国的大数据交易场所分为四类[1]，相较于其他数据交易平台，政府主导的大数据交易所通过政府指导和市场化运营[2]，不仅能够发挥交易平台权威性和公信力的优势，获取市场主体的信任，还能充分利用政策手段和市场机制调动和汇聚数据资源，构建和维护数据交易市场秩序，其应当作为主要培育和发展的对象。此外，应当避免大数据交易所的重复建设和资源的粗放式投入，设置一定的准入条件，在资金、人员、交易规则、组织形式和管理制度上规定审批要求[3]，以行政许可的方式授权大数据交易所提供数据交易服务，限制大数据交易所的数量规模，保障大数据交易所的发展质量。应当鼓励一个省级地方集中力量建设一个大数据交易所，已经建立了多个大数据交易所的省级地方应当积极稳妥将多个大数据交易所推进为一个，并逐步探索建立全国统一的大数据交易场所。

（三）形成准确高效的数据定价评估机制

数据定价机制一方面需要体现数据本身的价值和数据交易双方的合意，要求定价的准确性；另一方面，需要满足数字经济背景下对于大规模快捷数据交易的需求，要求定价的效率性，为此在研究确定数据定价评估机制时，需要兼顾准确和效率两方面的价值追求。

---

〔1〕 中国信通院发布的《中国数字经济发展白皮书（2020 年）》将交易场所分为四类：政府主导建立的大数据交易所，如贵阳大数据交易所、华中大数据交易所、上海大数据交易中心；以产业数据为基础建立的产业联盟交易平台，如"交通大数据交易平台"、中关村大数据产业联盟、上海大数据联盟；企业数据服务商，如数据堂、美林数据等；大型互联网公司，如腾讯、阿里、百度、京东等。

〔2〕 罗珍珍："数据交易法律问题研究"，四川省社会科学院 2017 年硕士毕业论文。

〔3〕 张敏、朱雪燕："我国大数据交易的立法思考"，载《学习与实践》2018 年第 7 期。

在定价评估的基本原则上，应当以数据效用作为数据价值确定的核心。首先，需要研究确定合理的数据资产定价指标[1]，通过数据在各项指标中的具体表现来判断数据的实际效用，形成对数据的价格评估。其次，需要区分不同类别数据以开展定价评估[2]，对不同类别数据的各项资产定价指标赋予不同权重，从而体现不同种类数据的效用特性，确保定价评估的准确性。在定价评估的具体方法上，可以先由数据交易所根据数据资产定价指标确定价格区间，交易双方在此区间内再通过协商等方式细化交易价格[3]。由此不仅可以减少交易双方的磋商成本、提高交易效率，还可以避免因信息不对称所造成的单方定价或歧视定价，确保数据定价的公平。但采取这种方式也对数据交易所的定价评估能力提出了较高的要求，可以尝试建立权威的第三方数据定价评估机构，由专业人员协同数据交易所对数据价格进行评估。在数据交易市场厚度和流动性达到一定程度后，可以采用集合竞价和拍卖等市场化的定价手段来确

---

〔1〕 理论上，有学者提出数据实时性、数据样本覆盖面、数据完整性、数据品种、时间跨度与数据深度的 6 项数据资产定价指标，参见陈筱贞："大数据交易定价模式的选择"，载《新经济》2016 年第 18 期；有的学者提出数据量、数据种类、数据完整性、数据时间跨度、数据实时性、数据深度、数据覆盖度、数据稀缺性的 8 项数据资产定价指标，参见王文平："大数据交易定价策略研究"，载《软件》2016 年第 10 期。实践中，贵阳大数据交易所采用数据品种、时间跨度、数据深度、数据完整性、数据样本覆盖、数据实时性的 6 项数据资产定价指标，参见《贵阳大数据交易所 702 公约》第 12 条数据定价及交易模式的第 1 点数据价格影响因素；《深圳经济特区数据条例（征求意见稿）》一审稿采用了实时性、时间跨度、样本覆盖面、完整性、数据种类级别和数据挖掘潜能的 6 项数据资产定价指标，和贵阳大数据交易所采用的指标类似。综合而言，数据品种、时间跨度、数据深度、数据完整性、数据样本覆盖、数据实时性的 6 项数据资产定价指标的认可度较高。

〔2〕 参见王文平："大数据交易定价策略研究"，载《软件》2016 年第 10 期。

〔3〕 参见刘朝阳："大数据定价问题分析"，载《图书情报知识》2016 年第 1 期。

定数据价格。在定价评估的制度设计上，应当以市场自主定价为主，以政府规制为辅。由政府制定数据定价评估的基本原则，由市场主体行使自主定价权，发挥市场在数据定价中的决定性作用。但需要在适当的情况下运用政府的调控和规制手段，防止数据市场价格盲目走高而形成泡沫或过分压低而抑制发展，合理规制随意定价和垄断定价等扰乱数据交易秩序的行为，维持数据交易市场的平稳有序发展。

（四）构建系统的数据治理监管体系

系统的数据治理监管体系不仅需要政府机关履行有效的职能监管，还需要市场主体、数据交易场所和行业协会等发挥自律管理的作用，明确双方的治理监管界限，协调发挥双方对于数据行业的治理监管能效。

首先，应当形成统筹协调的政府治理监管体系。为了保证政府机关对数据治理和监管的实效，中央和地方层面均应当建立数据治理和监管的主管部门，由其负责对各部门数据监管工作进行统筹和协调，由于不同行业的数据监管专业性和技术性较强，应由各部门具体负责本行业的数据监管，其他部门在主管部门的协调下辅助监管，形成统筹协调、分工合作的监管模式。其次，应当发挥数据交易所、行业协会的自律管理作用。针对数据交易所自身监管职能定位不清的情形，应当由地方性法规或政府条例初步确定数据交易所的自律性法人地位，赋予其自律监管的职责，使其通过数据交易所章程、会员管理办法、交易规则等实行自律管理。针对大数据行业自律管理缺位的情形，其主要原因在于行业协会缺少独立性，无法得到市场经营者的认同，应当赋予行业协会一定的规则制定权和监督处罚权，构建政府与非政府合作的"回应性监管模式"[1]。此外，在充分发挥自律监管的同时，应当适当发挥政府的合理规制和干预作用。自律监管的优点在于行业协会和交易所能够密切结合行业实际，对行业内出现的问题作出迅速反应，及时发现问题并有针对性地予以处理和解决，但缺陷在于其偏重市场效率和对自律组织成员利益的保护，使得其监管目标不可避免地向私益性倾斜，缺乏对市场客户和消费者权益的有效保障。因此政府应当对自律管理组织的自治规则和自律管理行为进行监管，确保自律管理的有序开展，明确自律管理和政府监管的边界，形成行业自律、政府干预的双重监管模式[2]，更好发挥行业自律和政府监管的协同作用。

## 五、结语

在数字经济时代，大数据、云计算、人工智能等新兴产业的发展如火如荼，数据作为一种日益重要的资源不仅被大量运用到日常生产生活当中，还被正式确立为一种新型的生产要素，其战略意义愈发凸显。在新一轮数字经济浪潮或将来临的背景下，数据要素的市场化配置旨在充分调动市场力量实现数据资源向需求更为迫切、效用更为明显的领域的配置，这成为高效利用数据资源、抓住数字经济发展机遇的重要改革任务。为此，不仅要明确数据作为一种新型生产要素的基本内涵和作用机理，还应当明确数据要素市场的运行机制和数据要素市场化配置的内在要求。一方面需要明确数据资源有效流通的制度需求，着力解决制约数据资源流通利用的瓶颈问题，另一方面需要构建运行有序的数据要素市场，通过市场机制实现数据资源的有效

---

〔1〕 杨炳霖："监管治理体系建设理论范式与实施路径研究——回应性监管理论的启示"，载《中国行政管理》2014 年第 6 期。

〔2〕 张敏："大数据交易的双重监管"，载《法学杂志》2019 年第 2 期。

流通和配置。通过赋予数据主体平等的数据流通利用权利，建立安全可信的数据交易场所，形成准确高效的数据定价评估机制，构建系统的数据治理监管体系，为数据要素的市场化配置提供制度保障。

# 网络爬虫行为规制的刑民界限*

姚万勤 陈道晨**

**摘 要：** 随着大数据、5G 技术的发展，万物形成互联，数据已然成为连接现实世界的一条重要纽带。针对网络爬虫的"异化"倾向，司法机关对其采取一定的努力，但其公布的判决书也暴露出其刑民难分的困境。而在缓和的违法一元论的立场上坚持质量混合区分说具有一定的合理性。坚持"质量混合区分说"，以"质"作为其核心领域，在客观上借助"量"以避免核心领域判断因素的抽象化、空洞化，即只有当网络爬虫触及了刑法的核心保护范畴，才能够进入刑法规制领域；反之，如果只是具备了"量"的因素，只能是民事不法行为。只有如此才能更加周延地区分出网络爬虫行为规制的刑民界限。

**关键词：** 网络爬虫；刑民界限；缓和的违法一元论；质量混合区分说

---

* 本文系重庆市社科规划项目"网络金融犯罪实证解析与综合治理对策研究"（2017QNFX40）；重庆市西南政法大学法学院 2021 年度学生科研创新项目"网络爬虫技术的刑民问题分析"（项目编号：FXY20201045）研究成果。

** 姚万勤，西南政法大学人工智能法律研究院副院长，副教授，重庆市江北区人民检察院检察长助理，法学博士，硕士生导师。陈道晨，西南政法大学人工智能法律研究院研究人员。

## 一、问题的提出

网络爬虫（Web Crawler），又称网络蜘蛛（Web Spider）或Web信息采集器，是一个自动下载网页的计算机程序或自动化脚本，也是搜索引擎的重要组成部分。[1] 对于这一新兴事物的出现，理论界与司法机关对其采取的态度存在着一定的差异，前者的态度主要体现在刑法学者与民法学者对于反爬虫所作出的努力，而后者对于网络爬虫的态度主要体现在判决结果上。

民法学者试图在私法层面以赋权的方式加强对个人数据的反爬虫保护，但理论界产生了对个人信息应赋予何种权益属性的分歧，有学者认为，应当赋予个人对自身数据如绝对权、支配权般的控制力。但如若如此，即使是他人爬取公民主动、授权公开的数据也构成民事侵权，这显然与数据的流动性理论相违背；有学者从体系解释和目的解释的角度出发，从《民法典》总则编中第111条中规定的自然人的信息受法律保护及该条文处于民事权利章节出发，而推演出个人享有对自身产生的数据的民事权利。[2] 上述的私法保护路径，始终无法回答的问题是对于那些不具有"可识别性"的底层数据，若爬取该数据，应当如何处理的问题。除了该问题外，民法学者的研究亦无法解决网络爬虫的入罪路径问题。反观在刑法领域，2009年2月28日通过的《中华人民共和国刑法修正案》（七）中增设的"侵犯公民个人信息罪"为特殊主体，后《中华人民共和国刑法修正案》（九）对修正案（七）中"侵犯公民个人信息罪"的主

---

〔1〕 孙立伟、何国辉、吴礼发："网络爬虫技术的研究"，载《电脑知识与技术》2010年第6期。

〔2〕 参见王成："个人信息民法保护的模式选择"，载《中国社会科学》2019年第6期。

体作出了修改，扩大了主体的入罪范围，将其修改为一般主体。在侵犯公民个人信息罪的罪状表述中，存在着"窃取或者以其他方法非法获取公民个人信息的，依照第一款的规定处罚"的兜底性规定，为适应社会发展现实留出了空间，若行为人非法使用网络爬虫技术抓取大量个人信息，显然符合该条款中"以其他方法"的规定，这为网络爬虫的入罪提供了路径。

民法、刑法理论研究的各自为政，虽然割裂了部门法之间的界限，但学者们却不自觉地忽略了网络爬虫爬取对象的特性，从而在网络爬虫刑民分野的问题上无法得出具有实质性的结论。然而将目光转向司法实务界，通过在"裁判文书网、北大法宝"等文书公开平台进行检索，查阅了400多份判决书，并将其分为民事、刑事案件的基础上，笔者发现司法机关认定行为人非法使用网络爬虫时，无论是构成民事不法行为还是刑事犯罪，均在认定上存在着认定标准的混乱，司法机关的入罪路径集中于被告人非法利用网络爬虫爬取数据、作品的数量以及非法获利的数额，而这两个标准在民事侵权案件亦有体现。该司法现状实际上从侧面反映了司法机关对于网络爬虫刑民分野界分的困惑。

总而言之，现有的研究未能基于统一的原理总结出适用于网络爬虫行为规制刑民界限的一般性适用标准，而本文即以此为问题意识展开论述。

## 二、研究样本的来源及司法定性状况

### （一）研究样本的来源

笔者通过在北大法宝输入关键词"爬虫"、"爬虫协议"、"爬虫技术"、"网络爬虫"，并将判决书的结果限定于2009年—2020年。分别搜索与其相关的裁判书，数量分别为494篇（86个裁判书无关）、11篇、96篇、69篇，为了增加文章的样本数据、说明力、参考性，故选择以关键词"爬虫"所搜寻到的样本裁判书，在 494 个裁判书的基础上，剔除无关案例，剩下的有效案件的数量为 408 个。笔者将 408 个判决书进一步细分为民事案件、刑事案件，得出如下的结果（见图 1、图 2）：

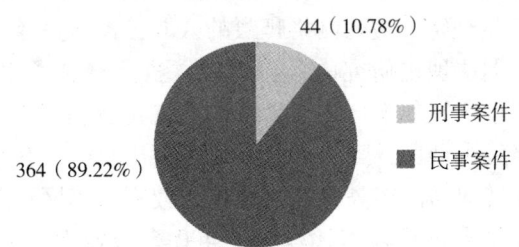

44（10.78%）

■ 刑事案件
■ 民事案件

364（89.22%）

图 1：2009 年—2020 年涉及网络爬虫判决书汇总图

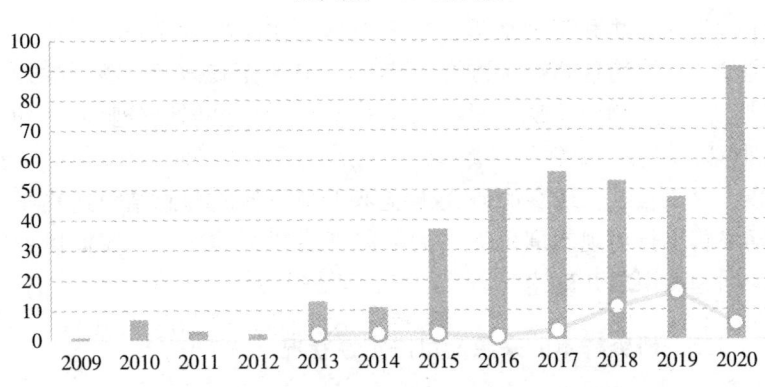

图 2：2009 年—2020 年涉及网络爬虫判决书增长图

值得注意的是，在 408 个判决书中，民事判决书的占比远高于刑事判决书，从数量上能够较为客观地反映出司法机关最初在面对网络爬虫时所采取的态度。但 2013 年前后成为行为人非法利用网络爬虫入罪与否的分界线，笔者认为其主要原因存在以下三个方面：一是数据产业、信息网络产业的繁荣，进一步挖掘出了各类数据蕴含的商业价值，而网络爬虫的精准性、广泛性、高效性的特点迎合了上述产业的需求；二是其所爬取的数据中涵盖了公民的个人信息、企业的商业秘密，若他人未经授权大量爬取这类数据，并通过整合、分析数据，将会造成一系列的违法犯罪行为；三是伴随着国家"剑网行动"的深入，非法提供网络服务的行为逐渐成为近些年来"剑网行动"的一项打击主旨，网络爬虫程序设计的低门槛，成为非法提供网络服务者实施违法犯罪活动的温床。以上种种原因，使得司法机关摒弃以往采取民事法律规制网络爬虫的态度，转而以"严厉"的方式去应对网络爬虫现象。

（二）网络爬虫的司法定性状况

样本的司法定性状况能够最直接体现整体的司法实践对网络爬虫是采取以民事法律进行规制还是采取以刑事法律进行规制的真实情状。经过对 408 份判决书以民事性质、刑事性质进行区分后，可以发现：民事案由集中分布于反不正当竞争、侵犯信息网络传播权、侵犯著作权、商标侵权以及其他民事侵权。其中，涉及侵犯信息网络传播权的判决书最多，其数量达到了235 份；反不正当竞争的判决书数量达到 51 份；侵犯著作权的判决书数量达到了 31 份；其他民事侵权的判决书数量达到了 48 份；商标侵权的判决书数量最少，仅达到了 12 份（见图 3）。网络爬虫若入罪，其一共涉及 8 个罪名，其中，涉案数量最多的罪名是侵犯公民个人信息罪，达到了 15 例；其次是侵权著作权罪，非法获取计算机信息系统数据、非法控制计算机信息系统罪，分别达到了 9 例、6 例；网络爬虫最少涉及的罪名是制作、复制、出版、贩卖、传播淫秽物品牟利罪与非法经营罪，都仅有 1 例。除此之外，涉及非法侵入计算机信息系统罪与破坏计算机信息系统罪的数量相同，都为 3 例，还有 2 例构成诈骗罪（见图 4）。

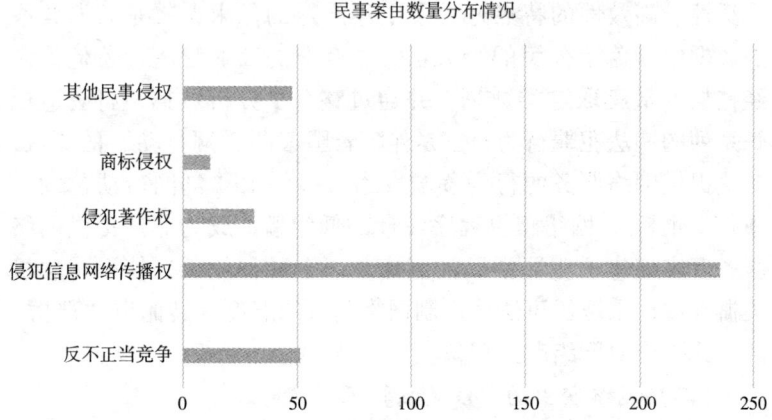

图 3：2009 年—2020 年涉及网络爬虫的民事案件案由汇总图

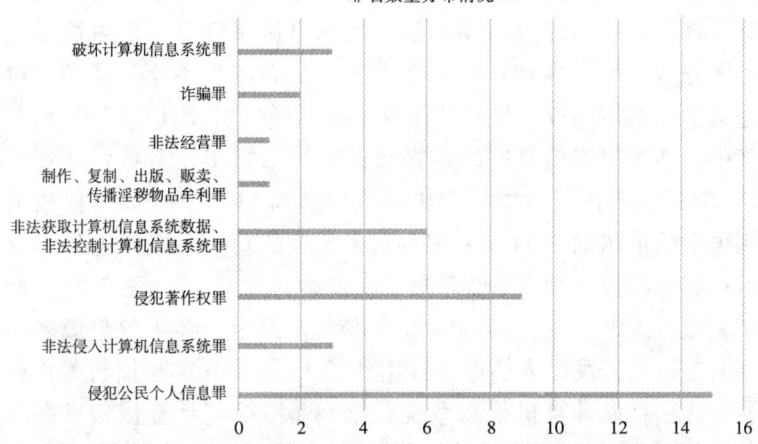

图 4：2013 年—2020 年涉及网络爬虫的刑事罪名汇总图

通过分析上述汇总图可以看出，样本的司法定性状况呈现出如下特点：其一，涉及民事领域中的侵犯信息网络传播权与刑事领域中的侵犯公民个人信息罪两者的比重最大，从侧面反映出网络爬虫作为爬取程序的特点。其二，刑事裁判结果所涉的类罪较多，包括刑法分则第三章破坏社会主义市场经济秩序罪，第四章侵犯公民人身权利、民主权利罪，第五章侵犯财产罪，第六章妨害社会管理秩序罪。这就意味着行为人同样是使用网络爬虫，但如果有不同情节、数额、数量以及侵犯不同的法益，将会产生差异极大的裁判结果。

笔者通过阅读比较 2013 年之后的民事与刑事判决书，同样发现司法机关在对于网络爬虫是属于民事不法行为还是属于刑事入罪的认定标准上明显存在着混乱的情况，该情况实际上暴露出了对网络爬虫认定为民事不法行为还是刑事入罪的问题上存在模糊边界。

**三、司法困境：网络爬虫民事不法与刑事入罪认定标准之混乱**

如上文所分析的，现今的网络爬虫已明显呈现"异化"趋势，对于网络爬虫这一新兴事物，应当承认的是刑法、民法作为维护社会秩序的两大部门法，对其规制也显现出自身的局限性，主要表现在司法判决结果对于网络爬虫属于刑事入罪还是民事不法行为在区分标准上的混乱。

（一）爬取行为的民事、刑事违法的边界模糊性

为了解决边界模糊的局面，最高人民法院、最高人民检察院等出台的司法解释，如《关于办理侵犯公民个人信息刑事案件适用法律若干问题的解释》《关于依法惩处侵害公民个人信息犯罪活动的通知》《关于办理侵犯知识产权刑事案件适用法律若干问题的意见》，分别从信息性质、信息数量、营利金额、违法

所得数额等多个标准，对认定行为人非法利用网络爬虫的规则作出较为详尽的归纳。但通过搜索相关判决书，笔者也发现了法院认定网络爬虫构成民事侵权亦是围绕着上述标准，那么，基于法秩序统一性原理，二者认定的标准应当是统一的。然而司法现状却呈现出混乱、不统一的局面，其集中体现在如下两个方面：一是简单地以爬取数据、作品数量的多寡区分出网络爬虫的刑民界限；二是试图以行为人获利或者被害人损失多少，即在数额上区分出网络爬虫的刑民界限。

（二）困境表现：试图以数量或者数额区分出网络爬虫的刑民界限

对于一些犯罪行为来说，以数额或者数量此类客观外化的因素区分出其刑民界限具有一定的可操作性，如最高人民法院、最高人民检察院《关于办理盗窃刑事案件适用法律若干问题的解释》对于盗窃行为入罪作出相应的规定，若未到达其"数额较大、数额巨大、数额特别巨大"的要求，其只能是民事侵权。但网络爬虫如果入罪，欲在获利或者损失层面上区分出行为人承担的是民事责任还是刑事责任，实际上的操作是非常困难的，甚至容易引发民事判决与刑事判决之间的矛盾，这在一定程度损害了司法判决所蕴含的实质正义要求。

在最高司法机关倡导"类案类判"的大环境下，即便行为人恶意使用网络爬虫构成犯罪，但构成同罪之间的认定情节仍存在差异，而且基于数量的多寡，网络爬虫极容易被评价为民事侵权。例如在李金波等侵犯著作权案中，法院认为被告人利用网络爬虫爬取被害人网站上小说的行为是在情节严重的基础上才能够入罪，而何为"情节严重"，判决书认为"其在未获得许可的情况下，擅自在被告单位经营的网站上登载玄霆公司经营的网站上的电子书达 1400 余部，情节严重，侵犯了玄霆公司对该网站上电子小说所享有的著作权，其行为具有较大的社会危害性。"[1] 而郑南等侵犯著作权案中，法院认为"认定被告人郑南在'快眼看书'网和'五味文字'网侵权作品的数量为4600余部，综合其参与到其他被告人的共同犯罪中的犯罪数量，其行为已达到刑法规定的情节特别严重的程度。"[2] 对于上述的两个案件，经过逻辑推演，似乎可以得出如下结论：若行为人非法利用网络爬虫爬取的数量未达到相应的标准，那么，仅构成民事侵权。

在所有部门法中，刑法因其制裁手段是最严厉的，故而该表征天然地要求刑法必须具有稳定性、安定性，不应频繁立、改；而相反地，在民法中只要被害人的权利能够寻得救济，都应当获得赔偿。由此导致的一个问题是，刑法在之前规定的数额会因社会经济的发展产生滞后性，从而与民法等其他部门法出现迥异的局面，如在郑南等侵犯著作权案中，根据被告人郑南的供述"其和黄康总共净挣广告费30万元左右，这些钱其和黄康每人一半。"[3] 据此，法院认定其被告人具有营利目的，进而认定其构成侵犯著作权罪。上述构成侵犯著作权罪的案例表明，司法机关的入罪路径集中于被告人非法利用网络爬虫的违法所得数额，而数额这个标准在民事侵权案件亦有体现。例如在湖南快乐阳光互动娱乐传媒有限公司诉暴风集团股份有限公司等不正当竞争纠纷案中，被告给原告造成了25万的损

---

〔1〕 参见李金波等侵犯著作权案，上海市浦东新区人民法院刑事判决书（2014）浦刑（知）初字第24号。

〔2〕 参见郑南等侵犯著作权案，北京市海淀区人民法院刑事判决书（2013）海刑初字第2725号。

〔3〕 参见郑南等侵犯著作权案，北京市海淀区人民法院刑事判决书（2013）海刑初字第2725号。

失[1]；又如在中文在线数字出版集团股份有限公司诉乐视网信息技术（北京）股份有限公司侵害作品信息网络传播权纠纷案中，法院判决被告公司赔偿原告经济损失 6.5 万元[2]。法院在认定行为人非法利用网络爬虫构成侵权或者反不正当竞争时亦是按照数额这个标准。针对前述的三份判决，其实不难发现一个问题，即在民事案件中行为人给他人造成的损失远超过刑事案件，但却只是民事案件。难道仅因为《反不正当竞争法》和《著作权法》所体现的法益优于刑法保护的法益？申言之，采取数额这个标准仅从"量"上来认定网络爬虫，无法区分出民事不法行为和刑事犯罪的梯度，甚至加深了两者认定上的矛盾。

综上所述，司法实践中对于区分网络爬虫的刑民界限更多地是采取的"量的区分说"，但其表现出的弊端也十分明显，因其过于依赖客观结果，一不小心就容易陷入"客观归罪"，而与最高人民法院所主张的"主客观相一致"归罪原则相冲突。针对如此困境，只能将目光转投于传统的刑法界限理论。

### 四、刑民界限传统区分理论之不足与"质量混合区分"之提倡

在德国占据通说地位的法秩序同一性理论认为，法秩序的统一性要求排除法规范之间的矛盾。法秩序在目的层面的统一性，是建立在对社会生活事实所造成的领域分化而使得体系的统一性不得不将原本铁板一块的法体系划分成诸多不同领域的

---

〔1〕 参见湖南快乐阳光互动娱乐传媒有限公司诉暴风集团股份有限公司等不正当竞争纠纷案，北京市石景山区人民法院民事判决书（2016）京 0107 民初 4008 号。

〔2〕 参见中文在线数字出版集团股份有限公司诉乐视网信息技术（北京）股份有限公司侵害作品信息网络传播权纠纷案，北京市东城区人民法院民事判决书（2015）东民（知）初字第 15088 号。

诸多体系而加以应对的现实要求之上。[1] 社会关系的复杂性，导致部门法之间出现了真空和缝隙，因此将法体系分成不同的法律部门。刑法与民法作为法律部门的支柱，其在构建现代社会秩序框架中发挥着莫大的作用，但伴随着数据社会的到来，在各类数据价值凸显的情况下，刑法与民法在面对网络爬虫规制问题时，显现出它们在应对新事物方面的乏力。

民法学者们普遍认为民法是调整平等主体之间人身关系与财产关系的基本法律，是私法、权利法、市民法。而对于与之相对的刑法，张明楷教授认为："以禁止、处罚犯罪行为为内容的法律规范，就是刑法规范，也称罪刑规范。"[2] 从二者之间的定义可以看出，刑法与民法泾渭分明，彼此在各自领域发挥作用，但刑法与民法在诸多概念上却存在着模糊的界限，如某个侵犯人身权利或者侵犯财产权利的行为，其既可能是单纯的民事侵权行为，也可能同时构成刑法中的侵犯人身权利的犯罪或者侵犯财产权利的犯罪，[3] 而本文所探讨的网络爬虫的刑民界限亦是如此。

（一）传统刑民区分理论与评析

在我国传统刑法教科书中，对于刑法与民法的关系，均未作出正面的回应，更多的是采取一种遮掩的态度，有的学者甚至直白地表明："刑法第 13 条……'不认为是犯罪'就是行为不构成犯罪，这自然为刑事犯罪与民事不法的区别划定了一条

〔1〕 王昭武："法秩序统一性视野下违法判断的相对性"，载《中外法学》2015 年第 1 期。

〔2〕 张明楷：《刑法学》（上册），法律出版社 2016 年版，第 26 页。

〔3〕 参见夏勇："刑法与民法——截然不同的法律类型"，载《法治研究》2013 年第 10 期。

界限。"[1] 实际上，这般对刑民界限的区分仅仅停留在社会危害性这个角度。我国的夏勇教授也认为："根据《刑法》第13条但书来界定刑法与民法关系的观点，认为刑事犯罪行为与民事违法行为各自触犯了不同的法律，两者却有内在的同质性——都是具有社会危害性，只是危害程度不同而已，这种认识属性模糊了刑法与民法的公法与私法的区分。"[2] 传统观点认为，社会危害性是一个公法概念，并不涉及私法概念，但伴随着部门法体系的发展，社会危害性在不同的部门法中均有体现，如在行政处罚法、刑法、侵权责任法之中，并呈现出梯级式的差别，其核心差别主要还是危害的程度不同。如果以社会危害性作为区分网络爬虫的刑民界限，那么，问题显然出在应当以何种尺度认定其社会危害性以及刑法与民法应当对其危害性认定设置何种标准，这样不过是陷入了逻辑论证的因果循环，因此，社会危害性这条路径无法提供区分依据。

而周光权教授认为："权利义务关系具有特定化、清晰化特征，当事人提起民事诉讼救济自己的权利较为容易，这也是刑法和民事责任界分的重要标准之一。"[3] 以提起民事诉讼程序便捷与否作为区分刑事责任与民事责任的标准，存在其可取之处，但其问题也十分明显。现行有效的《民事诉讼法》对信息网络侵权的管辖地法院作了极为宽松的规定，如此规定对于被侵权人而言，找到具有管辖权的法院是十分容易的，但网络爬虫作为 web3.0 的产物，其最显著的特点即是便捷性，能够在短

---

〔1〕 于改之：《刑民分界论》，中国人民公安大学出版社 2007 年版，第 328 页。

〔2〕 参见夏勇："刑法与民法——截然不同的法律类型"，载《法治研究》2013 年第 10 期。

〔3〕 周光权："'刑民交叉'案件的判断逻辑"，载《中国刑事法杂志》2020 年第 3 期。

时间内通过模拟"人为点击"的方式爬取大量的个人数据，即使公民知道自己的个人信息被他人爬取，但网络空间的匿名性、非交互性等特点也使得公民找不到侵权人，即便找到了具体的侵权人，法院的相关文书送达也是个问题。上述种种现实也印证了以诉讼程序提起便捷与否为标准对网络爬虫进行刑民分野是无法做到的。

反观我国学者王骏的观点："刑法规范在对所规制行为的描述上有两个不同于民法规范的显著特点：一是行为的定型性，二是对行为既定性又定量。"[1] 该观点值得商榷，法官在适用法律的同时，应当严格依照规范中规定的构成要件，如一般侵权，其构成要件应具备行为、损害结果、行为与结果之间的因果关系、主观过错，同时该构成要件中也包含了对某一个侵权行为的定型以及定性、定量分析，而该观点实际上忽视了侵权责任法在评价民事违法上的作用，片面地认为民法作为私法，其所起到的仅是确权作用。行为人若非法利用网络爬虫实施了侵犯他人的信息网络传播权、爬取大量公民个人信息、侵犯他人商业秘密的行为，其不仅触犯了刑事法律对应的不同罪名，同时也侵犯民事权利、权益。法益、权利、权益本质上不过是一体多面的概念，如何对其予以定性、定量，在现行法体系框架内，根本无法找到对应的依据。该观点在逻辑上无法做到自洽，如果将其用以区分网络爬虫技术的刑民界限，无疑损害了刑法作为裁判规范对司法机关所发挥的作用，也损害了其作为行为规范为公众提供的指引作用，从而动摇刑法、民法在法秩序中的地位。

在比较法视野上，日本的理论界对于刑法与民法的区分界

---

〔1〕 王骏："违法性判断必须一元吗？——以刑民实体关系为视角"，载《法学家》2013年第5期。

限，存在着两种立场，一种立场认为，刑法应当完全独立于民法进行违法性判断，另一种立场认为，虽然在民法上适法，在刑法上也应适法，但民法上的违法并不必然意味着刑法上的违法，即认可刑法的片面独立性。[1] 该理论由于缺乏具体的实践指引，亦无法为司法机关判断网络爬虫技术的刑民界限提供实质意义上的帮助。

综上分析，现有理论或多或少存在一定的缺陷，类型化倾向严重，理论解释张力不足，在逻辑上无法做到自圆其说。数据的公共性原理以及作品的独创性等特点，进一步要求了刑民界限理论不应局限于传统的区分维度，应当跳出平时的思维模式，不应拘泥于公法与私法的分类、刑事责任与民事责任不同、刑法与民法的规制特性等区分理论。

（二）基于缓和的违法一元论立场下的"质量混合区分"之妥当性

法律有着以宪法为顶点的阶层构造，当具有阶层构造而存在的法规范成为一个体系的时候，便成为"法秩序"。[2] 秩序天然地要求内在具有统一性，而法秩序统一性在法哲学层面有存在论与目的论两种学说的争论，[3] 前者基于实证主义的角度，其认为法规范之间不应当存在矛盾和嫌隙，任何成文化的法典或规范彼此间都是协调统一的，并在各自领域发挥作用；而后者则是基于法律是实现目的之手段的角度出发，在静态意义上，各个部门法都是控制社会的手段，在动态层面上，其在

〔1〕[日]佐伯仁志、道垣内宏人：《刑法与民法的对话》，于改之、张小宁译，北京大学出版社2012年版，第399页。

〔2〕郑泽善："法秩序的统一性与违法的相对性"，载《甘肃政法学院学报》2011年第4期。

〔3〕参见京藤哲久、王释锋："法秩序的统一性与违法判断的相对性"，载《苏州大学学报（法学版）》2020年第1期。

适用过程中，都具有一致的目的性。因此，有关违法的统一性和相对性的问题上，刑法理论中存在着以下两种命题：①在民法、行政法等法规范适法的行为，刑法是否也应当作出肯定性评价；②在民法、行政法等法规范失范的行为，并且该当刑法构成要件的行为，刑法是否也应当对其科处刑罚。并且在违法性判断上存在着严格的违法一元论、缓和的违法一元论和违法的多元论或者违法判断的相对论三种学说，三种观点对以上两种命题都存在着不同的结论，严格的违法一元论认为①和②的结论应当保持一致，即刑法的违法性判断具有从属性；缓和的违法一元论认为，在适法行为上，刑法的违法性判断具有从属性，但是对于失范行为，刑法具有其自身的相对性，即须具备一定的"量"和"质"，换言之，当一个违法行为具备刑事可罚性的"质"和"量"时，那么就值得科处刑罚，在这个意义上，刑法基于其自身合目的性的要求，在未违背法秩序统一性原理的前提下，应当保持其独立的违法性判断。而违法的多元论对于上述命题都作出了否定性的结论，即不论是适法行为还是失范行为，刑法对其的评价应当都保持其独立性。本文同意缓和的违法一元论的结论。

第一，对于合法的行为，整个法领域都应当得出统一的结论，而不是在民法、行政法等部门法得出肯定性的评价后，刑法却对其科以刑罚。刑法作为行为规范之一，若按照上述的矛盾标准进行判断必然会对公民的行为自由造成巨大的影响，使得民众日常社会生活都处在惶恐之中。

第二，对于失范行为的违法性判断应当按照公平、正义等实质的合目的性要求，给予部门法独立的评价地位，特别是刑法，其作为所有部门法中制裁手段最严厉、对公民权利剥夺最严重的规范，更应当使得其有自身的判断标准。例如，甲伤害乙，但最终的判定结果只是轻微伤，该结果在民法上是侵权行为，而刑法却对其不以犯罪论处；又如，对于通奸行为，民法上将其作为离婚的事由，而刑法基于罪刑法定原则的要求，同样也对其不以犯罪论处，上述的处理既体现了刑法的保障法属性，又保证了刑法的安定性。

第三，在两大法域规范保护目的一致的场合，刑事违法与民事违法在违法的"量"上存在高低之分，因此，实质的民事违法性是刑事违法性的前提，但是，实质的民事违法性并不必然意味着刑法上也违法，只有该民事违法行为在质和量上达到了值得用刑法加以处罚的程度，才能认可该不法行为的刑事违法性。[1] 因此，本文立足于缓和的违法一元论提出区分网络爬虫刑民界限的"质量混合区分说"。

在理想的法治国中，法律应该是完美的，它能够完全合理地诠释规范对象的一切内涵；在刑法中，行为人造成的法益侵害性能够被精准认定，并得出行为人应当承担的刑事责任。[2] 但现实司法活动往往与理想相悖，司法人员需要借助数额、数量等客观要素才能对网络爬虫的刑民界限作出较为准确的判断，而引入"质量混合区分说"之后，能够避免主客观判断的割裂，从而提升司法结果的实质正义。

具体来说，提倡基于缓和的违法一元论立场下的"质量混合区分说"具有如下的合理性：

第一，如果单纯依靠量的区分说或者质的区分说，容易导致对网络爬虫行为之刑民界分的片面性，前者认为违法性的量需要借助一般违法性，即能够可视化的客观参照标准，后者认为刑事不法行为与民事不法行为在本质上不属于同一种类的不法行为，但问题的关键在于这种"质"到底指向的是什么，理

---

〔1〕 于改之："法域冲突的排除：立场、规则与适用"，载《中国法学》2018年第4期。

〔2〕 陈少青："罪量与可罚性"，载《中国刑事法杂志》2017年第1期。

论上对此尚无一定的定论。而本文认为，质的区分说中的'质'可以引入罪量要素的概念，使其具有可视化的参照标准。有学者认为，中国刑法上的罪量要素，就是指行为对刑法所保护的法益所造成的侵害或威胁程度。[1]罪量要素不仅包含了法益保护原则所指向的法益，而且还具有其他能够较为直观地展现出行为的不法程度的因素，从这个意义上来说，罪量要素的概念与质的区分说具有内在的一致性。而质量混合区分说是在上述两者区分说的基础上得出的，其在判断网络爬虫行为之刑民界限的问题时能够进一步缝合主客观之间的割裂，与传统区分理论相比，其具有一定的优势。

第二，质量混合区分说认为，民事不法与刑事不法的核心区别主要在于是否存在"可罚的违法性"，即在量达到一定程度时，会引起质变，换言之，"刑事违法性＝一般的可罚性＋可罚的违法性"，而可罚的违法性便是质变的结果，其也内嵌了罪量因素，这也是基于缓和的违法一元论得出的结论。而两者的外围领域间的区别是"量的区别"，区别标准在于"一般的违法性"，即是否具有形式的违法性。通过两次的违法性判断，质量混合区分说能够弥补量的区分说与质的区分说的不足。

第三，"一般违法性"作为民事不法、行政违法和刑事犯罪的上位概念，是法秩序统一性理论得出的当然结果，其适用于所有的部门法。例如，行为人盗窃一支笔，按照"质量混合区分说"的观点，在'量'的层面上，该行为具有一般违法性，在民法领域会被评价为侵犯他人所有权，具有民事不法性，而在刑法领域也符合盗窃罪的构成要件；然而在'质'的层面上，由于盗窃一支笔并不符合盗窃罪的罪量要素，故而只能按照民

---

〔1〕 屈学武："中国刑法上的罪量要素存废评析"，载《政治与法律》2013年第1期。

事不法行为进行处理。在这个例子中，通过双层的违法性评价，能够更加周延地对一个行为进行判断，对于司法机关而言，如果遇到与网络爬虫相关的案件亦能够按照此种思路进行检验。

第四，网络爬虫作为抓取数据的程序，对其进行刑民界分，必须要在判断数据、作品性质的基础上，才能够得出准确结论。而"质量混合区分说"能够按照其性质分别作出民法、刑法上的违法性评价，更加具有经济性。

### 五、基于"质量混合区分说"的实质判断路径

基于现实社会与网络社会双层治理的现实需要，立法者在刑法修改过程中以在妨害社会管理秩序罪中的扰乱公共秩序罪一节新增网络类犯罪的基础上，形成了以破坏社会主义市场经济秩序罪中的知识产权类犯罪，侵犯公民人身权利、财产权利罪中个人信息类犯罪，以及《刑法》第 287 条的提示性条款为主的"7+7+1+N"的全方面规制网络爬虫不法行为的刑法模式。[1] 以如此严密的犯罪圈进行对网络爬虫的规制，实际上暴露出立法者所信奉的"积极预防立法主义"，即在追求秩序稳定、效率优先的立法价值理念的驱动下用最严厉的方式去应对"新兴事物"。在这般刑事立法政策下，司法机关在未区分网络爬虫刑民界限的情况下，简单地以信息数量、营利金额、违法所得数额等"量"层面的因素对其进行认定的话，那么，司法机关将会面对的问题是针对差别不大、差别巨大的数额、数量，为何有的行为人承担的是民事责任，而有的行为人却承担的是刑事责任。

其实，问题的本质在于"量的区分说"无法很好地解决网

---

〔1〕 许娟："利用爬虫技术侵犯企业数据知识产权法益的司法解释"，载《苏州大学学报（哲学社会科学版）》2020 年第 1 期。

络爬虫行为规制的刑民界限，而如果以"质的区分说"进行区分，虽然能够弥补"量的区分说"的不足，但"质的区分说"判断因素的抽象化、空洞化容易增加判断网络爬虫刑民界限的难度。而"质量混合区分说"以"质"作为其核心领域，在客观上借助"量"避免核心领域某些判断因素的抽象化、空洞化问题。以上路径能够解决上述提及的困境，下文将以此学说为基础展开具体的判定。

第一，即便行为人在客观上使用网络爬虫的违法所得已经满足相应规范性文件的要求，也并不必然具有刑事可罚性。例如，最高人民法院、最高人民检察院出台的《关于办理危害计算机信息系统安全刑事案件应用法律若干问题的解释》（以下称《计算机解释》）第 1 条规定了"违法所得 5000 元以上或者造成经济损失 1 万元以上的"，即可被认为"情节严重"。如果按照该司法解释办理相应的案件，便会产生以下怪异的现象：在众多的由网络爬虫技术所引起的不正当竞争案件中，满足非法获取计算机信息系统数据罪"情节严重"标准的案件比比皆是，人民法院判决被告人应赔偿的经济损失远远超过 1 万元，如在百度诉奇虎违反爬虫协议案中，法院判决被告赔偿原告经济损失 50 万元；在新浪微博诉脉脉不正当竞争案中原告的经济损失高达 200 万元。[1] 又如被告人张某某、宋某、侯某某经共谋，于 2016—2017 年间采用技术手段抓取被害单位北京某网络技术有限公司服务器中存储的视频数据，并由侯某某指使被告人郭某破解北京某网络技术有限公司的防抓取措施，使用"tt_spider"文件实施视频数据抓取行为，造成被害单位北京某网络技

---

〔1〕 石经海、苏桑妮："爬取公开数据行为的刑法规制误区与匡正——从全国首例'爬虫'入刑案切入"，载《北京理工大学学报（社会科学版）》2021 年第 4 期。

术有限公司损失技术服务费人民币 2 万元。[1] 通过观察上述的判决结果，好像可以在损失（量）这一层面上便区分出网络爬虫的刑民界限。其实不然，满足对应的数额并不是评价行为人构成刑事犯罪的一个充要条件，只能说数额在一定程度上能够较为客观地评判出责任大小、是否具有违法性，或者说用其进行认定行为人是否承担民事责任具有一定的合理性，但却无法取代法益在实质层面上的判断。若行为人只是在"量"上具有违法性而无法益侵害性，那么，只能是民事不法行为。

第二，只有当行为人使用网络爬虫在"质"的层面上，侵犯了刑法分则规定的具体罪状所保护的法益或者具备表明侵害程度的罪量因素的状况下，才能够进入刑事规制领域。在刑法学界，学者们通常以法益概念代替犯罪客体的概念。法益是指法律所保护的利益或价值。[2] 法益概念由自由主义的法益和实定的法益构成。自由主义法益是指以国家的整体任务作为判定犯罪行为的核心要素所要求的法益，而实定法益是指以保护公民自身的自由为基础观点的法益概念，后者是前置于刑事立法或者直接指向刑事立法者的，而前者是后者的前提。[3] 自 2013 年网络爬虫入罪以来，其构成的具体罪状有：诈骗罪，侵犯公民个人信息罪，侵犯著作权罪，非法经营罪，制作、复制、出版、贩卖、传播淫秽物品牟利罪，破坏计算机信息系统罪，非法获取计算机信息系统数据、非法控制计算机信息系统罪，非法侵入计算机信息系统罪（见图 4）。如果按照前述的法益概念分类对这些罪名进行归类，可以发现，前两类罪名属于实定法

---

〔1〕 参见北京市海淀区人民法院（2017）京 0108 刑初 2384 号刑事判决书。

〔2〕 信春鹰主编、中国社会科学院法学研究所法律辞典编委会编：《法律辞典》，法律出版社 2003 年版，第 328 页。

〔3〕 参见张明楷："法益保护与比例原则"，载《中国社会科学》2017 年第 7 期。

益，其余的罪名便属于自由主义法益。

由网络爬虫构成的绝大多数罪名都离不开"数据"这个关键法益，但是值得注意的是，即便行为人的行为被评价被诈骗罪，非法经营罪，以及制作、复制、出版、贩卖、传播淫秽物品牟利罪，其在行为过程中也会涉及"数据"这个法益，只是因为在规范保护目的的判断基础上，在该行为所侵害的多种法益中选择其所造成侵害结果最严重的罪名进行规制，以实现罪责相适应，而不能认为因为在罪状描述中不存在"数据"，进而认为行为人的行为在由其所造成的结果中并不存在法益侵害性。数据权利客体的多样化，依据被抓取数据所表征的不同法益，可构成不同的罪名。抓取具有"可识别性"的个人数据，可构成侵犯公民个人信息罪；抓取具有"创造性"的数据，可构成侵犯知识产权的犯罪；抓取普通数据，可构成非法获取计算机信息系统数据罪。[1] 网络爬虫的使用，尤其是深度、广泛、高速的使用，会使得被爬取的网站负担过载，甚至是直接瘫痪，若行为人明知自己利用网络爬虫会使对方的电脑陷入瘫痪，还恶意攻击服务器的，可以以破坏计算机信息系统罪对该行为作出评价。显然，通过法益的实质性判断，即当行为人的爬取行为具有法益侵害性时，该行为应当进入刑事规制领域。

第四，因为犯罪是质与量的有机统一，界定犯罪时显然不应也不能将犯罪决然割裂为质与量的两个方面，认为定性时无需对量进行把握或是定量时无关质的属性的观点失之偏颇。[2] 因此，只有当某一爬取行为，触及刑法的核心领域即法益才具有非难可能性，如果只是在"量"上满足一定的数额、数量，

---

〔1〕 参见刘艳红、杨志琼："网络爬虫的入罪标准与路径研究"，载《人民检察》2020年第15期。

〔2〕 石经海、苏桑妮："刑法数额因素之'唯数额论'误区"，载《重庆大学学报（社会科学版）》2021年第1期。

那么，只能是民事不法行为，从而更加周延地判断出网络爬虫的刑民界限。

## 六、结语

在互联网和大数据背景下，个人信息所蕴含的保护法益内容逐渐呈现出复合性、多元化特征，从个体的人格权扩展至公共利益、社会秩序和国家安全，法律面临如何在权利保护和价值应用、信息自由与信息安全方面进行利益平衡和价值选择的问题。[1] 网络爬虫一方面在促进信息自由流通上发挥了巨大的作用；但另一方面也因技术日益显现出的法益侵害性而不得不引起人们对信息安全保护的重视。但也不应该采取过于强硬的手段去"规训"网络爬虫，应当从"质量混合区分说"的判断标准出发，从根本上区分出网络爬虫的刑民界限，在遵循法秩序统一的基本原理下，以刑法、民法两大部门法对其进行规制。

---

〔1〕 张勇："APP 个人信息的刑法保护：以知情同意为视角"，载《法学》2020 年第 8 期。

# 电商时代流量造假的刑法规制

李 谦<sup>*</sup>

**摘 要**：流量造假是电商时代一种典型的网络危害行为。在概念上，它是指通过各种网络技术，制造虚假流量并谋取不正当利益的行为。在类型上，根据其对流量运营的影响方式，可分为商业信息型、经营秩序型和系统数据型三种类型。流量造假的概念与类型，将有助于我们展开对其刑法规制的研究。具体来说，这包括三个维度的内容：其一，刑法规制流量造假的正当性依据，在于流量运营的风险现实化。其二，刑法规制流量造假的关键举措在于应确保流量运营安全。其三，对损害商业信誉、商品声誉的判断，对扰乱电商经营秩序的界定，以及对侵害电商主体系统数据的考察等事项，都是我国刑事司法中必须认真面对的问题。

**关键词**：流量造假；电子商务；风险现实化；流量运营安全；刑法规制

---

　＊ 李谦（1992—），男，江苏淮安人，南京师范大学中国法治现代化研究院研究员，法学院讲师，法学博士。研究方向：数字法学、网络刑法学。

## 一、面临的问题

我国自 2020 年 3 月 1 日起，《网络信息内容生态治理规定》（以下简称《规定》）开始施行。《规定》明确，网络信息内容服务使用者和生产者、平台不得开展流量造假。在网络空间，流量造假是影响流量运营安全的主要掣肘。网络技术在推动流量运营模式不断革新的同时，也悄然改变其治理格局。随着电商时代的来临，流量运营的表现形式愈发多元，有关流量造假的法律规制困境日趋显现。其中，刑法作为保障流量运营安全的最后一道法律防线，在面对法安定性与法回应性的关系时，该困境表现得尤为明显。一方面，传统刑法在应对流量造假所引发的社会危害性时捉襟见肘，当相关刑事立法未跟进之时，我们只好立足于刑法教义学的规范化改造，保持相关犯罪构成要件的解释弹性，以适应惩治新类型犯罪的现实需要；另一方面，毕竟刑法教义学的规范改造在理念、方法及路径等方面或多或少存在差异，这不免将掺入有违刑法教义学基本信条的做法，由此出现反思刑法扩张解释，并主张网络时代刑法解释存在内部限度与外部限度之分的学术倡导。[1]

对于这一困境，实务界与法学界须作出回应。在实务界，从相关刑事判决书可初见端倪。典型案件有二，一是全国首例"反向刷单"案被法院认定成立破坏生产经营罪。[2] 二是李某"正向刷单"案被法院认定成立非法经营罪。[3] 法学界的回应也主要围绕这两个典型案例展开。对于前者，有学者指出其不

---

〔1〕 欧阳本祺："论网络时代刑法解释的限度"，载《中国法学》2017 年第 3 期。

〔2〕 江苏省南京市雨花台区人民法院（2015）雨刑二初字第 29 号刑事判决书。

〔3〕 浙江省杭州市余杭区人民法院（2016）浙 0110 刑初 726 号刑事判决书。

构成破坏生产经营罪。[1] 还有学者持不同观点，认为可以其构成破坏生产经营罪。[2] 对于后者，学者们大多认为，其不构成非法经营罪。[3] 上述回应对于研究流量造假的刑法规制，具有一定启发意义。但在电商时代，仍存在不足。其一，从回应起点看，刷单炒信的内涵要远窄于流量造假。刷单炒信主要对生产经营活动产生较大侵害（危险）。而流量造假则不限于此，其还包括对电子商务交易安全、电子商务正当竞争、电子商务经营者的商业信誉、商品信誉以及关联的信息权益等所产生的不同程度的法益侵害或危险。其二，从回应方式看，仅研究为数不多的刑事判决书还无法形成规模效应。这一理由在于，流量造假的刑法规制需要一套体系性的制度框架，它将涉及刑法教义学内部与外部等不同视角，因此，单纯通过考察少量刑事判决书，离实现该目标相距甚远。其三，从回应结果看，囿于罪与非罪、此罪与彼罪等结论性研究，其难以为其刑法规制展现一种过程性思考。这一回应结果仅触及冰山一角，对"新大陆"的发现有待我们进一步付诸行动。

如上对回应现状的分析，构成了本文的问题意识：在电商时代，流量造假的刑法规制应当关注哪些维度？同时，又该如何将其落于实处？对此，如果我们不重视刑法规制流量造假的正当性依据，不合理定位刑法适用的逻辑，不明晰刑事司法判断标准，则会导致刑法规制的错位与偏误，从而极易引发司法过度犯罪化。基于此，笔者在简要交代流量造假的概念及类型

---

〔1〕 叶良芳："刷单炒信行为的规范分析及其治理路径"，载《法学》2018 年第 3 期。

〔2〕 刘仁文、金磊："互联网时代破坏生产经营的刑法理解"，载《检察日报》2017 年 5 月 9 日，第 003 版。

〔3〕 叶良芳："刷单炒信行为的规范分析及其治理路径"，载《法学》2018 年第 3 期。

后，从刑法规制流量造假的正当性依据，刑法规制流量造假的关键举措，以及对流量造假的刑事司法认定这三个维度，展开对其刑法规制的研究。

## 二、电商时代流量造假的概念及类型

所谓流量造假，就是指通过投放劣质流量、使用非自然流量或植入代码等形式，制造虚假流量并谋取不正当利益的行为。该行为具有三个特征：访问时间、地点集中；访问方式多样；IP 地址频繁改变。这种行为在网络空间主要表现为：用户访问时间、地点过于集中，用户通过 Cookie 持续刷流量，IP 地址更换且分散其所在地点等。流量造假不同于流量劫持。流量劫持是指用户"被迫"访问网站或网页，从而增加网站或网页流量的行为。形象地说，流量劫持相当于绑架，是对用户流量的公然强制。[1] 流量造假相当于欺诈，是对用户流量的虚假呈现。举例来说，比如行为人在广告协议下非法牟利的行为，流量劫持是通过恶意软件让计算机用户访问设计的网站，每点击一次，广告费就会支付给行为人一次；流量造假是使用恶意软件，欺骗性地增加网站访问量而使行为人赚取更多广告费。[2]

在电商时代，流量造假牵涉作弊行为者、各类投资方、电子商务平台经营者、平台内经营者、广告主和消费者等多方主体利益，各主体利益之间往往存在交叉。由此导致流量利益链条不断接续与延展，这在很大程度上加剧了电商产业背后流量黑产的聚集，并给流量运营安全带来极大挑战。近几年，流量造假的网络技术层出不穷，欺诈对象范围也不断扩张。关于流

---

〔1〕 叶良芳："刑法教义学视角下流量劫持行为的性质探究"，载《中州学刊》2016 年第 8 期。

〔2〕 ［瑞士］索朗热·戈尔纳奥提：《网络的力量：网络空间中的犯罪、冲突与安全》，王标、谷明菲、王芳译，北京大学出版社 2018 年版，第 81~82 页。

量安全的相关报道以及基于流量造假实施的不正当竞争行为，已陆续受到司法规制。即便如此，流量造假仍然是电商时代难以治愈的"顽疾"，严重损害了各方主体的合法权益，侵害了流量运营安全。

电商时代的流量造假存在多种类型，按照不同标准会得出不同的分类结果。在我国，以作弊主体为标准，可以将其划分为电子商务平台经营者作弊、平台内经营者作弊、广告经营者作弊、个人作弊等。以作弊行为为标准，可以将其划分为恶意霸屏作弊和恶意点击作弊。[1] 在欧洲，常见的流量造假类型是借助钓鱼式攻击（phishing attack），非法入侵计算机信息系统并获取非法利益。其中，钓鱼式攻击将接受者指向通过假冒目标单位的虚拟身份而设立的网页。[2] 在本文语境下，笔者采取流量造假对流量运营的影响方式为标准，对流量造假予以分类。其理由在于，一方面，这能较好满足刑法规制的类型化需要。仅以作弊主体、作弊行为等为标准，无法表征流量造假导致的法益侵害或危险，也难以追寻刑法保护流量运营的正当性依据。另一方面，这是将行为不法寓于结果不法中，进而整体呈现其法益侵害或危险的标准。

根据上述分类标准，我们可将流量造假划分为商业信息型、经营秩序型和系统数据型三种类型。商业信息型流量造假是指通过商业诋毁、虚假宣传等方式实现流量造假。这是一种针对电商信誉及商品声誉的作弊方式。一般而言，平台内经营者对竞争对手实施编造、传播虚假信息或者误导性信息，是商业诋

〔1〕 曹诗权主编：《2017年新型网络犯罪研究报告》，中国人民公安大学出版社2018年版，第157页。

〔2〕 Adrian Cristian Moise, Considerations of Criminal Law and Forensic Science regarding the Illegal Access to a Computer System, 2 AGORA International Journal of Juridical Sciences 49（2017）.

毁。个人帮助平台内经营者增加交易量、批量回复好评等方式，是虚假宣传。经营秩序型流量造假是指通过恶意点击、刷单炒信、虚假访问等方式实现流量造假。这是一种针对电商经营秩序的作弊方式。系统数据型流量造假是指主要通过非法侵入计算机信息系统、破坏计算机信息系统或者非法获取计算机信息系统数据等方式实现流量造假。这是一种针对各类电商主体系统数据的作弊方式。

在电商时代，这三种类型的流量造假虽然在外观表现及内在机理存在较大差别，但无论是商业信息型流量造假，还是经营秩序型流量造假，亦或系统数据型流量造假，都对流量运营造成直接或间接的负面影响。在法律层面，尤其在刑法层面，这涉及一个问题：即法律（刑法）规制流量造假的正当性依据是什么？也就是说，法律（刑法）保护流量运营的正当性依据是什么？对此问题，笔者将在下文予以重点探讨。

### 三、电商时代刑法规制流量造假的正当性依据

随着电子商务的飞速发展，其在大幅提高流量运营效率的同时，也给流量运营安全留下不少隐患。电商时代的一个重要特征是商业交易自由与流量运营安全间的关系日趋紧张。在此特征下，各电商主体的交易往来加剧了对流量造假的规制难度。于此，如何实现流量运营效率与流量运营安全的平衡，并妥当处理好法安定性与法回应性的关系，已成为在电商时代中我们必须面对的重大议题。电子商务交易模式与网络传播效应的结合，使流量能够轻松突破技术规范的约束，一旦形成流量造假，将会严重影响流量运营安全。因此，刑法保护流量运营，不能因为商业交易的自由价值导向而选择"袖手旁观"，正确的做法应当是保持对流量造假的合理规制限度。那么问题是，应如何把握这里所说的合理规制限度？换言之，刑法规制流量造假的

正当性依据在何处？

笔者认为，这一正当性依据在于流量运营的风险现实化。在某种意义上，风险现实化意味着流量造假的行为必须制造法所不允许的风险，且该风险被实现。在刑法理论上，这涉及客观归责论的前两个阶段。[1] 由于流量造假仅有限触及客观归责论的第三个阶段，故笔者对其将不展开论述。[2] 有关刑法规制流量造假的正当性依据，笔者主要从如下两点进行论述。

（一）流量造假是否制造法所不允许的风险

如果单从犯罪学层面看，流量造假形成的法益侵害通常都具有风险。但如果从刑法教义学层面看，有关风险内涵的实质含义，显然不能这样简单地予以理解。一般来说，我们应当建立在犯罪学的基础上，透过其产生的原因，考察其与相关禁止规范或者命令规范的关系，由此判断流量造假是否制造法所不允许的风险。换言之，就是判断流量造假产生的客观风险能否被法规范认可或者接受。如果能得出肯定的结论，那么表明法规范对流量造假产生的客观风险是允许的。反之，则表明流量造假产生的客观风险已超出法规范的允许范围。就此判断而言，如何把握法规范的允许范围？笔者认为，刑法规范中的行为规范理论可对此给予说明。

行为规范旨在为一般行为人划定义务范围，如果在个案中，行为人具有的特定义务能被行为规范划定的义务范围所包括，而行为人又没有尽到该特定义务，那么其行为就突破了行为规

---

[1] 客观归责理论的三个阶段，分别是行为制造法所不允许的风险、符合构成要件的结果被实现及该结果在构成要件效力范围之内。

[2] 一般认为，第三个阶段即判断因果流程是否在构成要件效力范围之内，主要包括：在异常的因果流程下，能否归责于行为人；合意的他人危险化，能否归责于行为人；以及在专属于从业人员的领域，应如何进行归责；等等。流量造假较少涉及电子商务平台经营者所负责的平台领域，因此对此不作重点讨论。

范的要求；反之，则没有突破行为规范的要求，行为人将无法被刑事归责。究其原因，如果某举止按其本质，无法侵害构成要件所保护的法益，那么这种不适格的举止将被排除在规范的保护目标之外。[1] 在此，值得追问的是，如何探寻此处的行为规范，才能合理把握其为行为人划定的义务范围，从而准确理解"法所不允许的风险"。对于这一问题，可从如下两方面入手。

一方面，运用文义解释初步划定行为规范的界限。文义解释是理解行为规范的起点。提炼行为规范的前提必须弄清刑法规范的文义内涵。通常而言，我们可以回到行为规范所涉及的刑法文本，并结合其所处的位置与立法目的来进行理解。在美国，一般认为，制定法律与解释法律密不可分，制定法律指引着解释法律的方向。这是因为立法者和解释者通常是不同的主体，法律正是两者之间的媒介。[2] 在我国，文义解释也同样强调要回到刑法文本。例如，通过捏造并散布虚假商业信息进行流量造假，是否构成损害商业信誉、商品声誉罪？欲回答此问题，我们应首先厘清"捏造"与"散布"的内涵。通过文义解释初步划定行为规范的界限之功能，我们不能把反映真实情况的言论解释为"捏造"，也不能将向确定极少数人的传播行为解释为"散布"。再例如，通过虚假交易使竞争对手被降权处罚，是否构成破坏生产经营罪？同理，文义解释的作用在于探究"破坏"、"生产经营"等基本含义，从而初步划定破坏生产经营罪行为规范的界限。

另一方面，运用体系解释局部调整行为规范的范围。在美

---

〔1〕［德］乌尔斯·金德霍伊泽尔：《刑法总论教科书》，蔡桂生译，北京大学出版社 2015 年版，第 100 页。

〔2〕Simeneh Kiros Assefa, Methods and Manners of Interpretation of Criminal Norms, 1 Mizan Law Review 96（2017）.

国，体系解释主要体现在对遵循先例的法律解释中。[1] 这既反映了美国司法裁判对裁判规则的认知与尊重，也在很大程度上丰富了美国体系解释内涵与定位的学理研究。在我国，体系解释能够打通刑法规范与前置法规范的任督二脉，从而有助于局部调整行为规范的范围。对于流量造假的刑法规制，涉及运用体系解释调整若干罪名行为规范的范围。尤其在含有空白罪状的罪名中，这种体系解释的作用更加明显。例如，通过非法经营罪规制刷单炒信，我们首先要判断刷单炒信行为是否"违反国家规定"？对此，有学者在讨论全国首例刷单炒信案时，指出被告人通过创建网站收取费用，并向会员出售任务点营利的行为，既违反了《互联网信息服务管理办法》中有关经营性服务的规定，也违反了《全国人民代表大会常务委员会关于维护互联网安全的决定》中"利用互联网对商品、服务作虚假宣传"的规定。前者违反国务院令，后者违反全国人大常委会的决定，均属于违反国家规定。[2] 可见，体系解释可以调整行为规范的范围，从而能在整体法秩序中判断流量造假制造的风险是否为法规范所允许。

（二）风险是否被实现

客观归责理论中行为制造法所禁止的法益风险，是对行为不法的揭示与提示，涉及对行为规范的判断；行为实现法所禁止的法益风险，则是对结果不法的揭示，与裁判规范的适用有关。[3] 依此可见，如果将流量造假及其产生的法益风险（后

〔1〕 Lawrence M. Solan, Precedent in Statutory Interpretation, 4 North Carolina Law Review 1184（2016）.

〔2〕 刘雪丹："全国首例刷单炒信案定性之追问"，载《中国检察官》2017年第18期。

〔3〕 周光权："行为无价值论与客观归责理论"，载《清华法学》2015年第1期。

果）归责于行为人，除要确证流量造假已制造法所不允许的风险，还要考察该风险是否被实现。也就是说，流量造假的不法不仅应当包括行为不法，还应当包括结果不法。在二阶层客观归责体系下，风险制造阶层是以谨慎规范与行为规范为标准，来判断行为不法；风险实现阶层是以谨慎规范的保护目的与制裁规范为标准，来判断结果不法。[1] 近年来，欧盟《通用数据保护条例》（General Data Protection Regulation，GDPR）和美国《消费者隐私权利法案（草案）》（Consumer Privacy Bill of Rights Act of 2015，CPBR）基于"用户知情权"，侧重不同"场景"下的风险控制。[2] 在刑法教义学上，风险升高理论对于判断风险是否被实现，具有重要意义。

在过失犯领域，王俊博士认为，只有对于风险有结果回避可能性，且这种回避可能性达到100%，才能从制裁规范上寻求正当性。[3] 这表明，结果回避的必然性是过失犯归责的重要标尺。虽然在规范构造上故意犯不同于过失犯，但对于其风险实现来说，是否要像过失犯那样关注结果回避的必然性，并考察风险转化为现实侵害结果的可能性等问题，是值得深入研究的。美国法哲学家范伯格教授提出，危险的规范性评价是由危险性大小与危险发生的可能性高低有关。[4] 结合以上两位学者的观点，笔者认为，实现对流量造假的刑事归责，必须要求其风险转化为现实侵害结果具有高度可能性。这是因为，依据风险升高理论，在流量造假制造法所不允许的风险后，若没有升高这

---

［1］ 谨慎规范是指其他具有设置许可风险功能的部门法规范或者社会规则。

［2］ 文艳艳、彭燕："个人信息的保护机制研究"，载《情报杂志》2018年第7期。

［3］ 王俊："风险增高理论的刑法教义学研究"，载《北大法律评论》2015年第2期。

［4］ Feinberg, Moral Limits of the Criminal Law（Vol. I）：Harm to Others（Oxford University Press, 1984），p. 216.

一风险，则不能将其归责于行为人。此外，由于流量造假主要是故意犯，故其风险升高的含义就不完全等同于过失犯风险升高的含义。

由此不难发现，当风险根本不会转化为现实侵害结果，或者未达到高度可能性的比例要求时，均不可实现归责。对于风险根本不会转化为现实侵害结果的情形，风险不但没有升高，反而有可能降低，这意味着流量造假离风险实现的距离越来越远，可责性空间将不断被压缩。例如，流量造假的主体不论是电子商务平台经营者、平台内经营者还是行为人，若能在流量端通过数据加以识别并及时拦截或者予以阻断，由于其不可能转化为现实侵害结果，故不能对此流量造假行为进行刑事归责。对于风险未达到高度可能性的比例要求，我们仍无法对流量造假行为进行刑事归责。例如，行为人受雇于平台内经营者，针对竞争对手作少量的"反向刷单"。在此例中，该竞争对手有充足的正常交易量作为保障，且后续介入了电子商务平台经营者的防治措施，致使其并未破坏竞争对手的经营秩序。虽然行为人实施的流量造假导致竞争对手的流量运营风险有所升高，但因介入正常交易量与防治措施等第三方因素，使该风险转化为已被破坏的经营秩序之可能性不会很高。因此，不能以破坏生产经营罪对行为人予以归责。

## 四、电商时代刑法规制流量造假的关键举措

在电商时代，创新流量运营模式既能极大促进电商交易的发展，也能鼓励更多经营者开展电商运营，从事电商交易。与此同时，伴随电商交易的流量造假现象也随之浮出水面。流量造假不但会大面积地扰乱流量运营秩序，而且会严重影响电商交易的公平性与真实性。要减少流量造假带来的负面影响，关键举措就在于通过刑法规制流量造假，来确保流量运营安全。

（一）妥当定位网络空间不同层次的安全属性

电商时代流量运营模式的不断革新，为不同主体多元化从事电商交易提供了极大可能，显而易见，其有助于提升流量运营效率，但与此同时，也将敲响网络空间不同层次安全的警钟。这表明，我们不仅要关注流量运营风险现实化，而且要准确定位网络空间不同层次的安全属性，以实现刑法规制流量造假的精确性。

所谓网络空间不同层次的安全属性，顾名思义，就是指根据网络空间的不同层次，分别划出与之相对应的安全属性。这些安全属性包括但不限于网络安全、网络空间安全、信息安全、数据安全、流量运营安全等。通常而言，这些安全属性之间存在交叉关系。对此，笔者拟以流量运营安全与网络空间安全、数据安全的关系为例，论证刑法规制流量造假所需要的关键举措，具体包括如下两方面。

一方面，流量运营安全包含于网络空间安全内。流量运营的对象是处于移动中的流量，流量运营安全意味着流量在处于网络技术监测与防控下，形成平稳与合理的运营秩序。就扰乱运营秩序的现实因素而言，虽然可以列举很多情形，但在本质上，它们是由于电商主体滥用网络技术，人为制造虚假流量，进而产生流量运营风险造成的，这一本质原因印证了流量造假的形成机理。有所不同的是，网络空间安全主要是在与海陆空天（外空）相对应的意义上使用的概念。从国家治理体系角度看，它是非传统安全领域的重要概念。[1] 比较流量运营安全与网络空间安全这两个概念，我们不难发现，两者在内涵上有较大的差异。具言之，刑法规制流量造假所对应的安全属性，应

---

〔1〕 王世伟、曹磊、罗天雨："再论信息安全、网络安全、网络空间安全"，载《中国图书馆学报》2016 年第 5 期。

当是流量运营安全。也就是说，我们不能以刑法保护网络空间安全的模式，直接套用对流量造假的刑法规制。如果这样做，就会将影响网络空间安全的诸多不相关因素，不加选择地纳入流量运营安全的刑法保护中，这显然无助于实现刑法规制流量造假的精确性。

另一方面，流量运营安全与数据安全存在竞合关系。进入电商时代，数据安全不再仅仅指向计算机信息系统中存储、处理与传输数据的安全，而是指向一切以数字化形式呈现出的数据安全。特别是在网络交易支付环节，系统数据型流量造假不仅使电商主体的权益受到侵犯，还使消费者数据受到侵害。[1]比较流量运营安全与数据安全这两个概念，可以发现，数据安全涉及以访问控制数据为核心并发散至电子痕迹等安全属性，这与流量运营安全存在竞合关系。正因如此，我们应当在认识两者间存在竞合关系的基础上，通过特定的判断规则，将流量运营安全作为刑法规制流量造假的关键举措之一。

（二）审慎区分流量运营异常与流量造假

电商时代流量运营安全所受到的不利影响，既可能是因为网络后台监管不力导致的流量运营异常，也可能是流量造假。因此，在确保流量运营安全的前提下，我们应当审慎区分流量运营异常与流量造假。

流量运营异常是电商时代较为普遍的现象。尤其是在特定时间节点，流量运营会因网络技术的间歇性"休眠"而出现异常状况。即使在网络技术高度发达的美国，也时有发生。这在某种程度上会影响特定群体的利益，但其与因数据侵犯（data breach）而导致的流量造假不同，流量造假将引发多重损害风

---

〔1〕 Justin C. Pierce, Shifting Data Breach Liability: A Congressional Approach, 3 William & Mary Law Review 982（2016）.

险，这包括但不限于身份盗窃、欺诈以及侵害名誉等，同时，这些损害风险也使被害人陷入恐惧。[1] 可见在美国，刑法规制流量运营异常的必要性要明显小于对流量造假的刑法规制。在欧洲，保障数据处理的安全性，主要是通过对个人数据的匿名化和加密，保持数据系统的保密性、完整性、可用性及弹性能力等方式实现的。[2] 这一做法将有效规避因数据处理不当而带来的流量运营风险。

在我国，流量运营异常通常会对流量运营安全产生负面影响，但此影响一般是短期与可控的。产生这一影响的主要原因在于，网络技术无法及时监测与防控流量运营状况。退一步讲，即使网络技术能够实现及时监测与防控，流量运营异常仍不排除因用户集中且重复浏览、访问而可能发生的情形。对于流量运营异常的风险，我们至多通过技术性规范予以化解，而不能通过刑法规范认定其已造成流量运营风险现实化。就流量造假而言，风险现实化意味着其具有转化为现实侵害结果的高度可能性，该风险现实化主要源于不同主体突破相关行为规范的要求，流量运营风险具有浓厚的义务违反色彩，应当通过刑法规范介入流量造假，确保流量运营安全。

（三）注重把握流量造假一般违法与刑事犯罪的界限

笔者认为，对于流量造假的刑法规制，我们还要明确其入罪边界。下文将分析两个典型的不正当竞争案件以对此加以说明。在爱奇艺诉飞益公司不正当竞争一案中，被告飞益公司是市场经营主体，理应知道并遵守反不正当竞争法，但其却利用

---

〔1〕 Daniel J. Solove, Danielle Keats Citron, Risk and Anxiety: A Theory of Data-Breach Harms, 4 Texas Law Review 737 (2018).

〔2〕 Gerald Spindler, Philipp Schmechel, Personal Data and Encryption in the European General Data Protection Regulation, 2 Journal of Intellectual Property, Information Technology and Electronic Commerce Law 164, 165 (2016).

技术手段，增加原告爱奇艺视频的访问量业务，影响原告爱奇艺与其他主体的商业交易自由，侵犯其合法权益。因此，被告实施的流量造假被法院认定构成不正当竞争。[1] 在淘宝、天猫诉简世公司不正当竞争一案中，被告简世公司设立平台组织炒信，侵害两原告的评价体系。最终，法院认为其违反诚实信用原则和公认的商业道德，认定其构成不正当竞争。[2] 就这两个不正当竞争案件而言，它们仅涉及民事违法（民事侵权），而没有达到刑事犯罪。

虽然这两个不正当竞争案件没有涉及刑事犯罪，但对其各案的分析过程，为我们判断流量造假的一般违法与刑事犯罪的界限提供了思路：判断前置法禁止规范能否阻断流量运营风险现实化。若能阻断风险现实化，则流量造假仅仅是一般违法。若不能阻断风险现实化，再考察是否需要进行刑法规制。具体而言，如果适用前置法禁止规范即可控制流量运营风险，并能阻断其风险现实化，那么流量造假仅需要前置法予以规制，无需交由刑法规制。在考察前置法时，如果难以找到哪个禁止规范能够直接规制流量造假，此时就要判断，流量造假导致的流量运营风险可否还原为禁止规范的内容。例如在上述两个不正当竞争案件中，流量运营风险均可还原为损害商业竞争利益，而对损害商业竞争利益的禁止，前置法存在明确的禁止规范，通常来说，这包括但不限于《反不正当竞争法》、《电子商务法》、《民法典》合同编、《广告法》、《网络交易管理办法》等前置法中的禁止规范。因此，通过判断前置法禁止规范能否阻断流量运营风险现实化，不仅有刑法保护流量运营正当性依据的支持，而且有前置法中相关禁止规范的支撑，这都有助于把

---

〔1〕 上海市徐汇区人民法院（2017）沪 0104 民初 18960 号民事判决书。
〔2〕 浙江省杭州市西湖区人民法院（2016）浙 0106 民初 11140 号民事判决书。

握流量造假的一般违法与刑事犯罪的界限。

## 五、电商时代流量造假的刑事司法认定

依照流量造假的三种类型化分类，不难发现，流量造假对于流量运营安全的影响是多方位的。由于流量造假的外观表现与内在机理较为复杂，是故，有关其刑事司法的认定恐将涉及若干罪名。其中，损害商业信誉、商品声誉的判断，扰乱电商经营秩序的界定，以及侵害电商主体系统数据的考察，是在其刑事司法认定中亟需加以解决的重要事项。

### （一）损害商业信誉、商品声誉的判断

损害商业信誉、商品声誉是损害商业信誉、商品声誉罪的客观构成要件。流量造假导致的损害结果是否符合该客观构成要件，关键在于判断其损害结果能否还原为电商主体的经营利益。具体来说，我们应首先考察电商主体的经营利益是否受到损害，如果确证受到了损害，则再考察电商之间的竞争秩序是否由此受到扰乱。进行这一判断的理由在于，损害商业信誉、商品声誉罪的法益，既不是集体法益的"市场秩序"，也不是个体法益的"财产损失"，而是个体经营者利益的反射利益。[1]据此，电商时代流量造假导致的损害结果，应当按照"电商主体的经营利益—电商主体之间的竞争秩序"之逻辑顺序予以考察。

需要强调的是，在刑事司法认定中，如果流量造假仅触及电商主体所经营商品的价值贬损，其经营利益是否受损并不明确，但同时，电商主体之间的竞争秩序确实因流量造假而遭受不同程度的扰乱，对于这种情形，是否构成损害商业信誉、商

---

〔1〕 石聚航："损害商业信誉、商品声誉罪的规范解释"，载《政治与法律》2018 年第 8 期。

品声誉罪？笔者认为，对于流量造假涉及的价值贬损，应当区分不同情形加以讨论。其一，如果价值贬损反映了经营商品的真实情况，由于此"流量造假"没有虚假制造流量，也没有捏造事实，即使电商主体的经济利益受损，也不应当以损害商业信誉、商品声誉罪定罪处罚。其二，如果价值贬损是基于客观、理性的分析而作出，即使存在夸张成分，也不能据此认为"流量造假"是捏造事实，也就无法对其进行刑法规制。除非作弊主体以科学评论之名，行制造虚假流量之实，以合法形式掩盖非法目的，变相违背商品的真实情况，对于此情形，可认为是捏造事实，这就存在刑法规制的空间。

## （二）扰乱电商经营秩序的界定

在我国，刑法对于扰乱电商经营秩序作出了禁止性规定。具体到司法案例，除上述两个典型案例外，还有部分刑事案例也阐述了其界定的规则。[1] 单就禁止性规定与案例所确立的扰乱电商经营秩序的界定规则而言，笔者认为，扰乱电商经营秩序与流量造假的界限并不清晰，因而有进一步讨论的必要。根据流量造假的定义，可知，"虚假流量＋不正当利益"是构成扰乱电商经营秩序的两大要素。由此对于扰乱电商经营秩序的界定，笔者将简要分析上述两大要素。

一方面，虚假流量需达到令人察觉并怀疑其为流量欺诈的程度。如上所述，流量运营异常的影响一般是短期与可控的。在流量运营的现实操作中，我们可通过设计合理的流量宽带分配，[2] 对网络运营异常进行及时的预报与控制。这一做法在很

---

〔1〕 浙江省杭州市余杭区人民法院（2015）杭余刑初字第 469 号刑事判决书；上海市闵行区人民法院（2016）沪 0112 刑初 2025 号刑事判决书；河南省唐河县人民法院（2018）豫 1328 刑初 49 号刑事判决书。

〔2〕 梁冯珍、史道济："网络流量业务的极值分析"，载《统计与决策》2007年第 12 期。

大程度上，不易被相关电商主体察觉，即使有所察觉，相关电商主体也难以怀疑其为流量欺诈，而至多认识到它是流量运营异常。那么对于这种情形，一般不能认定其为虚假流量。

另一方面，不正当利益应当有明确法规范的提示。确定不正当利益的依据只能是法规范。也就是说，我们不能把没有明确法规范提示的利益侵害，视为这里的不正当利益。通常而言，不正当利益的禁止规范主要存在于民商法和行政法等法律法规中。毋庸置疑，只有在找出什么法规范明确禁止了什么不正当利益后，我们才能判断流量造假是否扰乱电商经营秩序。在此应注意的是，如果没有明确法规范的提示，但若能结合相应规范中的一般条款，语境化地推导出禁止性规范的大致内容，进而揭示不正当利益的内涵，这也可以视为法规范的提示，但能否据此直接认定侵害不正当利益具有刑事不法，是应保持谨慎态度的。

### （三）侵害电商主体系统数据的考察

笔者认为，流量造假也可能侵害电商主体的系统数据。通常情况下，对于单纯侵害非电商主体系统数据的流量造假，主要是认定为与计算机信息系统相关的犯罪。[1] 现如今，电子商务在飞速发展的同时，也面临流量造假的持续侵害。通过梳理现有刑事判决书，可以发现，有相当数量侵害电商主体系统数据的流量造假，被认定为破坏生产经营罪。[2] 按照上文对流量造假的分类，对于系统数据型流量造假的刑事司法认定，可能

---

〔1〕 与计算机信息系统相关的犯罪，主要包括非法侵入计算机信息系统罪、非法获取计算机信息系统数据罪、非法控制计算机信息系统罪、提供侵入、非法控制计算机信息系统程序、工具罪，以及破坏计算机信息系统罪。

〔2〕 浙江省湖州市吴兴区人民法院（2016）浙 0502 刑初 1205 号刑事判决书；湖南省湘潭市中级人民法院（2017）湘 03 刑终 93 号刑事判决书；北京市海淀区人民法院（2016）京 0108 刑初 2075 号刑事判决书。

发生与计算机信息系统相关的犯罪、破坏生产经营罪、非法经营罪的竞合。至于最终其构成何种罪名，笔者认为，除应借助刑法竞合理论之外，还应考察侵害电商主体系统数据的主要指向。

第一，若侵害电商主体系统数据主要指向的是计算机信息系统运行秩序，原则上应成立与计算机信息系统相关的犯罪。就此而言，这一情形主要涉及流量运营在计算机信息系统中的风险现实化问题。例如，被告人孙某向公司提出加薪未果后心生不满，通过登录公司储存源代码 SVN 服务器，将源代码下载至移动硬盘，随后将其删除。该行为导致公司无法正常从 SVN 服务器下载源代码，影响了其正常生产经营。[1] 对于此案例，被告人孙某所实施的系统数据型流量造假，破坏的主要是计算机信息系统运行秩序，而非经营秩序与其经济利益，宜成立破坏计算机信息系统罪。

第二，若侵害电商主体系统数据的行为主要指向经营秩序，则可认定成立破坏生产经营罪或者非法经营罪。若要该行为认定成立这个两罪名中的一个，系统数据型流量造假除了要符合其构成要件外，还要考察流量造假与经营秩序的关联性大小。例如，被告人马某为了达到泄愤报复和实施不正当竞争的目的，伙同他人多次通过"垃圾流量"攻击被害人的网吧路由器，破坏其经营活动。法院经审理后查明，该网吧路由器不存在计算机信息系统的实质性功能。[2] 笔者认为，这一流量造假虽发生在系统数据领域，但并未破坏计算机信息系统功能，也未侵害计算机信息系统运行秩序，因而不成立破坏计算机信息系统罪。网吧经营秩序却因流量造假受到破坏，经济损失也有所增加，

---

[1] 广东省深圳市中级人民法院（2017）粤 03 刑终 51 号刑事裁定书。
[2] 湖南省湘潭市中级人民法院（2017）湘 03 刑终 93 号刑事判决书。

宜认定成立破坏生产经营罪。

## 六、结语

流量造假是电商时代一种典型的网络危害行为。从概念上看，流量造假是指通过投放劣质流量、使用非自然流量或植入代码等形式，制造虚假流量并谋取不正当利益的行为。据此，以流量造假对流量运营的影响方式为标准，可将其分为三类：商业信息型、经营秩序型和系统数据型。在法律领域，流量造假不仅应受到民法、行政法等前置法规制，还应受到刑法规制。首先，刑法规制流量造假的正当性依据，在于流量运营风险现实化。对于流量运营风险是否现实化，我们可从流量造假是否制造法所不允许的风险与风险是否被实现这两个方面进行判断。其次，刑法规制流量造假的关键举措，在于妥当定位网络空间不同层次的安全属性，审慎区分流量运营异常与流量造假，以及注重把握流量造假的一般违法与刑事犯罪的界限。最后，对于流量造假的刑事司法认定，应当强化对损害商业信誉、商品声誉的判断，对扰乱电商经营秩序的界定，以及对侵害电商主体系统数据的考察。整体来看，本文对电商时代流量造假的刑法规制研究，遵从了先回溯至流量造假的技术原理，后审视其法律评价的逻辑思路。这有助于在刑法教义学体系中充分吸收网络和计算机科学等基础知识，提升对流量造假刑法规制的精准化。受篇幅所限，对于该问题还有诸多值得继续深入探讨之处，例如：流量的法律属性是什么；流量造假的法益侵害类型，是否还涉及对信息或数据权利（权益）的侵害；如果包括该侵害类型，其对刑法规制的正当性依据、关键举措以及司法认定将产生何种结构性影响；在算法进一步优化与发展的背景下，将如何形塑流量造假的刑法规制立场或理念；等等。这些内容为今后的学术研究指明了方向。

# 个人信息处理主体何以分类

谭子文*

摘　要：基于专业性、成本的考量以及法律的规定，多个信息处理主体共同参与处理个人信息的情形已渐成常态，因此对多个主体进行分类并且厘清各自的义务也是应然的选择。产生于20世纪90年代的欧盟的"控制者-处理者"分类方案难与现代商业实践相匹配，尤其是与互联网、人工智能、物联网、大数据等新技术相脱节。欧盟为了弥补上述缺陷而打的若干"补丁"，却使"控制者"与"处理者"之间的界限越发模糊，丧失了可操作性。因此，与其盲目追求以技术为基准的分类方案，不如将成熟的基础法律制度——委托关系作为分类基准。而且，委托关系中受托方与委托方的决定权能、工作侧重点、面向的对象、利润来源等都有所不同，这为采用"委托方-受托方"的分类方案提供了良好基础。同时，分类本身不是目的，如何在不同信息处理主体间进行义务与责任的分配才是分类的意义所在。

关键词：个人信息保护；个人信息处理主体；分类；通用数据保护条例

---

＊　谭子文，中国政法大学法学院法律硕士研究生。

## 引言

随着 GDPR[1] 在 2018 年正式实施，个人信息[2]保护领域再次成为全球焦点。同时，被寄予厚望的人工智能、大数据产业逐渐成为新的经济增长点[3]，国内许多行业对个人信息的需求都在迅速增长，这使得对个人信息的保护面临巨大的挑战。2021 年 8 月 20 日，中国正式通过了《个人信息保护法》，并于同年 11 月 1 日实施[4]，对个人信息处理主体（本文泛指一切

---

〔1〕 国内针对 General Data Protection Regulation 有"通用数据保护条例"、"一般数据保护条例"等译法，但鉴于"GDPR"已成为国内外各界常用的指代名称，因此本文也使用"GDPR"指代该项立法。

〔2〕 世界上主要使用"个人信息"、"个人数据"、"隐私"、"个人资料"等名称，如欧盟各成员国、印度、新加坡等地采用"个人数据"，日本、韩国等地采用"个人信息"，美国、加拿大、澳大利亚等地采用"隐私"，我国港澳台地区则选择了"个人资料"。不同国家或地区采用不同的概念，主要是源于其不同的法律传统和使用习惯，实质上并不影响法律的内容。参见周汉华："制定中国个人信息保护法的几个问题"，载周汉华主编：《个人信息保护前沿问题研究》，法律出版社 2006 年版，第 220~221 页。鉴于我国已通过的《个人信息保护法》使用了"个人信息"这一名称，故本文也采该种用法。

〔3〕 参见《国务院关于印发新一代人工智能发展规划的通知》（国发〔2017〕35 号）、《国务院关于印发促进大数据发展行动纲要的通知》（国发〔2015〕50 号）。

〔4〕 需要说明的是，本文在获得拟录用通知时，《个人信息保护法》尚未正式通过，因此本文更多是采立法论的视角来讨论问题，但等到该文正式刊出时，《个人信息保护法》已生效，本文按正式通过的法律更新了条文内容，但此时立法论视角的文章似乎已不合时宜。然而，本文认为关于个人信息处理主体分类的讨论依然是必要的，因为本文至少可以为以下问题提供参考：第一，《个人信息保护法》有关主体分类的条文是否能与物联网等新技术较好衔接；第二，《个人信息保护法》关于不同主体责任划分的条文是否详尽，如何在不同场景下理解责任的划分。

参与个人信息处理活动的主体)[1] 的规制日臻完善。但学界在讨论个人信息处理主体时，其讨论重点往往集中在个人信息处理主体的义务，或与该义务对应的个人的权利上[2]，而对个人信息处理主体类型的讨论甚少。这会引发一些问题：

第一，在社会分工日益精细化的现代，对个人信息的一项处理活动可能是由多个个人信息处理主体共同完成的。单纯用个人信息处理主体这一概念似乎不足以与实践中出现的种种商业模式相契合。而且可以预见的是，在未来随着大数据等技术发展，各类行业都倾向于深入挖掘自己所掌握的个人信息的价值，但许多主体本身需要将信息处理工作委托给专业的第三方数据分析公司。即使《个人信息保护》已经制定，但仅靠一部

---

〔1〕 如文中所述，本文中的"个人信息处理主体"泛指一切参与个人信息处理活动的主体，其外延比《个人信息保护法》中的"个人信息处理者"要广。《个人信息保护法》第73条所定义的"个人信息处理者"，是指在个人信息处理活动中自主决定处理目的、处理方式的组织、个人。

〔2〕 比如学界针对广为媒体报道的"被遗忘权"，发表了许多文章。如刘文杰："被遗忘权：传统元素、新语境与利益衡量"，载《法学研究》2018年第2期；张里安、韩旭至："'被遗忘权'：大数据时代下的新问题"，载《河北法学》2017年第3期；杨立新、韩煦："被遗忘权的中国本土化及法律适用"，载《法律适用》2015年第2期；郑志峰："网络社会的被遗忘权研究"，载《法商研究》2015年第6期；刘泽刚："过度互联时代被遗忘权保护与自由的代价"，载《当代法学》2019年第1期。再如以"数据可携带权"为主题的文章。如丁晓东："论数据携带权的属性、影响与中国应用"，载《法商研究》2020年第1期；卓力雄："数据携带权：基本概念，问题与中国应对"，载《行政法学研究》2019年第6期。

抽象的法律显然是不够的，还需要为未来针对该现象的指南[1]、行业标准的制定预留空间。

第二，个人信息保护立法不是完全的另起炉灶，要考虑到已有的规定与标准。自从《网络安全法》制定以来，我国已经围绕个人信息保护逐渐建立了一系列立法规定与行业标准。鉴于 GDPR 的影响，一些对实务影响较大的标准，如《信息安全技术个人信息安全规范》《个人金融信息保护技术规范》采用了"个人信息控制者"[2]"个人金融信息控制者"[3] 等概念，这显然受到了 GDPR 的"数据控制者"概念的影响。有学者在阐述新兴的法学二级学科——数据法学时，也采用了"数据控制者"与"数据处理者"的概念。[4] 但 GDPR 在对个人信息处理主体的分类是否值得接受，值得讨论。尤其我国作为未来人工智能、大数据这些新技术领导者的国家，没必要完全走欧盟的道路，与其关注欧盟的法律，不如关注我们的实践。

第三，即使《个人信息保护法》给出了国家机关与非国家

---

〔1〕 采用发布指南的形式对数据保护立法给出一些详细的、可操作的说明是许多国家或地区常用的方式。根据笔者曾在与数据保护有关的实务部门的工作经历，以及在境外学习个人数据保护法的经历，指南虽然不具有法律效力，但一般由执法机关发布，是学习与理解数据保护法的最重要材料之一。比如在此次新冠疫情期间，欧盟发布的《关于使用位置数据和接触跟踪工具的指南》（Guidelines 04/2020 on the use of location data and contact tracing tools in the context of the COVID-19 outbreak），载 https：//edpb. europa. eu/our-work-tools/our-documents/guidelines/guidelines-042020-use-location-data-and-contact-tracing_en，于 2020 年 8 月 31 日访问。

〔2〕《信息安全技术个人信息安全规范》第 3.4 条将个人信息控制者定义为"有能力决定个人信息处理目的、方式等的组织或个人"，载 http：//c. gb688. cn/bzgk/gb/showGb? type = online&hcno = 4568F276E0F8346EB0FBA097AA0CE05E，于 2020 年 8 月 31 日访问。

〔3〕《个人金融信息保护技术规范》第 3.5 条将个人金融信息控制者定义为"有权决定个人金融信息处理目的、方式等的机构"，载 https：//www.cfstc. org/bzgk/gk/view/yulan. jsp? i_id=1856&s_file_id=1752，于 2020 年 8 月 31 日访问。

〔4〕 参见何渊主编：《数据法学》，北京大学出版社 2020 年版，第 89~101 页。

机关的分类方案[1]，并提出了"受托方与委托方"的概念[2]，但似乎讨论个人信息处理主体的分类的重要性已有下降。本文基于以下两个理由，仍认为该讨论是有必要的：其一，在全球"GDPR 热"的大背景下，不采用 GDPR 中的"控制者"与"处理者"的分类思路，中国学界需要给出另辟蹊径的理由。对这一问题的回答不仅是在学理上进行探讨的需要，还将会影响我国未来如何面对欧盟的"充分保护"审查（即如何向欧盟解释中国的分类方案是有效的），进而影响到上述地区的个人数据能否传输到我国。[3] 其二，现有的《个人信息保护法》虽然提出了"受托方与委托方"的概念，但其中的几个条文（如第 21条、第 59 条）规定并没有厘清双方权利义务分配、责任承担等内容，这都需要进一步探讨。

本文将以解决上述问题为导向，来讨论个人信息处理主体的分类方案。首先，鉴于分类的前提在于有多个主体共存，因此本文第一部分将阐明多个组织共同参与信息处理出现的情形与原因，这也是为下文探讨具体分类方案提供方向。其次，本文第二部分将审视欧盟方案中的"控制者-处理者"分类模式，指出欧盟方案与现有实践的脱节。另外，本文第三部分通过探寻欧盟方案缺陷的根源，并结合对不同类型个人信息处理主体的重新认识，进而指出分类应回归到基础性的法律关系——委托关系上，并讨论了"委托方-受托方"分类方案的适用场景与

---

〔1〕《个人信息保护法》第二章第三节专门指出了"国家机关处理个人信息的特别规定"，以示国家机关与非国家机关在处理个人信息时的区别。

〔2〕 参见《个人信息保护法》第 21 条。

〔3〕 根据 GDPR 第 45 条的规定，如果想将欧盟和欧洲经济区的个人数据转移到其他地区，该地区需要为个人数据提供充分保护，而我国尚未被认定为可以为个人数据提供"充分保护"的国家。虽然上述条文有规定例外情形（如基于法院文书可以转移、接收方签署经监管机构批准的行为准则可有限移转等），但这些例外显然是有限的，不利于我国企业对于个人数据的使用。

价值。最后，第四部分指出分类本身不是目的，而是借助分类方案，从而厘清义务分配与责任承担，从而使不同主体"各司其职"，方是分类的意义所在。[1]

## 一、多主体共同参与个人信息处理模式的兴起

个人信息处理的最基础模式，是只存在一个个人信息处理主体。比如，在员工入职时，公司通常会对员工的姓名、电话号码等个人信息[2]进行收集，而收集本身就已经构成对个人信息的处理。[3] 在上述过程中，只有两方主体牵涉其中，即个人与一个个人信息处理主体。但上述模式显然没有涉及现代社会的社会分工现象。在竞争机制和价格机制的作用下，生产者必须使用更有效率的方法，而社会分工是达到这个目的的有效途

---

〔1〕 需要说明的是，有观点指出可将个人信息处理主体分为政府机关与其他信息处理者。参见周汉华：《中华人民共和国个人信息保护法（专家建议稿）及立法研究报告》，法律出版社 2006 年版，第 66 页；类似的观点还可参见齐爱民："中华人民共和国个人信息保护法示范法草案学者建议稿"，载《河北法学》2005 年第 6 期。上述分类是根据个人信息处理主体是否具有行政主体资格来分类。这与本文所讨论的分类维度不同。本文所要探讨的是从信息处理活动本身入手，根据不同主体在信息处理活动中的不同作用、参与度等来分类。

〔2〕 虽然学界对个人信息的定义与外延都有争议，但是一般认为个人信息包括姓名、证件号、位置信息、联系电话等。同时根据《最高人民法院、最高人民检察院关于办理侵犯公民个人信息刑事案件适用法律若干问题的解释》第 1 条的规定，"公民个人信息"是指以电子或者其他方式记录的能够单独或者与其他信息结合识别特定自然人身份或者反映特定自然人活动情况的各种信息，包括姓名、身份证件号码、通信通讯联系方式、住址、账号密码、财产状况、行踪轨迹等。关于个人信息概念的讨论，可进一步参见齐爱民、张哲："识别与再识别：个人信息的概念界定与立法选择"，载《重庆大学学报（社会科学版）》2018 年第 2 期。

〔3〕 "处理"的概念是非常宽泛的。根据 GDPR 第 4 条、美国《加州消费者隐私法案》（California Consumer Privacy Act）1798.140 条的规定，几乎任何对个人信息的操作都可被视为"处理"，如收集、记录、存储、使用、披露等。

径。[1] 某组织可将自己收集来的个人信息交给其他组织来处理；有时，某组织甚至会将收集信息的工作委托给另一个组织。这种现象的出现可能有如下几个原因。

第一，基于专业性与成本的考量，越来越多的组织倾向于将部分工作外包出去。比如，虽然公司一般都会有专门的人力资源部门来对员工个人信息进行处理，但公司也可能会委托一些人力资源管理咨询公司来提供薪酬管理服务、人才战略设计等，其中就会涉及员工的个人信息的处理。[2]

第二，依照法律规定，某些处理工作必须由特定组织来进行。比如，在公司首次公开发行新股时，条件之一是最近 3 年财务会计报告被出具无保留意见审计报告。[3] 在进行具体审计时，高管薪酬也是审计的一部分，因此会计师事务所在审计高管薪酬时可能会涉及调取银行账户等个人信息。

第三，随着互联网技术的兴起，许多组织基于信息处理的效率与便利程度的考量，使用第三方互联网公司提供的服务。比如，在本次新冠肺炎疫情中，许多组织都尝试通过微信小程序等来收集组织成员的健康信息。

第四，大数据产业的兴起，使得各类组织都倾向于深入挖掘自己所掌握的个人信息的价值。但许多组织本身的数据分析

---

〔1〕 参见李翀："论社会分工、企业分工和企业网络分工——对分工的再认识"，载《当代经济研究》2005 年第 2 期。

〔2〕 例如，世界顶尖的人力资源管理咨询公司美世就会提供包括但不限于以下的服务内容：薪酬管理工具与系统、薪酬福利调研、整体报酬解决方案、人力资源管理实践、员工敬业度调研等，其中或多或少地都会涉及对员工个人信息的处理。比如，薪酬管理工具与系统可能就会直接录入员工的姓名、银行账户、电话号码等个人信息。载 https：//www.mercer.com.cn/about - mercer/lines - of - business/talent/mercer-talent-information-consulting-products.html，于 2020 年 8 月 31 日访问。

〔3〕 根据《证券法》第 12 条第 1 款第 3 项的规定，公司首次公开发行新股时，应当符合最近三年财务会计报告被出具无保留意见审计报告的条件。

能力不足，需要将信息处理工作委托给专业的第三方数据分析公司。

如果对个人信息处理主体不加分类，而对所有的个人信息处理主体都施以同样的义务的话，可能会引来行业接受程度低的问题，甚至可能陷入"强人所难"的泥淖，也不利于促进数据的流通与运用。例如，出于专业性和成本等的考量，某公司将自己收集的个人信息委托给专业的数据分析公司来分析。前者与后者虽然都是个人信息处理主体，但两者对处理活动的参与侧重点是不同的，前者更多决定的是宏观层面的商业性因素，如处理结果的用途；而后者决定的是微观层面的技术性因素，如处理适用的软件。两者的侧重点不同，因此也应承担不同的义务。

因此，无论是基于专业性与成本的考量，还是根据法律的规定，亦或是由于互联网、大数据、人工智能兴起的因素，多个主体共同参与处理个人信息的情形并非异态；而且，特别是在社会分工愈加精细化的今天，受委托的个人信息处理主体也可能将部分工作再外包给其他组织来完成。因此，对不同的个人信息处理主体进行分类是必然要求。

## 二、"数据控制者-数据处理者"的分类方案：一对修修补补的概念

针对上述多个主体共同参与处理个人信息的现象，欧盟逐渐演化出了"数据控制者-数据处理者"方案。欧盟（时为欧共体）在20世纪70年代，为应对信息技术的兴起，开启了个人信息保护的立法过程。德国黑森州于1970年制定了第一部在

州层面实施的个人数据[1]保护法，1973年瑞典制定了第一部国家层面的个人数据保护法，随后法、德、荷、英等国也陆续制定了国家层面的个人数据保护法。[2] 1981年，欧洲委员会（Council of Europe）[3] 成员国签署了《有关个人数据自动化处理中的个体保护公约》[4]，即一般所称的"第108号公约"，该公约是第一份专门针对个人数据保护的具有法律约束力的国际性文件。1995年《数据保护指令》（Directive 95/46/EC）[5] 是欧盟层面第一部综合性的数据保护法。此后，GDPR于2018年正式取代了《数据保护指令》。可以说，从欧共体时代到欧盟时代，欧洲在数据保护立法方面积累了最为丰富的经验。

（一）"数据控制者-数据处理者"的分类方案

在1981年版本的"第108号公约"中，文档的控制者（controller of the file）的概念被正式提出，并被定义为"根据成

---

〔1〕 本文使用"个人信息"而非"个人数据"的概念，但如果涉及其他国家或地区中的特定法律规定或概念，则根据该国或该地区的法律、使用习惯来选择使用信息、数据或其他概念，如在解释欧盟及其成员国立法时，本文将使用"数据"一词。

〔2〕 See Council of Europe, European Court of Human Rights, European Data Protection Supervisor, European Union Agency for Fundamental Rights（EU body or agency），*Handbook on European Data Protection Law*（2018 *edition*），Publications Office of the European Union, p. 18（Spring 2018）.

〔3〕 特在此说明，为避免误认，欧洲委员会是一个独立的国际组织，与欧盟并没有直接隶属关系。

〔4〕 Convention for the Protection of Individuals with regard to Automatic Processing of Personal Data（August31, 2020），https：//www. coe. int/en/web/conventions/full-list/-/conventions/rms/0900001680078b37.

〔5〕 Directive 95/46/EC of the European Parliament and of the Council of 24 October 1995 on the protection of individuals with regard to the processing of personal data and on the free movement of such data. 虽然欧盟早就于1995年制定了《数据保护指令》（Directive 95/46/EC），但因为其不能直接在欧盟各成员国实施，且并不如GDPR严格，所以其实际影响远不如GDPR。

员国法律有权决定自动数据文件的目的、应存储的个人数据的类别、应对数据执行哪些操作的自然人、法人、公共机构、公共机关或其他任何组织"[1]。该概念被 1995 年的《数据保护指令》所借鉴，并确立了"数据控制者"与"数据处理者"一对概念，来应对多个组织共同参与个人信息处理过程的情形。数据控制者指独自或共同决定数据处理的目的（purpose）与方式（means）的组织。[2] 数据处理者指代表（on behalf of）数据控制者进行数据处理的组织。[3]

GDPR 继承了《数据保护指令》使用的"数据控制者"与"数据处理者"的概念[4]，其定义并没有发生重大变化。[5] 前文提及的"第 108 号公约"在 2018 年更新时，也使用了"控制者"与"处理者"的概念。[6] 欧盟境内的另一部旨在规制欧盟

---

〔1〕 Art. 2, Convention for the Protection of Individuals with regard to Automatic Processing of Personal Data.

〔2〕 "数据控制者"与"数据处理者"概念中的"组织"是一个非常广泛的概念，自然人、法人、公共机构、公共机关等一切组织都可以认定为这里的"组织"。同时，《数据保护指令》还指出如果法律中指明了数据处理的目的与方式时，这些法律本身也可能指定了数据控制者。但这种情形并非常态，通常只是提醒要查阅是否有特别法已经规定了由谁来担当数据控制者。

〔3〕 Art. 2 (e), Directive 95/46/EC.

〔4〕 Art. 4 (2) and (7), GDPR.

〔5〕 唯一的不同是，GDPR 指出，虽然其他法律没有直接规定由某组织来担任数据控制者，但是如果该法律提供了识别数据控制者的标准，则该组织应当遵守该法律的规定，被认定为数据控制者。

〔6〕 Art. 2, Modernised Convention for the Protection of Individuals with Regard to the Processing of Personal Data (August 31, 2020), https：//search. coe. int/cm/Pages/result_details. aspx? ObjectId=09000016807c65bf.

机构数据处理行为的数据保护法——欧盟第 2018/1725 号条例[1] ［Regulation（EU）2018/1725］也采用了类似的概念。[2]

欧盟所提出的"控制者-处理者"的二分方案也被美国借鉴。美国《加州消费者隐私法案》（California Consumer Privacy Act of 2018）第 1798.140 条在定义被规制对象时，就指出被规制的对象收集或被代表收集消费者个人信息，并且单独或与他人共同决定处理消费者个人信息的目的和方法。[3] "收集与被代表收集"、"单独或共同决定目的与方法"等关键词句显示了美国《加州消费者隐私法案》显然是借鉴了欧盟的"控制者-处理者"概念。

（二）欧盟为修正概念所打的补丁以及缺陷

数据控制者与数据处理者的二分法需要面临是否容易区分的问题。虽然数据处理者是"代表"数据控制者在处理数据，二者在逻辑上不存在重合，但如何认定数据控制者本身依然是存在疑问的。依数据控制者的定义，其能够独自或共同决定数据处理的目的与方式，因此"数据控制者"概念中的要素有"决定"、"目的与方式"、"独自或共同"等。欧盟本身也意识到了该概念的模糊性，因此通过修改法律与发布指南的方式，来试图弥补概念的不清楚之处。

---

〔1〕 该条例全称为 Regulation（EU）2018/1725 of the European Parliament and of the Council of 23 October 2018 on the protection of natural persons with regard to the processing of personal data by the Union institutions, bodies, offices and agencies and on the free movement of such data, and repealing Regulation（EC）No 45/2001 and Decision No 1247/2002/EC, L295/39。第 2018/1725 号条例的主要规制对象为欧盟机构（如欧洲议会、欧盟理事会）。

〔2〕 Art. 3, Regulation（EU）2018/1725.

〔3〕 Art. 1798.140, California Consumer Privacy Act of 2018.

1. 第一个补丁是"决定"概念的解释

依据欧盟第 29 条工作组[1]发布的指南,"决定"是一种事实状态,数据控制者是指能在事实上决定谁是数据处理的组织。换言之,即使某组织在合同中被明文约定是数据处理者,但它却实际上发挥了决定性作用,那么它就是数据控制者;同时,如果该组织是没有权限地在做"决定",即使该组织本身只是被委托存储,但它却擅自对这些信息进行用户画像等分析工作,因此就用户画像等分析工作而言,该组织是数据控制者;申言之,无论某组织的"决定"是否合法,它都可以是数据控制者。[2]

要言之,欧盟将"决定"视为一种事实状态,而非仅仅是根据各组织间的协议来判断谁在"决定"。各组织间的合同通常可以厘清谁是数据控制者,但合同本身不是最终的判断标准。[3]欧盟的上述观点是值得肯定的,但是该观点并没有解决究竟什么可以被视为"决定"。信息处理活动的技术性与专业性特征,导致判断"谁在决定"是一项非常复杂的活动。因为每

---

〔1〕 第 29 条工作组(Article 29 Working Party 或 Article 29 Data Protection Working Party)是根据《数据保护指令》第 29 条建立的组织,该组织旨在为欧洲联盟委员会提供有关数据保护的建议,促进数据保护政策、法律实施在欧盟各国的统一性,并以发布指南的形式对数据保护法规的适用进行具体的解释,该组织已被欧盟数据保护委员会(European Data Protection Board)所替代。后者是根据 GDPR 为确保 GDPR 在各国实施的一致性所创设的机构,其职能包括提供有关 GDPR 的指南,为欧洲联盟委员会就个人数据保护与立法提供建议,可对各成员国数据保护机构直接作出具有拘束力的决定(限于为保证 GDPR 实施一致性的目的)等,以及促进各国数据保护机构间信息的交换与协作。

〔2〕 See Article 29 Data Protection Working Party, *Opinion 1/2010 on the concepts of "controller" and "processor"*, adopted on 16 February 2010 (WP 169), pp. 8~9 (August31, 2020), https: //ec. europa. eu/justice/article-29/documentation/opinion-recommendation/files/2010/wp169_en. pdf.

〔3〕 See Article 29 Data Protection Working Party, *supra* note 35, p. 12.

种处理活动都千姿百态。尤其是随着大数据、物联网等新技术的发展，处理活动的技术性与专业性越强，各组织之间的分工就越细密，"决定"的权能就越分散。GDPR 继续延续 1995 年制定的《数据保护指令》的概念，很难与现实技术的发展相契合。

1995 年，对信息的处理主要是收集、存储等一些传统的技术工作，改变世界的互联网也才刚刚开始进入大规模商用阶段，在 1995 年的情形下，这些技术工作的技术性与专业性远比不上20 多年后的信息处理工作。GDPR 沿用了《数据保护指令》的思路，认定数据控制者是远比数据处理者强势的一方，能够真正决定数据处理活动；但是随着物联网等新技术的出现，作为数据处理者的服务公司通过格式合同实际上取得决定权。[1]

2. 第二个补丁是"目的与方法"的解释

依据欧盟指南的意见，处理的"目的与方法"可以等同于"为什么处理"以及"如何处理"。欧盟指南进一步指出，问题的关键在于数据控制者应该在何种程度上影响处理的"目的与方法"。[2]

一方面，欧盟认为，对于处理的"目的"，应该完全由数据控制者决定。另一方面，欧盟认为，对于处理的"方法"，应该进行分类，一类是技术与组织类（technical and organizational）的部分，另一类是传统上由数据控制者固有决定（traditionally and inherently reserved to the determination of the controller）的必要（essential）部分；前者包括应该使用哪个软件、硬件，后者

---

〔1〕 See Jenna Lindqvist, *New challenges to personal data processing agreements: is the GDPR fit to deal with contract, accountability and liability in a world of the Internet of Things?*, International Journal of Law and Information Technology, Vol. 26, Issue 1, p. 54 (2018).

〔2〕 See Article 29 Data Protection Working Party, *supra* note 35, p. 13.

包括哪些数据应该被处理、应该花多长时间处理、谁有权访问这些数据等。[1]

本文认为上述意见是不清晰的，甚至引发了更多的解释问题。一方面，"目的"的释义是不明的，由欧盟给出的"为什么处理"的解释容易引发歧义：因为"为什么处理"既可以指大的商业目标，也可以指具体的处理用途，最终导致的结果可能是每个组织都可以决定处理的"目的"，因而"数据控制者"与"数据处理者"的二分法就失去了意义。另一方面，欧盟将"方法"分为技术组织部分，以及传统上由数据控制者固有决定的必要部分，这不仅读起来佶屈聱牙，并且让人不知所云。这实际上是将"数据控制者"与"数据处理者"的认定变成了一个个案判断的问题，变相地承认了 GDPR 难以提供一套清晰的分类标准的观点。

3. 第三个补丁是 GDPR 具体明确了数据处理者不遵守数据控制者指令时的结果

虽然从《数据保护指令》时代到 GDPR 时代，控制者与处理者的定义并没有发生实质变化，但《数据保护指令》并没有解决处理者偏离控制者指令时会发生什么结果的问题。根据 GDPR 的规定，如果处理者违法确定任何处理活动的目的和方式，即如果处理者自己做出决定，而不是遵循控制者的指示，则该处理者将被视为该处理的控制者[2]。因为处理者处理个人数据的合法来源在于控制者的授权；如果处理者超越了该授权，并取得了对于数据处理的目的与方式的决定者地位，它就成了数据控制者或共同控制者。[3]

第三个补丁实际上承认了数据处理者与数据控制者的认定

---

〔1〕 *See* Article 29 Data Protection Working Party, *supra* note 35, p. 14.

〔2〕 Art. 28 (10), GDPR.

〔3〕 *See* Article 29 Data Protection Working Party, *supra* note 35, p. 25.

是动态变化的，即数据处理者可能在某个时间点转化成数据控制者。这可能会加剧法律关系的不稳定性，甚至会让数据处理者处于无所适从的状态，因为数据处理者甚至可能不知道自己已经变成了数据控制者。申言之，这会极大增加企业的合规成本，甚至阻碍企业的商业活动。这是用一个错误来解决另一个错误。

4. 第四个补丁是共同控制者概念的具体创建

虽然 1995 年制定的《数据保护指令》[1] 承认多个组织可以共同决定数据处理的目的与方式，但是"共同控制者"（joint controller）这个概念是由 GDPR 创设的。根据 GDPR 的规定[2]，当两个或多个控制者共同确定处理个人数据的目的和方式时，他们就是共同控制者。

GDPR 希望通过确立共同控制者的概念，来防止某些组织以自己是数据处理者为由，来逃避法律赋予数据控制者的义务与责任。共同控制者的概念事实上将数据控制者的认定门槛降低了。数据控制者的认定门槛从"决定'目的'与'方式'"，变成了只需要"与其他组织一起决定'目的'与'方式'"。换言之，本来认定某组织是控制者时，需要证明该组织的"决定"程度是 100%，现在只需要证明它与另一个组织各分担 50% 的"决定"程度就可以了。

第四个补丁其实是与第三个补丁起到了类似的效果，都是试图扩大数据控制者概念所能涵盖的范围，使得"控制者-处理者"二分法的适用范围进一步缩小。这同样会让数据处理者处于无所适从的状态，因为数据处理者甚至可能不知道自己已经变成了共同控制者。这种让人捉摸不透的概念会让企业无所适

---

[1] Art. 2 (d), Directive 95/46/EC.

[2] Art. 4 (7), GDPR.

从，因为企业可能会搞不清自己究竟是数据控制者还是数据处理者。这就要求企业聘请更多的专业人士来进行合规，但并不是每个企业都能承担得起合规的成本。因为随着数字经济的深入，受 GDPR 影响的不只是如谷歌、Facebook 般的互联网巨头，有许多企业都会涉及对个人信息的处理。例如，美国的 Tronc 和 Lee Enterprises 两家媒体出版集团为了避免不合规的风险，采取了极端的策略，即将旗下新闻网站对所有欧盟读者屏蔽。[1]

5. 第五个补丁是不断增加的数据处理者的义务

虽然从《数据保护指令》时代到 GDPR 时代，数据控制者与数据处理者的定义并没有发生实质变化，但是数据处理者的义务却增加了。[2]

数据控制者作为"决定数据处理目的与方式"的组织，由其承担义务自无疑问。因此 1995 年的《数据保护指令》原则上仅对数据控制者施加直接的法定义务，而数据处理者通常仅需遵守与数据控制者签订的合同中指明的约定义务，而不必承担直接的法定义务。但是，GDPR 却直接将大量的法定义务施加于数据处理者本身。这就使得数据处理者与数据控制者间的义务差距减少。因此会招致人们的疑问——这样的分类还是有意义的吗？这从侧面反映了这种分类的失败。

综上所述，欧盟尝试用补丁的方式来弥补"控制者-处理者"这对概念的不清晰之处，但这些补丁并没有达到理想的结果。第一个补丁并没有厘清构成"决定"的情形。第二个补丁并没有讲清"目的与方式"，甚至用更复杂的概念来解释"目的与方式"，这无异于用一个错误来解决另一个错误，只会让问题

---

〔1〕 *See* Luke Irwin, *The GDPR: US news sites block EU visitors* (August 31, 2020), https://www.itgovernanceusa.com/blog/the-gdpr-us-news-sites-block-eu-visitors.

〔2〕 *See* Jenna Lindqvist, *supra* note 37, p. 46.

在某些情况下更复杂。第三个补丁明确了处理者在什么时候就会变成控制者，第四个补丁明确了共同控制者的概念，但第三、四个补丁的做法是将数据处理者向数据控制者靠拢，使得对数据处理者与数据控制者之间分类的必要性减少，因为几乎所有的数据处理者都会变成数据控制者。第五个补丁更是直接通过修改法律的方式，使得数据处理者与数据控制者间的义务差异减小，这也使得二者之间分类的意义减损。

（三）欧盟方案缺陷的启示：旧制度难与新技术相契合

欧盟精心设计的方案为什么会存在如此多的缺陷呢？归根结底在于技术的发展已经使得诞生多年的"控制者-处理者"的二分方案难以为继。即使欧盟尝试打了许多补丁，依然无法跟上时代发展的脚步。这本身也是因为欧盟方案本身就是各成员国妥协之结果，受制于政治因素，欧盟方案从来就不可能是完美的方案。GDPR 实际上无法而且也不愿将个人数据保护事宜全部纳入其规范范畴，而是仅提供一个基本框架与最低标准，以实现欧盟境内个人数据保护水准的一致性。[1]

如前所述，"数据控制者"的概念实际上是借鉴了 1981 年"第 108 号公约"的"文档的控制者"的定义。在 20 世纪 80 年代，当时对个人数据的处理操作是非常有限的。一方面，信息技术在当时才刚开始从实验室、国防部门走向各行各业，当时对个人数据的处理，主要限于使用计算机系统来对其进行存储，人们根本无法预想到今天五花八门的数据处理活动。另一方面，"第 108 号公约"虽然提出了"文档的控制者"这一类似于"数据控制者"的概念，但并未提出类似"数据处理者"的概念；这也是因为当时对个人数据的处理活动并不复杂，某组织

---

〔1〕 参见范姜真媺、刘定基、李宁修主持：《"欧盟及日本个人资料保护立法最新发展之分析报告"委托研究案成果报告》，第 7 页，载 https://www.moj.gov.tw/media/6788/73169381670.pdf? mediaDL=true，于 2020 年 8 月 31 日访问。

没有必要委托另一组织来对个人数据进行处理。

即使到了 1995 年《数据保护指令》正式创设"数据控制者"与"数据处理者"这对概念时，与个人信息处理相关的技术问题还没因此变得复杂。谷歌公司到了 1998 年才成立，而现在正处于个人信息保护风口浪尖的 Facebook[1] 在 2004 年才成立。更不用说，近十年来，随着大数据、物联网等在现代社会中的应用，技术发展变化的速度已经远不是上个世纪末的人所能想象的。

谷歌西班牙公司和谷歌公司诉西班牙数据保护局和西班牙公民马里奥·哥斯德哈·冈萨雷斯案（以下简称"谷歌案"）就是上述困境的写照。在谷歌案中，马里奥请求谷歌删除通过搜索得出的有关其个人金融信息的超链接。马里奥的个人信息是由另一家网站展示的，谷歌只是作为一个搜索引擎，提供了一些搜索结果，其中的一个搜索结果所包含的超链接可以引向一个展示马里奥个人信息的网站，最终谷歌被认定为数据控制者。欧盟法院的理由如下：其一，谷歌本身围绕搜索展开的活动是与展示马里奥个人信息的网站的活动分开的；其二，谷歌围绕搜索展开的活动是对个人数据的处理；其三，谷歌围绕搜索展开的活动的"目的"与"方式"实际上是由谷歌自己决定的；其四，如果不将谷歌这类搜索引擎认定为数据控制者，也

---

〔1〕 在 "Cambridge Analytica" 事件中，Facebook 被指控将用户数据共享给其他公司，使得其他公司通过分析用户数据来干涉美国 2016 年总统大选。此后，Facebook 被多个欧盟成员国调查，并被给予处罚。例如英国数据保护机构——信息专员办公室（Information Commissioner's Office）就提出对 Facebook 处罚 50 万英镑，载 https://ico.org.uk/media/2259364/facebook-noi-redacted.pdf，于 2020 年 8 月 31 日访问。50 万英镑系根据当时的法律——英国《1998 年数据保护法》（Data Protection Act 1998）所能给予的顶格处罚；现在根据英国《2018 年数据保护法》（Data Protection Act 2018），顶格处罚是 1700 万英镑或其全球营业额的 4%。

不利于对个人数据的有效与完整保护的目的的实现。[1]

在谷歌案中，即使承认谷歌决定了对马里奥的个人数据的处理"方式"，但是处理的"目的"难道是由谷歌自己决定的吗？谷歌本身只是作为一项工具，激发搜索—处理个人数据的功能的应是使用谷歌的搜索者，而非谷歌。谷歌本身只是一个中立的技术平台，又怎么能决定处理的"目的"呢？或者说，这里所提到的处理"目的"是非常模糊不清且难以解释的。[2]况且，法院通过"对个人数据的有效与完整保护的目的"这一原则来说明谷歌是控制者。欧盟个人数据保护监督机关（European Data Protection Supervisor）[3]在其发布的一份指南中称，欧盟法院近期作出的判决表明为了给个人数据以有效与完整的

---

〔1〕 *See* CJEU, C-131/12, Google Spain SL, Google Inc. v. Agencia Española de Protección de Datos（AEPD），Mario Costeja González［GC］，13 May 2014, paras. 32-36.

〔2〕 同样令人疑惑的是，在欧盟指南的观点中，社交媒体在提供线上服务以使得个人能够公布或与其他人交换信息的过程中，其也被认定为数据控制者。*See* Article 29 Data Protection Working Party, *supra* note 35, p. 21. 当然，如果社交媒体收集、分析个人信息来定向投放广告，自然是欧盟法中的数据控制者；但是如果社交媒体仅仅提供一个线上交流平台，其也被认定为数据控制者，这显然是扩大了欧盟法中所规定的"数据控制者"的范围。

〔3〕 欧盟个人数据保护监督机关（European Data Protection Supervisor）系欧盟下设的机构，其职能主要有针对欧盟各机构（如欧盟理事会）处理个人数据的行为进行监督，为上述机构处理个人数据的行为以及相关法律政策的制定提供建议，处理投诉与展开调查，以及与欧盟各成员国展开合作以确保各国个人数据保护行动的一致性。关于其地位与具体职能，可参考 GDPR 中第 41，42，52，57，58 条的规定。

保护，数据控制者的外延是非常广泛的。[1] 这恰恰从侧面反映了在现代信息技术条件下，难以判断"目的与方式"到底是由谁决定的。

欧盟的"数据控制者"与"数据处理者"二分法方案或许会越来越与现有的技术格格不入。因此，只有两条路可走。第一条路是继续给欧盟的方案打补丁；第二条路是跳脱"数据控制者"与"数据处理者"的已有框架，重新设计一套方案。

根据上述部分的讨论，现有的补丁都已有许多缺陷，未来的补丁只会有越来越多的缺陷，因为当技术越发展，第一条路便越是难以走通了。但第二条路又应如何设计呢？或许欧盟方案的缺陷能带来启示。如上所述，欧盟方案缺陷在于，在制定制度时，人们完全无法预料技术下一步的发展方向；这就导致刚刚制定出的法律方案，可能在下一刻就已经与技术发展的方向完全背离了。诚然，立法必须对技术发展进行回应、保护或促进，但在立法上，如何以法律回应技术发展和进步，始终存在分歧和争议。[2] 法律人在面临新兴技术时，总是希望根据技术方案来设计一套法律制度，总是希望将完美的法律制度嵌套进技术方案中。但个人信息保护法不同于合同法，合同法等一

---

〔1〕 *See* European Data Protection Supervisor, *EDPS Guidelines on the concepts of controller*, *processor and joint controllership under Regulation (EU)* 2018/1725, p. 13 (August 31, 2020), https: //edps. europa. eu/sites/edp/files/publication/19‐11‐07_edps_guidelines_on_controller_processor_and_jc_reg_2018_1725_en. pdf. 该份个人数据保护监督机关的指南是针对欧盟第 2018/1725 号条例的解释。虽然欧盟第 2018/1725 号条例只对欧盟各机构生效，但其实质内容却与 GDPR 基本一致。可以说，GDPR 是以私营部门为主要规制对象来制定的，第 2018/1725 号条例是以公共部门为主要规制对象来制定的。因此欧盟个人数据保护监督机关发布的本份指南对于理解 GDPR 也有重要参考意义。

〔2〕 参见郑玉双："破解技术中立难题——法律与科技之关系的法理学再思"，载《华东政法大学学报》2018 年第 1 期。

些民事基本法律制度是根据已经成型并存在成百上千年的交易方式来制定的,但与个人信息保护相关的信息处理方式却是在不断创新的。尤其是随着物联网、大数据等新兴技术在实践中的迅速应用,在多主体共同参与信息处理的领域内,这些新兴技术尚不具备能诞生一套以此为其基础的法律制度的条件。

### 三、以委托法律关系为基础的分类方案——"委托方-受托方"

（一）新分类方案的起点：转向成熟的委托关系法律制度

上文提到,因为新兴技术尚不具备能诞生一套以此为基础的法律制度的条件,所以与其在制定法律时过于追求技术的重要性,不如重新回归到基础的、成熟的法律关系上。实践中,与个人信息保护领域密切相关的大数据、物联网等技术尚处于成长期,其发展程度还不够完善,所以与其当下就根据技术方案制定法律制度,不如先让子弹飞一会,看看技术下一步将向哪个方向发展。因此,本文选取了委托关系这一套发展成熟的法律制度,以此为基础来构建个人信息处理主体的规范模式,这显然更稳健,也更易被法律界接受。

根据委托协议的当事人,我们可以识别出两类个人信息处理主体,一类是委托他人处理个人信息的个人信息处理主体,另一类是受委托的个人信息处理主体。为表述方便,我们暂且将其称为受托方个人信息处理主体与委托方个人信息处理主体[1]。

一般情况下,根据委托协议,我们可以直接识别出委托方

---

〔1〕 张新宝等老师提出的《个人信息保护法（专家建议稿）》中的第45条也提出了类似的分类——委托方信息业者与受托方信息业者。参见张新宝、葛鑫："《个人信息保护法（专家建议稿）》",载中国民商法律网：www.civillaw.com.cn/gg/t/? id=36127,于2020年8月31日访问。

个人信息处理主体与受托方个人信息处理主体。委托协议在整个法律关系中的地位是非常重要的，在欧盟的框架下，GDPR 所指的数据控制者与数据处理者间的合同[1]的存在也是两者关系间的一个必要要素。[2] 因此，接下来，我们将重点分析个人信息处理语境下的委托协议。

**（二）委托协议在"委托方-受托方"分类方案中的特殊地位**

委托法律关系是否应作为个人信息处理主体分类的基础因素，关键在于分类方案是否清晰。如果像 GDPR 方案一样，数据控制者与数据处理者间的界限模糊，则分类是失败的。委托关系是"委托方-受托方"分类方案的枢纽，而委托关系的建立又依赖于对委托协议的认定。因此，如何理解个人信息处理语境下的委托协议，成了厘清"委托方-受托方"分类方案的关键。

委托协议是完全由个人信息处理主体签订的，根据"意思自治"的原理，只要不违反强制性规定与公序良俗，个人信息处理主体可以完全自由约定其中的内容。但是个人信息处理主体间的委托协议将决定某一具体个人信息处理主体的法律地位——委托方个人信息处理主体或受托方个人信息处理主体，而两者的个人信息保护义务可能是不同的，承担的责任也是不同的，而这些义务与责任将会影响第三类主体——个人。换言之，如果完全根据委托协议中的条款来决定个人信息处理主体的类型，那么个人信息处理主体完全可以通过任意摆布委托协议条款，来决定自己究竟是委托方个人信息处理主体还是受托方个人信息处理主体。

--------

〔1〕 该合同在欧盟被称为数据处理协议（Data Processing Agreement）。样本可在 https://gdpr.eu/data-processing-agreement/中找到，于 2020 年 8 月 31 日访问。

〔2〕 *See* Council of Europe et al, *supra* 21, p. 108.

因此，应该从以下两个方面来认识委托协议在分类中的定位。

第一，根据《民法典》第 142 条[1]的规定，对委托协议条文的解释不能拘泥于字面含义。法律解释的方法有多种，如根据文义、体系、立法史及立法资料、比较法、立法目的等因素来解释；在存在多种解释可能时，切勿任意选择一种解释方法，而应作通盘性的思考检讨。[2] 鉴于部分信息处理会涉及三方及以上主体，所以在解释委托协议时，要考虑到信息处理背后的复杂的商业模式。例如，物联网的运行中，就会涉及传感、识别、网络通信、云计算、管理与支撑技术等[3]，上述技术复杂且投入运营成本高，大部分公司都不能独立完成，需要多个公司的辅助。因此如何从它们之间的商业合同中识别委托关系，就要结合其商业模式，厘清各自的作用。

第二，更重要的是，委托关系的产生是事实状态，个人信息处理主体间是否存在委托协议并非只看个人信息处理主体的约定条文。我们必须在实践中防止一些个人信息处理主体的虚假约定，将本应是委托方的个人信息处理主体变成受托方，或者将本应是受托方的个人信息处理主体变成委托方。这与民法上的通谋虚伪表示的原理是一致的。[4] 因此，如果信息业间的

---

〔1〕《民法典》第 142 条规定："有相对人的意思表示的解释，应当按照所使用的词句，结合相关条款、行为的性质和目的、习惯以及诚信原则，确定意思表示的含义。无相对人的意思表示的解释，不能完全拘泥于所使用的词句，而应当结合相关条款、行为的性质和目的、习惯以及诚信原则，确定行为人的真实意思。"

〔2〕 参见王泽鉴：《民法总则》，北京大学出版社 2014 年版，第 67、70 页。

〔3〕 参见孙其博、刘杰、黎羴、范春晓、孙娟娟："物联网：概念、架构与关键技术研究综述"，载《北京邮电大学学报》2010 年第 3 期。

〔4〕《民法典》第 146 条规定："行为人与相对人以虚假的意思表示实施的民事法律行为无效。以虚假的意思表示隐藏的民事法律行为的效力，依照有关法律规定处理。"

委托协议是虚假的民事法律行为，那么委托协议本身就是无效的，自然不应该根据委托协议来识别某个人信息处理主体究竟是委托方还是受托方。这其实与 GDPR 的方案是一致的，如前所述，在 GDPR 框架下，数据控制者是处理方式与目的的决定者，其中的"决定"是一种事实状态，即使在数据处理协议中约定由甲来决定，只要实际上是由乙来决定，那么数据控制者就是乙。当然，如果没有证据证明委托协议是虚假约定的，自然还是应当根据委托协议来判断个人信息处理主体的类型。如果能证明委托协议是虚假的，则应当根据事实状态来决定个人信息处理主体的类型。

（三）"委托方-受托方"分类方案的适用场景

1. 核心在于是否存在委托法律关系

本文提出了"委托方个人信息处理主体-受托方个人信息处理主体"的分类方案，但这并不意味着本文的分类是贯彻整个立法体系的。换言之，该方案的适用以存在委托关系为前提；如果多个个人信息处理主体之间不存在委托关系，则不必适用该分类。

比如，一家豪华汽车公司与一个设计时装品牌公司合作，举办一个联合品牌推广活动。两家公司决定在活动中进行抽奖。他们邀请与会者在活动中把自己的姓名和地址输入抽奖系统，参与抽奖。活动结束后，公司将奖品寄给获奖者。他们不会将个人数据用于任何其他目的。在 GDPR 框架下，两家公司将成为与抽奖有关的个人数据处理的共同控制者，因为他们都决定了处理的目的和方式。但是，这两家公司之间并不存在相互委托的关系，自然也不适用"委托方-受托方"的分类方案。

因此，"委托方-受托方"分类方案适用的前提在于双方存在民法上的委托关系。本文之所以采用委托关系，也是为了引入相对成熟的民法理论来厘清不同个人信息处理主体之间的关

系。而识别双方是否存在委托关系的主要依据就是双方的委托
协议。

2. "受托方-委托方"分类方案与数据共享、转让间的关系

鉴于数据已经被日益认定为新型生产要素之一，企业之间
进行数据共享、转让也已成为日益常见的资源交易形式。在企
业数据共享、转让过程中，很可能涉及个人信息的处理，因此
这些企业可能会被认定为多个个人信息处理主体，但这些企业
与"受托方-委托方"分类方案之间并没有必然关系。

第一，我们需要厘清数据共享与数据转让的基本理念。数
据共享、转让不同于一般的物权让与，其本质是对数据控制能
力的共享、转让。而且，数据共享与数据转让并不相同。数据
转让更强调数据控制权的转移，一方对数据控制权"从有到
无"，另一方对数据控制权"从无到有"；数据共享则是双方都
有数据控制权[1]。但是，在实践中，基于数据传输的技术特
点，数据共享比数据转让更加常见。比如，通过 FTP 下载数据、
通过 API 开放数据、通过 SDK 收集数据都属于数据共享。[2]

第二，因为数据转让强调数据控制权的转移，所以原则上
数据转让方已经退出了个人信息处理主体这个角色（至少对于
已经被转让的这部分个人信息而言），数据受让方独立承担个人
信息保护义务；与之相对的是，数据共享会使得双方都对数据
享有控制能力（或者按企业间流行的做法来说，数据共享是使
双方都获得访问数据库的能力）。

---

〔1〕 需要指出的是，"数据共享"这个概念本身是模糊的。如果从语义上讲，
只要两个主体共享了数据，就满足数据共享这一概念。但是《信息安全技术 个人信
息安全规范》第 3.13 条更强调数据共享是指数据控制者向其他控制者提供数据，且
双方分别对数据拥有独立控制权的过程。

〔2〕 参见何渊主编：《数据法学》，北京大学出版社 2020 年版，第 161～162
页。

第三，通过上述分析，数据共享、转让并不必然涉及委托关系。因此，数据共享、转让能否适用"委托方-受托方"分类方案，是一个必须个案讨论的问题。

3."委托方-受托方"分类方案是否适用于国家机关

《个人信息保护法》第二章第三节列出了"国家机关处理个人信息的特别规定"。那么个人信息的"委托方-受托方"分类方案是否适用于国家机关呢？本文认为，应从以下两个方面说明。

第一，鉴于国家机关通常是委托方，那么需要明确法律是否允许国家机关作委托。因为出于"避免行政权无序行使，侵害公民"的目的，在现有的很多法律规定中，是禁止国家机关转委托的。比如根据《行政强制法》的第29条第1款规定，冻结银行账户应当由法律规定的行政机关实施，不得委托给其他行政机关或者组织。冻结银行账户显然涉及个人金融信息，既然《行政强制法》不允许国家机关将冻结银行账户的权限委托给他人，因此，执行冻结措施的国家机关也不应将个人金融信息委托给他人处理。

第二，即使法律没有明确禁止委托，国家机关原则上也不应将个人信息委托给他人处理。个人与处理其信息的私营主体，二者至少在法律上处于平等地位（即使二者在现实实力上有所失衡）；但是国家机关相对于个人来说，处于天然的优势地位，个人在很多情况下没有对国家机关"说不"的权利。如果任意允许国家机关随意委托其他组织处理个人信息，会让身为普通人的个人陷入极大的风险之中。[1]

---

[1] 当然，不可否认的是，某些专业的数据处理公司比国家机关处理个人信息的能力要强、效率要高，但应为国家机关委托其他组织处理个人信息设立一系列实体与程序的前提条件，比如风险评估、必要性审查、选择数据处理公司的程序公开透明、召开听证会等。

（四）"受托方-委托方"分类方案的价值

1. 分类方案能更好描述不同信息处理主体之间的特征

对个人信息处理主体作分类的意义不在于分类本身，而是分类所体现的实际意义。采用"委托方-受托方"的分类方案，能体现信息处理主体之间的不同特征。

第一，在信息处理合同中，相比于受托方，委托方对于处理信息的目的、如何处理信息以及处理成果的交付形式等都具有更大的决定权。[1] 因此，受托方除了要负法定的保护个人信息的义务外，还要履行合同中约定的为委托方提供信息处理服务的义务。而委托方只有法定的保护个人信息的义务。当然，委托方与个人订立某种合同时，如某 APP 与用户达成的用户使用协议，将保护用户信息的义务订立到合同中，这些义务也可以被视为约定义务，但义务的内容是不变的。与之相对的是，受托方与委托方在信息处理合同中约定的义务决定了受托方要遵循委托方指示来处理信息，这包括处理的目的、处理的方式、处理结果的呈现方式等，否则受托方就构成违约。这些约定义务属于意思自治的范畴，而且每个委托方的信息处理需求也不同，因此约定的义务也不尽相同。

第二，委托方与受托方的工作侧重点不同，在某特定信息处理活动中，受托方专注于信息处理的技术性工作，委托方只是扮演一个给付金钱的角色。委托方之所以要委托他人，原因之一在于受托方在该方面具有更强的专业能力。因此，虽然受托方在合同中会约定如何处理信息等一系列的义务，但具体的处理工作还需要委托方自己决定。尤其是在大数据兴起的时代，很多组织没有专业的数据分析部门，对其委托的另一个组织的

---

[1] 这就像客户对于律师的要求一样。虽然律师可以有自己的专业判断，但是一般要以客户的商业目的为前提，满足客户的服务需求。

信息处理活动，既没有精力，也没有能力进行深度的审查。

第三，委托方与受托方面向的对象不同。委托方通常直接面向个人，而受托方通常并不直接对接个人，可能在很多情况下，个人根本不知道受委托处理其个人信息的组织究竟是谁。例如，某写字楼物业公司将安保问题委托给专业的安保公司，由安保公司安装了监控系统并由安保公司派专人来负责运营监控系统。对于进出该写字楼的甲来说，他很难知道是哪一个具体的安保公司在运营该监控系统，因为他无从得知物业公司与安保公司之间的委托合同，甲的印象一般是该物业公司在通过监控系统收集他的面部信息。

第四，委托方利润来源与受托方利润来源不同。受托方利润来自于信息处理合同本身，受托方依靠自身提供的服务来赚取利润。而委托方在信息处理合同中，已经付出了一定的金钱成本。因此委托方更容易有违反个人信息保护义务的倾向。换言之，受托方只是提供了个人信息处理结果，并不关心如何利用处理结果，而委托方需要通过个人信息处理结果来为自己谋利。例如，甲公司在没有取得客户同意的情况下，委托乙公司对其客户个人信息进行分析，并利用分析结果来定向投放广告。[1]

2. 有利于厘清不同个人信息处理主体的法律主体地位

在个人信息处理复杂的情况下，"委托方-受托方"分类方案有助于厘清法律主体地位，比如在物联网情景下的个人信息处理过程中，可能会涉及许多主体。这时候以委托关系切入，通过"委托"与"转委托"的理念，有利于借助民法的智慧，

---

〔1〕 可以通过类比刑法中的正犯与帮助犯之间的关系来理解，在这起个人信息违法事件中，受托方乙公司更像是"造枪者"，而委托方甲公司是"开枪者"，即类似于帮助犯与正犯间的关系。作为"正犯"的甲公司在这起个人信息违法事件中发挥了更大的作用。

来厘清多个主体之间的关系、义务与责任。

如果我们反对上述结论的话，就会犯"一刀切"的错误，将不同主体等同视之，赋予其相同义务，使得理论与实践脱节。如果对个人信息处理主体不加分类，而对所有的个人信息处理主体都施以同样的义务的话，可能会引来行业接受程度低的问题，甚至可能陷入"强人所难"的泥淖，也不利于促进数据的流通与运用。因此，采纳精细化的义务分配是我们无可避免的道路。既然我们承认精细化的义务分配是必须的，因此义务分配的前提——对个人信息处理主体进行分类，就变成一个必须讨论的问题。因为，只有个人信息处理主体为两种以上，我们才有对不同主体的义务进行分配的可能。下文还将对各方义务与责任进行详述。

同时，成熟的委托法律关系理论，也有利于企业确定自己的法律地位究竟是受托方还是委托方，而不至于像"控制者-处理者"的分类方案一样，令企业无法确定自己究竟是控制者还是处理者。

需要说明的是，本文使用委托关系作为制度构建的基础，并不是在拒绝关注与回应技术的发展。尽管技术对法律制度的构建影响重大，但技术对法律制度的影响却仍然会受到法律的限制。之所以如此，一个很重要的原因不是在于法律本身一定排斥这些科学技术，而恰恰是因为技术发展还相当不完备。[1]

**四、分类问题的自然延伸："委托方-受托方"之间义务与责任的分配**

如果从文义上理解本文题目——"个人信息处理主体何以分类"，那么本文似乎只需要将个人信息处理主体的分类交代清

---

[1] 参见苏力："法律与科技问题的法理学重构"，载《中国社会科学》1999年第5期。

楚即可。但这样就不能回应分类的意义，因为分类的意义不在于给这些个人信息处理主体起不同的名字，而在于它对个人信息保护制度运行实践的影响。仅仅是单纯的分类是无意义的，分类的重要目的之一就是进行义务的分配与责任的分担。[1]

（一）义务的分配

要说明的是，本文并不是要具体说明应该承担哪些义务，否则就脱离了本文的主题——个人信息处理主体的类型化，而且个人信息处理主体义务究竟有哪些是争议较大的地方，本文不愿陷入对这些义务的内容甚至命名的争论。本文更多的是提供义务分配的标准与确立方向，因此，这时候回顾方向比探讨具体义务内容更重要。当然，本文会在论述中以一些公认的个人信息保护义务举例，来说明这些标准的应用。

1. 不同主体在委托关系中的决定权能大小[2]

本文在第三部分讨论了委托方个人信息处理主体与受托方个人信息处理主体间决定权能的不同。信息处理活动是千姿百态的，委托方与受托方的决定权能在个案中都是不一样的，法律也不可能给定一个可适用于所有情形的方案。但我们依然可以归纳出适用于一般社会实践的基本准则。[3]

因此委托关系中的决定权究竟在义务分配中扮演着怎样的

---

〔1〕 欧盟第 29 条工作组指南在介绍"数据控制者"概念时，也指出之所以要讨论数据控制者与数据处理者的概念，是为了分配义务。See Article 29 Data Protection Working Party, *supra* note 35, pp. 4~5.

〔2〕 可能会引起质疑的是，前文所提出欧盟的数据控制者概念中的"决定"是不清晰的，然后又在这里引进"决定权能"，似乎有自我矛盾之嫌。一方面，这里的"决定权能"不是对个人信息处理主体进行分类的基础，不会引起"委托方-受托方"这组概念的不清晰；另一方面，这里的"决定权能"不是指欧盟方案中的"目的与方式"，更确切地说，这里的决定权能指的是某个个人信息处理主体对信息处理活动的某个环节的影响力。

〔3〕 正如合同法分则中许多的任意性规定一样，这些任意性规定也只是依据一般社会实践而进行归纳的情形。

角色呢？本文认为，可以从以下两个方面讨论。第一，委托关系中的决定权能大小与个人信息保护义务的多少是正相关的，因为某个人信息处理主体决定权能的多少影响着信息处理活动所受该个人信息处理主体的干预程度。如果某个人信息处理主体在某项信息处理活动中，完全无法进行干预，那么其自然不承担与之相关的个人信息保护义务。比如，A 是某一大型连锁超市，A 将顾客的个人信息收集之后，将这些信息传输给 B 咨询公司，并委托 B 就个人信息展开分析，如进行客户群体画像等，以方便 A 在下一步展开市场营销活动。因此 B 对个人信息在收集过程中的事项就全无决定权能，也无法施与干预，这时 B 就不负有收集个人信息时要取得其同意等义务。而且，在一般情况下，B 也不对 A 取得这些个人信息是否合法负实质审查义务。[1]

第二，委托关系中决定权能的不同影响着个人信息保护义务的内容。在信息处理合同中，相比于受托方，委托方对于处理信息的目的、如何处理信息以及处理成果的交付形式等都具有更大的决定权；但是受托方又常常在被委托的领域具有专业知识上的优势，委托方既没有能力也没有精力来决定具体的技术性的信息处理方式。因此，委托方倾向于决定的是"商业性"因素，而受托方倾向于决定的是"技术性"因素。同样以上述中的 A 连锁超市、B 咨询公司为例，A 可在委托协议中指明 B 应该完成的商业目标，如要求 B 向 A 说明向 A 的顾客应该发送什么类型的市场推广信息、发送的频率与方式，这其实就是 A 在决定委托协议中的商业性因素。与之相对应的，B 在委托协议中决定的往往是技术性因素，如具体采用哪种技术方案来分

---

〔1〕 这里可以类比承揽合同，承揽合同中承揽人在一般情况下不应对定作人提供的原料来源进行审查。换言之，如果定作人提供了原料，在没有其他明显不合理的情形下，承揽人不负有调查该原料是否为定作人合法所有的义务。

析数据，为了保障数据安全而如何具体设置防入侵系统，以及具体租用哪家的服务器来存储数据等。

2. 不同主体介入信息处理流程的时间点

个人信息处理过程可大致分为收集、使用、披露、删除等阶段。在不同阶段，对应的义务是不相同的，如被学界广泛讨论的获取个人信息时取得个人同意的义务，显然是收集阶段的义务。"法律不强人所难"，如果个人信息处理主体在使用阶段才参与进来，则该个人信息处理主体不应被施与就收集行为取得个人同意的义务，否则这显然是不符合合理期待的。[1]

同样以上一部分中的 A 连锁超市、B 咨询公司为例。B 获取顾客个人信息的渠道有两种，第一种是由 A 收集后传输给 B，第二种是 A 与 B 共同参与收集过程，第三种是 B 直接面向超市顾客收集。

在第一种情形下，A 在收集其顾客个人信息后，再向 B 传输，因此 B 显然没有义务去审查 A 得到的个人信息是否合法。而且 B 也没有能力审查 A 是否得到了顾客的同意，除非 B 再重复向每一名顾客加以确认，但显然法律上对 B 没有这样的合理期待，而且这也会极大拖延信息处理效率，也不符合促进数据

---

〔1〕 这类似于日本《个人信息保护法》（日文名为"個人情報保護法"）中的层叠式义务构造。参见冈村久道『個人情報保護法』（商事法务，2005 年）133 页，鈴木正朝『個人情報保護のための企業法務』（法律ひろば，2003 年）51 页。转引自前注范姜真媺等主持的研究报告，第 96 页。根据该理论，个人信息处理主体在不同阶段负有不同的义务，第一阶段的最基本之义务是自搜集个人信息时起只能将其用于特定利用目的的义务（即目的限制原则）；个人信息处理主体如果继续将个人信息输入到电脑中或建成个人信息库，因此就要继续负担第二阶段的义务，如安全管理义务；个人信息处理主体如果将个人信息保存一定期限，就要负对个人提供查询、修正服务等第三阶段的义务。换言之，如果个人信息处理主体不将个人信息输入到电脑中或建成个人信息库，就不必负安全管理义务；如果个人信息处理主体不将个人信息保存一定期限，就不必负对个人提供查询、修正服务的义务。

流通与利用的原则[1]。

第二种情形在实践中也并非不可能发生的，因为 A 可能会考虑到如果由 A 先收集再传输给 B 的话，则可能导致最后得出的结论已经滞后于市场的实际情况，不符合信息的时效性要求。而且，根据前文在分析不同个人信息处理主体特点时的看法，一些个人信息处理主体基于专业性与成本的考量，自然是希望将信息处理工作全盘交给专业的个人信息处理主体处理。因此 A 基于成本与专业性的考量，自然是希望由 B 来直接收集客户信息。因为 B 作为专业的市场营销咨询公司，显然更知道对哪些个人信息的收集对下一步的分析处理工作更有帮助。B 可能会派专业人员来到 A 的营业场所，甚至提供专业的信息收集系统，因此此时可认为 A 与 B 共同参与收集过程。

更进一步的是第三种情形，B 可能完全接手对顾客信息的收集，并向顾客表明正在收集其个人信息的公司是 B 而非 A。虽然这种情形并不常见，但却是可能的。在第三种情形中，B 在收集阶段参与了信息的收集过程，因此自然应负收集顾客个人信息时获取其同意的义务。

3. 不同主体是否直接面向个人

根据前文对委托方个人信息处理主体与受托方个人信息处

---

[1] GDPR 的鉴于（或称前言）部分强调要促进个人数据自由流通与欧盟数字经济的发展。Recitals 3, 6, 7, GDPR. GDPR 的鉴于部分本身对于理解 GDPR 的具体条文具有重要意义，甚至会被欧盟法院直接用来解释具体条文的含义。而且，从欧洲联盟委员会发布的《欧洲数据战略》（A European strategy for data）、《人工智能白皮书：欧洲追求卓越与互信的路径》（White Paper On Artificial Intelligence – A European approach to excellence and trust）可以看出，欧盟制定 GDPR 的雄心在于统一成员国之间的标准，促进数据流通与利用，从而推动欧盟数字经济与人工智能产业的发展。上述两部文件分别载于 https：//ec. europa. eu/info/sites/info/files/communication–european–strategy–data–19feb2020_en. pdf，https：//ec. europa. eu/info/sites/info/files/commission–white–paper–artificial–intelligence–feb2020_en. pdf，于 2020 年 8 月 31 日访问。

理主体特点的分析，委托方个人信息处理主体与受托方个人信息处理主体在整个信息处理的商业模式中的位置是不同的，委托方通常直接面向信息主体——个人，而受托方通常并不直接对接个人，可能在很多情况下，个人根本不知道委托处理其个人信息的组织究竟是谁。因此，个人信息处理主体与个人是否存在直接联系，将决定个人信息处理主体是否直接对个人负有义务。

以前一部分的 A 连锁超市、B 咨询公司为例。如果 A 自行将顾客的个人信息收集后，再传输给 B，那么在 A 收集顾客个人信息的过程中，B 与 A 的顾客完全没有接触，其自然无需承担取得其同意的义务。

而且，即使受托方个人信息处理主体直接与个人接触，个人可能同样不知道该主体的存在。同样以前面提到的 A 连锁超市、B 咨询公司为例，B 不仅负责分析 A 的顾客个人信息，还负责以 A 的名义提供自动邮件服务（Email Automation）[1]。在 B 代表 A 并向 A 的会员发送电子邮件时，B 可能就会使用到会员的姓名、电子邮件地址等个人信息，但是 A 的会员收到的电子邮件里一般并不会标明 B 的信息，A 的会员一般会认为该邮件是 A 发送的。这时，如果 A 的会员希望撤回使用其个人信息的同意或者希望直接删除自己的个人信息，则通常的渠道是向 A 申请，然后再由 A 通知 B。换言之，对于 A 的会员撤回同意的权利或请求删除自己个人信息的权利，B 并不是直接的义务主体。

（二）责任的分担

1. 责任分担的制度设计

第一，委托协议具有相对性。因为"委托方-受托方"的分

---

〔1〕 自动邮件服务（Email Automation）与传统的邮件营销（Email Marketing）不同，前者向客户发送个性化的内容，后者向客户发送的内容是千篇一律的。

类方案就是围绕委托协议建立的，所以责任的分担问题也应围绕委托协议展开。因此，在合同相对性原理的基础上，委托方与受托方间的约定在原则上不能约束第三人，二者之间关于责任分配的约定只具有内部效力，不能成为对外拒绝承担责任的理由。

第二，在有关个人信息保护的民事纠纷中，基于保护个人信息的价值考量，也为了方便个人追责，委托方作为直接面向个人的组织，原则上应对受托方的违法行为负责，委托方承担责任后再对个人负责，也就是不真正连带责任形态。

第三，如果双方也可能构成连带责任，此种侵权责任形态可借助传统的侵权责任理论在个案中展开。比如，受托方在明知委托方要利用个人信息实施犯罪或侵权，仍向其提供帮助，则构成帮助侵权，双方承担连带责任。

2. 责任分担设计应考虑能否激发受托方与委托方之间的监督机制

为实现保护个人信息的目标，要激励参与个人信息处理的主体去履行个人信息保护义务。[1] 在分配义务时，要试图设计一套内部监督机制，即让委托方个人信息处理主体与受托方个人信息处理主体互相监督。原因至少可以分为两个方面。

第一，个人信息保护领域应该强调事前预防。因为个人信息受侵害的情形，不同于一个具体的物权受侵害的情形。比如，当甲的房子被乙非法侵占，甲自然可以通过行使占有返还请求权，要求乙归还房屋，并且可通过侵权之债或不当得利之债要求赔偿损失，以最终使甲对房屋的权利恢复到圆满状态，并填补其所受到的损害。但是对个人信息的损害却很可能是无法填

---

〔1〕 *See* Article 29 Data Protection Working Party, *supra* note 35, p. 4。另可参见周汉华：“探索激励相容的个人数据治理之道———中国个人信息保护法的立法方向”，载《法学研究》2018 年第 2 期。

补的，这是因为信息具有无形性与可复制性。个人信息一旦泄露，就很难完全消除，互联网就永远留痕。[1] 即使违法的个人信息处理主体承担了法律责任，对个人的损害也是无法彻底予以填补的。内部监督机制能够让委托方与受托方互相牵制，本身就能提供一种事前阻断违法行为发生的机制。

第二，仅仅依靠行政执法，远不能为个人信息提供周全保护。因为行政执法机构往往是在违法事件发生后才介入，而且执法力量也难以应对数量众多的违法案件。有观点认为要引入公益诉讼[2]，也有观点提出要建立自律组织[3]。而内部监督机制也与公益诉讼、自律组织一样可以为个人信息保护提供更多的保护渠道。因此，应尝试设计一套内部监督机制，以此来促进个人信息处理主体履行义务。

为了激发委托方与受托方间的互相监督机制，在设计责任分担制度时，虽然我们承认会有连带责任与不真正连带责任的样态，但同时也应给予个人信息处理主体以激励，在其证明自

---

〔1〕 比如 2020 年 3 月新浪微博用户信息泄漏事件，用户信息在暗网上被批量出售，很难将这些被泄露的信息完全从网上删除。参见网络安全管理局："网络安全管理局就新浪微博 App 数据泄露问题开展问询约谈"，载 https：//www.miit.gov.cn/xwdt/gxdt/sjdt/art/2020/art_3e63cea18ebb4a9796db087d09a84c80.html，于 2020 年 8 月 31 日访问。

〔2〕 参见王利明："论个人信息权的法律保护——以个人信息权与隐私权的界分为中心"，载《现代法学》2013 年第 4 期；程啸："论大数据时代的个人数据权利"，载《中国社会科学》2018 年第 3 期。我国实践中已有针对侵害个人信息提起的公益诉讼，如（2019）沪 0104 刑初 1244 号、（2019）鄂 0302 刑初 614 号判决书。该类诉讼主要由检察院根据《最高人民法院、最高人民检察院关于检察公益诉讼案件适用法律若干问题的解释》第 20 条第 1 款的规定，以侵害众多消费者利益为由提起。另外，根据《最高人民法院关于审理消费民事公益诉讼案件适用法律若干问题的解释》，中国消费者协会以及在省、自治区、直辖市设立的消费者协会也可提起该方面的公益诉讼。

〔3〕 参见周汉华：《中华人民共和国个人信息保护法（专家建议稿）及立法研究报告》，法律出版社 2006 年版，第 83~84 页。

己采取合理措施的前提下，适当减轻其责任，从而促进其履行个人信息保护义务。但是责任的减轻应限于公法责任上的减轻（一般为罚款的减少），而为了保护个人信息，其私法上的责任不宜减轻。

## 五、结语

在个人信息保护立法过程中，不仅要注重探讨个人信息处理主体有哪些义务，也要关注个人信息处理主体的分类，从而厘定义务的承担者。纵然欧盟在个人信息保护领域已积累了几十年的经验，但也不必依赖欧盟立法。相反，技术的发展，已经使得欧盟的"控制者-处理者"的二分方案难以为继。即使欧盟尝试打了许多补丁，依然无法跟上时代发展的脚步。

本文选取了多主体共同参与个人信息处理时的基础性法律关系——委托关系这一套发展成熟的法律制度，并以此为基础来构建个人信息处理主体的分类模式，这显然具有更稳健的特征，也更易被法律界接受。而且，因为委托方与受托方在委托关系中决定权能、工作侧重点、面向的对象、利润来源的不同，这一分类方案能从实践层面给出一个清晰的分类结果。更进一步的是，分类的意义不在于给这些个人信息处理主体起不同的名字，而在于它对个人信息保护制度运行实践的影响。分类的重要目的就是为了厘清义务分配与责任承担。总之，在大数据、人工智能等新技术兴起的背景下，个人信息处理的模式日趋复杂。时刻关注技术领域的新动向，适时完善个人信息保护制度，以指南等形式提供最新指引，方是解决个人信息处理主体分类难题的正途。

# 试论政府数据共享的暗礁及清障路径

## ——一个被遗忘权的例子

罗伟玲　梁　灯[*]

**摘　要**：政府数据共享以提升行政效能和公共服务质量为宗旨，政务部门数据的真实性、准确性和完整性是实现共享目标的基石和根本保障。但其中的准确性和完整性要求往往会遭遇来自外部的非共享主体人为因素的挑战。被遗忘权的行使即为一例。被遗忘权起源于有严苛隐私保护传统的欧洲，是大数据时代个人数据主体维护个人信息安全、抵制数据控制者算法强权的武器。而政府着力于宏观环境的福利，出于共享的效用动机，通过数据共享扩大数据基数、扩张数据版图，客观上加速人的行为数字化进程。两项制度的价值背离和理论张力使得两者若在客体上重叠，将不可避免地形成制度冲突。通过考察比较欧盟的被遗忘权制度与我国现行的政府数据共享机制，可发现两项制度在实然和应然层面都呈现客体重叠的可能性，为保障该两项良好制度匹配运行，在构建中国版被遗忘权制度时

---

　　* 罗伟玲，哲学博士，广东技术师范大学讲师。梁灯，通讯作者，法学硕士、工商管理硕士，广东君信律师事务所合伙人律师。

需要从价值、功能、结构三方面对其进行重塑，同时优化正在实施的政府数据共享机制的结构，以使两者达至同频共振、无缝衔接。

**关键词**：政府；数据；共享；个人信息；被遗忘权

## 一、引子：大数据时代关于柏拉图洞穴隐喻新解

放眼世界，商业、政治、社会生活中言必称大数据，其是当下互联网发展的支撑点和新机遇。蓦然回首，中国接入国际互联网 Internet 不过 26 年，美国苹果公司发布的第一代智能手机 iPhone 距今也只有 13 年，彼时还是 2G 通讯时代，而 2020 年的今天，5G 技术已迈入商用领域。可见，在信息和互联网技术的飞速发展让人惊叹之余，身在其中的人们却对之浑然无感而习以为常。事实上，除了业内人士，对于大部分人而言，他们对大数据于个人、于政府、于社会之意义如何这一问题是没有清晰和深刻认知的，与其说大数据是一种技术、一种范式，不如称之为一种话语、一种"集体无意识"的狂热。在人云亦云、亦步亦趋的气氛中，对热潮的冷思考就显得弥足珍贵了。

"信息茧房（information cocoons）"概念的提出，就是一个有代表性的反思声音，它指"我们只听我们选择的东西和愉悦我们的东西的通讯领域"[1]。此颇具冲击力的概念使人猛然惊觉：这何尝不是大数据语境下的"尽信书不如无书"呢？"信息茧房"中的人，行为高度数字化，人本是数据的生产者和所有者，但大数据经过算法赋能，反过来使人成为算法构建的客体，

---

[1] ［美］凯斯·R. 桑斯坦：《信息乌托邦：众人如何生产知识》，毕竞悦译，法律出版社 2008 年版，第 7~9 页。

"我们即数据"[1]。"茧房"中的人恍如柏拉图洞穴隐喻中的囚徒，只能且只愿看洞壁上的影像，即便走出洞外也可能怪罪于阳光把眼睛"搞坏"。[2]

然柏拉图在隐喻中没有讨论的一个细节是：那些挥动假人、假兽制造影像的人们，为何就比囚徒高明？为何他们的行为能影响囚徒的认知？诚然，囚徒被长期禁锢而无法接触洞外"真相"固然是最直接的原因，而制造影像的人们掌握着一种囚徒所不掌握的技术——光影技术，这或许才是最本质的原因。在大数据语境下，这一细节不应被忽略，这是判断大数据是"茧"还是"网"的关键。算法，特别是机器学习算法可以"把数据变成算法。它们掌握的数据越多，算法就越精准"[3]，算法是激活大数据的扳机，没有算法的大数据充其量只是巨量数据的无效堆砌。因此，是否掌握算法是大数据时代的"造影者"与"囚徒"的区别。掌握算法的商业机构、公共服务机构，如"造影者"般影响着他人；不掌握算法的一般公众个人，就如"囚徒"般被约束甚至被控制。因此，大数据于后者是"茧"，于前者则是"网"。"茧"隔断了信息，而"网"的延展性使其可传递意义。故此，从社会学角度观之，大数据是一个场域，其反映了已经"觉醒"的部分社会公众的"个人自决"与机构（包括政府和商业机构）数据使用和算法之间的博弈。

不论是出于商业服务还是公共管理目的，数据的资源属性在掌握算法的机构中越来越备受重视。以我国政府为例，中共

---

〔1〕 John Cheney-Lippold, We Are Data: Algorithms and the Making of Our Digital Selves, New York University Press, 2017, p. 141.

〔2〕 参见〔古希腊〕柏拉图：《理想国》，张竹明译，译林出版社 2009 年版，第 187~190 页。

〔3〕 〔美〕佩德罗·多明戈斯：《终极算法：机器学习和人工智能如何重塑世界》，黄芳萍译，中信出版社 2017 年版，第 3 页。

中央、国务院于 2020 年 4 月 9 日发布了《关于构建更加完善的要素市场化配置体制机制的意见》，明确加快培育数据要素市场，推进政府数据开放共享、提升社会数据资源价值、加强数据资源整合和安全保护，这是数据首次被中央文件纳入要素市场。本文尝试在这一大背景下研究分析政府数据共享机制中潜藏的来自个人信息主体权利发起的挑战。

## 二、政府数据共享要义

如前所言，掌握算法的机构有能力、有条件享用和利用大数据，而算法和大数据的发展是相辅相成的过程，数据需要算法激活，算法依赖数据"投喂"，因此编织和扩大数据之网一直是掌握算法的机构不停歇的追求，其中一个典型的"织网"方式就是数据共享。

### （一）数据共享的多元动机

数据共享，顾名思义就是占有数据的主体之间共同控制、使用、开发数据的行为，其强调的是数据的流动或流通价值。从数据共享的供需关系看，就数据需求方而言，能从其他主体中获取数据（不论是否需要支付对价）从而使其相关算法取得更多训练和学习的素材，其要求数据共享的动机是不言而喻的；但往往被忽视的是数据提供方的共享动机，作为数据产生者的数据主体（特别是与个人信息、敏感信息相关的数据源主体）和作为数据供方的数据控制者（特别是数据的首次直接收集者）也具有内在的数据共享动机。

1. 个人信息主体[1]的使用效益动机

个人信息主体既是数据生产者和提供者，也是大数据算法应用的使用者或相对方[2]。在个人信息主体使用大数据算法应用的情境下，算法应用所依赖的数据越丰富，算法应用的效率和准确度就越高，如此个人信息主体所获得的使用效益就越大；当个人信息主体以大数据算法应用相对方角色加以呈现的情境下，若算法应用的基础数据有偏离，则算法应用结果将不可避免地随之偏离，甚至出现"歧视"的严重后果。例如，美国部分法院使用的一个名为COMPAS的算法量刑辅助工具，用以评估嫌疑人再犯的风险度，有调查结果显示：黑人被告被COMPAS错误地贴上"未来可能犯罪"标签的可能性是白人被告被贴上错误标签可能性的两倍。[3] 而当支持算法决策的数据量级越大，数据导致偏离的可能性就会下降。所以，算法应用扩充数据基数对于增加个人信息主体（不论作为使用者还是相对方）的使用效益而言是正向的。

---

〔1〕 此处使用能够识别个人身份的个人数据信息所指向的个人主体，即"个人信息主体"的概念，是因为个人信息（数据）的共享和流通对该主体的影响较大，若分析得出个人信息主体对数据共享有所期待，则通过举重以明轻的方式判断非个人信息（数据）主体也会支持（至少不反对）数据共享。故文章此处仅对个人信息主体进行分析。另外，"个人信息"是中国法律语境下的概念，欧盟法律语境下的概念是"个人数据"（personal data）。除特别说明以外，本文对该两个概念不作区分。

〔2〕 此处"相对方"是借用行政法中的行政相对人概念。大数据算法应用在公共部门使用的情形下，受算法决策影响的当事人可能是算法的使用者，也可能是被算法决策施加影响的一方，此即相对方。具体举例如下：加载人工智能算法的自动驾驶汽车的驾驶员，直接使用和操作算法应用，属于算法应用的使用者而不是相对方；在有关机构使用算法自动化决策进行招生、贷款审批等场景中受算法决策影响的，属于算法应用的相对方而不是使用者。

〔3〕 See, Anupam Chander, The Racist Algorithm? 115 *Michigan Law Review* 1023 (2017), p. 1033.

2. 个人信息主体的私权保护动机

在尊重个人信息主体个人隐私及其他个人权利，并取得个人信息主体合法同意授权的情况下的数据共享行为中，个人信息主体是乐见、期待甚至在法律上是主动主张数据共享的。从2018年5月生效实施的欧盟《一般数据保护条例》（下称"GDPR"）第20条规定的"数据可携带权"即可见一斑。该条例规定，"数据主体有权以结构化、通用和机器可读的格式接收他或她向数据控制者提供的与他或她有关的个人数据，并有权在不受提供个人数据的控制者妨碍的情况下将这些数据传输给另一个控制者"。此外，一个不易被发现的情形是数据共享对个人信息主体的隐私等私权利保护有促进作用。当数据需求方有必要掌握个人信息相关数据时，若该等数据已被其他数据控制者合法采集，则数据需求方可通过法律和司法判例确认的方式取得数据提供方和个人信息主体的双重授权，从而共享其必需的与个人信息相关的数据，进而避免再次向作为数据源的个人信息主体进行第二次直接采集。鉴于数据采集行为可能存在超过必要限度、错误采集等风险，故通过数据共享减少直接采集次数，可以在客观上起到降低个人隐私暴露和私权被侵害可能性的作用。

3. 数据控制者的经济效益期待

一方面，商业机构作为数据控制者，从表面上看他们应该是数据共享的天然反对派。因为他们通过技术投入，筑起了数据壁垒，数据成为其在市场竞争中的突出优势，优势谈何共享呢？但通过深入分析其实不然，若数据共享全部被禁止，所有数据状态归于静止，这些机构的"优势"将不复存在。因为没有流通和共享，数据就没有价值，掌握"优势数据"的企业实质上并不是反对数据共享，而是反对数据的"免费共用"或"征用"。因此只要对价合理，掌握"优势数据"的企业会将数据资源待价而沽或将其作为市场竞争的交易条件，经济利益可期。另一方面，政府机构作为数据控制者，同样有数据共享的经济性动因。政府机构之间的数据共享虽然不会形成市场般的数据交易，但数据的资源性质决定了政府数据控制者愿意投入成本进行开发和挖掘，从而使政府储存的数据释放效能。数据控制者的数据越有效、越有共享需求，则反映该政府机构在数据管理中的绩效越高。由此可见，数据共享是让数据增值、数据提供方增效的一条有益路径。

综上，数据共享存在多元动机，数据共享于个人、于企业、于政府、于社会均有益。但鉴于政府机构作为数据控制者的数据共享和商业机构作为数据控制者的数据共享分别针对不同层面的实践问题，即前者指向政府行政效率问题，后者指向企业市场竞争问题，限于论题，本文仅讨论政府机构作为数据控制者的数据共享问题。

（二）政府数据共享的内涵厘清和法律基础

在各类文献资料中，"政府数据共享"一般与"政府数据开放"并列使用，有的地方甚至将两者混用。从文义上看，"共享"与"开放"意义相近，两者难以辨识清晰。故应从两者在实践中的具体适用范围对其加以区分，而该等分类在有关规范性文件中有迹可循。例如，2017年5月1日起施行的《贵阳市政府数据共享开放条例》规定，"本条例所称政府数据共享，是指行政机关因履行职责需要使用其他行政机关的政府数据或者为其他行政机关提供政府数据的行为"；"本条例所称政府数据开放，是指行政机关面向公民、法人和其他组织提供政府数据的行为"。鉴于数据共享是政府系统的内部行为，而数据开放是政府系统和社会的交互，前者需要协调的工作复杂程度和数据处理界面相对于后者而言难度较低，倘若前者在实践中尚不完善，更遑论后者的实施效果。且只有先有政府内部的数据共享共识，方能推动政府与社会之间的数据开放共识。故本文论题优先聚焦于政府数据共享而暂不涉猎政府数据开放。

至于政府数据共享的法律基础，学界研究一般认为数据权属清晰是数据流转、共享的必要前提。就个人信息而言，信息标识指向的自然人是数据的产生者，而合法收集该等收据的机构是数据的加工者和使用者，因此个人信息的权利主体似乎应至少涉及该两方。而且，数据既与物理状态的动产不同，无法通过占有而独享；也与无形状态的知识产权相异，不体现独创性、显著性或新颖性的特征。因此，我们认同数据的资源价值，但对于其能否在既有法律范式下财产化和权益化，现阶段无论从理论上还是在立法中仍有待进一步探讨。就政府数据共享的法律基础而论，务实的做法是不从应然层面对数据权属进行定性，而是从现有立法和规范性文件中探寻数据共享的可行性。

欧盟 GDPR 对数据收集、使用、传输的主体界定为"控制者（controller）"，我国国家市场监督管理总局和国家标准化管理委员会在 2020 年 3 月 6 日联合发布的《信息安全技术 个人信息安全规范》（GB/T-35273-2020，下称"国标 35273"）紧跟欧盟口径，将个人信息收集者和使用者界定为"个人信息控制者"，并确定其内涵为"有能力决定个人信息处理目的、方式等的组织或个人"。上述规定的术语措辞清晰传递了一项信息：数据收集方或曰信息收集方有"控制"数据信息的权限和能力。如此一来，在上述规定的框架下，数据信息"控制者"与其他方共享数据在法律的层面上是可行的。需要注意的是，国标35273 只是行业规范，法律实务中不能将其作为正式法律渊源予以直接援引，因此对数据共享法律前提的确认还需进一步查验我国的相关立法。2017 年正式施行的《网络安全法》并没有"信息控制者"的概念，全篇以"网络运营者"为责任主体，并将之定义为"网络的所有者、管理者和网络服务提供者"。因为该法涵摄的是网络安全问题，故对具体的数据信息相关主体没有作出界定不足为奇。2021 年 9 月 1 日起施行的《数据安全法》更聚焦于数据问题。该法第一条开宗明义"促进数据开发利用"是其立法目的之一，另该法与《个人信息保护法》一样抛弃欧盟的数据控制概念，而以个人信息处理和数据代之。《数据安全法》第三条第二款将"数据处理"界定为"包括数据的收集、存储、使用、加工、传输、提供、公开等"活动。因此，政府数据共享作为数据流转的其中一个方面，其法律基础在中国至少是清晰明确的。

（三）政府数据共享机制的核心要素

如前所述，在我国法律框架下，《网络安全法》、国标 35273 为政府数据共享提供了较为明确的法律基础，但就政府数据共享本身而言尚缺乏统一制度化构建的专门立法，相关内容仍散见于各类行政法规、地方性法规、地方政府规章中。这从术语概念的措辞不统一即可见一斑：如国务院 2016 年 9 月颁行的《政务信息资源共享管理暂行办法》（下称"《国务院暂行办法》"），贵阳市人大常委会 2017 年 1 月通过、贵州省人大常委会 2017 年 3 月批准的《贵阳市政府数据共享开放条例》（下称"《贵阳市条例》"）以及广州市政府 2019 年 4 月颁布的《广州市政务信息共享管理规定》（下称"《广州市管理规定》"）。我们从以上这些较为典型的行政法规、地方性法规、地方政府规章中可基本拼接出我国政府数据共享机制的全景图和核心要素。

1. 主体

《国务院暂行办法》规定政务信息资源共享的主体是"政务

部门"[1]，而所谓"政务部门"是指"政府部门及法律法规授权具有行政职能的事业单位和社会组织"；《贵阳市条例》规定政府数据共享的主体是"行政机关"，同时规定"法律、法规授权具有公共管理职能的事业单位和社会组织"也参照执行该条例；《广州市管理规定》政务信息共享的主体是"政务部门"，即"指本市各级行政机关及法律法规授权或者受行政机关委托行使行政职能的事业单位和社会组织"，另外规定"中央国家机关、省直机关派驻本市的机关或者派出机构"以及"本市行政区域内与人民群众利益密切相关的教育、医疗卫生、计划生育、供水、供电、供气、供热、金融、电信、公共交通等公共企事业单位和社会团体"参与本市政务信息共享的，参照执行该管理规定。从上述几份文件的规定，可以归纳出政府数据共享的主体外延的三个层次：①当然外延，指必然被纳入政府数据共享机制约束范围的主体，即政府部门或行政机关；②主要外延，指理论上应被纳入政府数据共享机制约束范围的主体，即政府部门或行政机关以及法律法规授权组织；③扩展外延，指本非行政主体，但因承担公共管理职能或从事公共服务中需要与政府部门共享数据而被纳入政府共享机制约束范围的主体，即除政府部门或行政机关、法律法规授权组织以外的其他公共服务组织。上述的当然外延和主要外延与行政法理论中的行政主体外延相重合，未来的统一立法应明确将该等外延范围明确为政府数据共享的主体范围；而对于扩展外延，可设定在一定条件满足的情况下对之适用。

2. 客体

关于政府数据共享的客体，《国务院暂行办法》《贵阳市条

---

[1] 为行文方便，下文论及政府数据共享的主体时，我们以"政府"或"政务部门"来表述。

例》《广州市管理规定》三个规范性文件所规定的内容相对比较统一，主要呈现以下两个特点：其一，强调所共享的数据和信息资源是政府部门、行政机关或法律法规授权的机构在"履行职责过程中制作或获取的"，体现共享的数据信息与主体的职责相关，同时还明确了共享的数据信息源头是来自主体自身制作或来自履行职责时的相对方或其他方。其二，对政府数据共享客体进行了类型化处理，在"共享为原则，不共享为例外"原则的指导下，将客体划分为"无条件共享"、"有条件共享"和"不予共享"三类。同时明确了基本的分类标准：自然人基础信息、法人基础信息、自然资源和空间地理信息、电子证照信息等基础信息的基础信息项，属于无条件共享类；列入有条件共享类的，应当明确相关依据和共享条件；列入不予共享类的，须有明确的法律、行政法规依据或者党中央、国务院政策依据。

3. 目标和价值

政府数据共享的目标无疑着眼于政府治理或公共管理的效能，这一目标原则在三份规范性文件中都有体现，如《国务院暂行办法》旨在"增强政府公信力，提高行政效率，提升服务水平，充分发挥政务信息资源共享在深化改革、转变职能、创新管理中的重要作用"；《贵阳市条例》简洁明确地提出要"提高政府治理能力和服务水平"；《广州市管理规定》也把目标指向"促进政务信息有效利用，提高行政效能，提升社会管理和服务水平"。政府数据共享机制，体现的是算法权力延伸和扩张，其试图利用算法去弱化人的作用（或者说是减少人的干预），构建智能化的数据网络体系。然而数字化洪流虽猛，但其不乏正当性，其所至之处皆恩泽所及。政府数据共享机制的价值至少体现在以下两方面：其一是打破政府部门数据割据局面，打通数据孤岛，"提升政府的整体性和统一性"[1]，从而提高行政协同和政府效能；其二是在行政行为方面，特别是行政审批效率的大幅提升，节省行政相对人和利害关系人办理手续的时间成本，实现让数据多跑路，让群众少跑路。"以公积金项目为例，衢州市行政服务中心以数据汇集为核心目标，大力协调多个部门调用办理人的人口信息、婚姻登记信息、个人未履行生效判决信息、不动产信息、同户信息、社保信息、银行征信、国地税信息、人才信息等共享数据，达到办事无需提供证明的效果。"[2]

4. 法律责任

在法律责任规定方面，三份规范性文件则详略各异，侧重点也有所不同。《国务院暂行办法》并未明确规定分类责任，仅在第五章原则性地规定了数据共享的评价和报告制度以及监督、考核和审计工作。《贵阳市条例》则通过列举方式详细规定了须被责令限期改正，并在逾期不改的情况下由直接负责的主管人员和其他直接责任人员承担责任的 9 种行为。《广州市管理规定》也通过列举方式详细规定了须被限期整改的 8 种情形，同时还规定若构成犯罪的应依法追究刑事责任。值得一提的是，《广州市管理规定》还专章规定政府数据共享过程中的"当事人权益保障"问题，其中第 34 条第 1 款规定："由于共享政务信息不准确导致行政行为侵犯自然人、法人或其他组织的合法权益的，利害关系人有权依法申请行政复议、提起行政诉讼和申请国家赔偿"。《广州市管理规定》这一关于相对人、利害关系人因共享数据信息行政"致害"而获得救济的规定是鲜有的并值

〔1〕 皇甫鑫、丁沙沙："数据共享、系统性创新与地方政府效能提升——基于浙江省'最多跑一次改革'案例"，载《中共福建省委党校学报》2019 年第 4 期。

〔2〕 皇甫鑫、丁沙沙："数据共享、系统性创新与地方政府效能提升——基于浙江省'最多跑一次改革'案例"，载《中共福建省委党校学报》2019 年第 4 期。

得肯定的当事人权益保障机制安排。

### 三、政府共享数据准确性和完整性要求来自被遗忘权的挑战

政府共享数据之真实性、准确性和完整性是实现共享目标的基石和根本保障。真实性要求实质是要排除故意的"掺假"行为；而准确性和完整性要求则重在排除疏忽、懒政的过失行为和不作为，除此以外仍需要排除其他非人为因素或者说是政府数据共享机制外部的风险因素。因为这些因素存在于政府数据共享机制以外，往往不易被发现，从而成为影响这一机制运行的暗礁，是潜藏的巨大挑战。

如前文所论，重视当事人权益保障的《广州市管理规定》"创新性"地明确"失真"数据共享导致侵犯自然人、法人或其他组织的合法权益的，有关当事人可通过行政复议、行政诉讼或国家赔偿获得救济，但问题是，政府数据共享"失真"导致的数据接收方所作出的"不恰当"行政行为，可能是不具有强制力的行政行为，或者是对行政相对人、利害关系人不产生直接权利义务关系变动的行为，因此当事人可能无法通过行政诉讼、行政复议等方式进行救济或对行政行为进行"纠偏"，但这些行政行为又不排除其对行政相对人、利害关系人产生消极影响或负面社会评价的可能性，在此情况下作出该类行政行为的行政主体和传输"失真"数据的行政主体的责任是不明确的。

以被遗忘权为例，因个人信息主体行使被遗忘权而导致部分个人信息被数据控制者删除，倘若此数据信息所在的数据集被共享，则该共享的数据集所表征的情况可能是不完整、不准确的。而该不完整、不准确是由被遗忘权的行使导致的，而非是归因于政府部门的行政行为或公共管理机构的公共服务行为，因此在该等情况下因政府数据共享不完整、不准确而造成的消

极影响，则无从通过行政救济程序获得纠正，从而使政府数据
共享机制遭遇来自外部风险的侵蚀。

要考察被遗忘权对政府数据共享机制的影响，关键是分析
该两项制度是否存在客体重叠，由此判断两项制度的运行是否
会出现交集。上文已概括了中国政府数据共享机制的核心要素，
若将之与被遗忘权进行比较研究，需找寻现有的被遗忘权制度
作为比较样本。鉴于中国目前尚未在立法中确立被遗忘权制度，
因此需将目光投向域外。事实上，美国、欧盟及其他地方均不
乏与"被遗忘权"理念相关的立法和司法案例，但以"被遗忘
权"命名和作概念化表述的，以欧盟法院的裁判和欧盟立法最
为典型，故本文以欧盟的被遗忘权制度为样本展开比较研究。

（一）被遗忘权在欧洲被确立的过程

1. 欧盟法院裁判案例首次正式确立被遗忘权[1]

西班牙报纸《先锋报》在 1998 年 1 月和 3 月刊登了来自西
班牙劳动和社会事务部发布的拍卖公告，该拍卖的标的是该部
在追缴社会保障欠款过程中所扣押的系列房产。该等房产的其
中一项是冈萨雷斯和他妻子所有的房产。冈萨雷斯在其后与妻
子的离婚过程中把上述社保债务解决完毕。《先锋报》于 2009
年开始在网络线上发行，当冈萨雷斯在谷歌上搜索自己名字时，
出现的第一个搜索结果便是《先锋报》所列有关房产拍卖的
内容。

2009 年 11 月，冈萨雷斯联系《先锋报》要求删除线上报纸

---

[1] 本部分关于 Google Spain SL, Google Inc. v Agencia Española de Protección de Datos（AEPD）, Mario Costeja González 一案（下称"冈萨雷斯案"）的介绍，参见欧洲联盟法院网站，网址：http://curia. europa. eu/juris/document/document_print. jsf? doclang=EN&text=&pageIndex=0&part=1&mode=DOC&docid=152065&occ=first&dir=&cid=667631，访问时间：2019 年 12 月 1 日；同时参见 Michael L. Rustad, Sanna Kulevska: Reconceptualizing the Right to Be Forgotten to Enable Transatlantic Date Flow, 28 *Harvard Journal of Law & Technology*（2015）349, p. 364.

中与他有关的信息，他认为拍卖程序早已结束，这些不相关信息的存在对其社会声誉造成影响。《先锋报》回复称，该信息是依据劳动和社会事务部的命令合法发布的，故无权删除。2010年2月，冈萨雷斯要求谷歌西班牙公司删除其姓名被输入时谷歌所显示的关于《先锋报》当年拍卖公告的搜索结果链接。谷歌西班牙公司认为谷歌公司总部才是提供网络搜索服务的提供方，遂将该请求移交至美国总部处理。因谷歌公司并未根据冈萨雷斯要求删除信息，冈萨雷斯又于2010年3月投诉至西班牙数据保护局，要求《先锋报》删除当年拍卖公告的线上页面信息，同时要求谷歌西班牙公司或谷歌公司删除或隐藏与其有关的个人信息，使这些信息不再包含在搜索结果中且不再出现在《先锋报》的链接中。西班牙数据保护局于2010年7月驳回了冈萨雷斯要求《先锋报》删除网站源信息的诉求，但支持他要求谷歌西班牙公司和谷歌公司删除链接且确保无法通过搜索引擎搜索到该信息的诉请，认为搜索引擎运营者有义务在数据主体主张在数据储存和传输中可能损害数据主体基本权利和人的尊严时撤回该数据或禁止访问该特定数据。

谷歌西班牙公司和谷歌公司针对西班牙数据保护局的决定分别向西班牙国家高等法院提起诉讼。西班牙国家高等法院将两个诉讼合并审理，西班牙国家高等法院认为该案的判断关键在于对欧盟95/46/EC指令[1]的理解，遂西班牙国家高等法院将该案提交欧盟法院审理。2014年5月，欧盟法院作出裁决支

---

〔1〕 95/46/EC指令，即《个人数据保护指令》。这是欧洲议会和欧盟理事会于1995年通过的一项关于个人数据保护的指令，全称为"Directive 95/46/EC of the European Parliament and of the Council of 24 October 1995 on the protection of individuals with regard to the processing of personal data and on the free movement of such data"，下文将该指令简称为《个人数据保护指令》，该指令已被2018年5月25日起施行的GD-PR所替代。

持冈萨雷斯要求搜索引擎运营者删除网页链接及相关个人信息的诉求。欧盟法院认为，谷歌属于《个人数据保护指令》规定的数据控制者，对其处理的第三方发布的带有个人数据的网页信息负有数据控制者责任，对与处理的目的"不充分"、"不相关"或"不必要"的，或没有"保持最新"，或者"它们被储存的时间超过了必要的时间"的数据可能因不符合《个人数据保护指令》的处理原则而应被"删除"或"屏蔽"。进而，欧盟法院在本案中推断出当事人享有一种名为"被遗忘权"（right to be forgotten）的权利。

2. GDPR 对被遗忘权的规定

在立法上，早在 2012 年开始起草、2016 年 5 月 24 日正式发布并于 2018 年 5 月 25 日生效实施的欧盟 GDPR 就已经对"被遗忘权"这一权利进行了详细规定。GDPR 第 17 条"擦除权（'被遗忘权'）"规定："数据主体有权要求控制者擦除关于其个人数据的权利"。当"个人数据对于实现其被收集或处理的相关目的不再必要"、"数据主体撤回同意"、"已经存在非法的个人数据处理"时，或者当数据主体反对基于营销而处理个人数据时，"数据控制者有责任及时擦除个人数据"。有学者认为，欧盟法院对冈萨雷斯案的裁决，可以说是对当时尚未生效的 GDPR 的预先执行。[1]

值得注意的是，GDPR 的 2012 年草案与 2016 年颁行稿对"被遗忘权"表述方式的不同。前者第 17 条的"被遗忘权"表

---

〔1〕 参见丁晓东："被遗忘权的基本原理与场景化界定"，载《清华法学》2018 年第 6 期；另参见 GDPR 第 17 条"Right to erasure（'right to be forgotten'）"的规定。

述为 Right to be forgotten and to erasure[1]，而后者将其修改为
Right to erasure（'right to be forgotten'）。这一细微修改，反映
了一个理念：被遗忘权和删除权并非两项互相独立的权利，在
GDPR 颁行稿中"被遗忘权"以括号形式作为"删除权"的注
脚，我们认为这一方面是回应冈萨雷斯案中社会公众对不合时
宜的数据信息"被遗忘"的期待，另一方面明确（信息）"删
除"才是该等权利的具体义务指向。同时也有学者进一步指出，
"第17条第1款规定的权利核心，仍然以传统的删除权为基础，
被遗忘权的新内容更多体现在第17条第2款的内容上，即数据
控制者不仅要删除自己所掌握的数据，还需要对其传播、公开
的数据负责，要通知第三方停止利用、删除从数据控制者处获
得的用户数据。这一规定是对传统删除权的扩张"。[2]

（二）政府数据共享客体与被遗忘权客体重叠之事实与规范
推演

从上述欧盟法院裁决与 GDPR 的规定可见，被遗忘权的客
体与我国政府数据共享机制的客体存在重叠。我们尝试从以下
四个方面，分事实（实然）与规范（应然）两个层次推演、证
明上述判断。

1. 被遗忘权指向的客体是个人信息，政府共享数据也包含
个人信息

根据 GDPR 的定义，"'个人数据'指的是任何已识别或可

---

〔1〕 GDPR 的 2012 年草案，参见 Proposal for a REGULATION OF THE EUROPE-
AN PARLIAMENT AND OF THE COUNCIL on the Protection of Individuals with Regard to
the Processing of Personal Data and on the Free Movement of Such Data（General Data Pro-
tection Regulation），网址：https://ec. europa. eu/transparency/regdoc/rep/1/2012/
EN/1-2012-11-EN-F1-1. Pdf，访问时间：2019 年 12 月 2 日。

〔2〕 李媛："被遗忘权之反思与建构"，载《华东政法大学学报》2019 年第 2
期。

识别的自然人（'数据主体'）相关的信息"；中国《网络安全法》也以概括加列举的方式界定"个人信息"的内涵和外延："个人信息，是指以电子或者其他方式记录的能够单独或者与其他信息结合识别自然人个人身份的各种信息，包括但不限于自然人的姓名、出生日期、身份证件号码、个人生物识别信息、住址、电话号码等"。从上述欧盟和中国的定义看出，个人信息的最核心特征是可以"识别"，即可与具体自然人个体相关联。那么政务部门间共享的数据是否包含个人信息呢？这需重新回到国务院及地方的三份规范性文件进行查核。《国务院暂行办法》第 10 条第 2 项明确"人口信息"属于无条件共享信息，此处规定的"人口信息"似属于集合概念，能否与指向自然人个体的个人信息等同尚存疑问。《广州市管理规定》第 10 条第 2款将国务院规定的属于无条件共享的"人口信息"修订为"自然人基础信息"。从颁布时间来看，《国务院暂行规定》在前，《广州市管理规定》在后；从性质上看，前者是行政法规，后者是地方规章。故《国务院暂行办法》不可能被《广州市管理规定》所否定，后者与前者表述措辞的不一致，只能是后者对前者作出的更详细的解释。由此可见，中国政务部门间共享的数据应包含具体的自然人个体信息。

但仍有疑问的是，根据中国《网络安全法》第 42 条的规定，"未经被收集者同意，不得向他人提供个人信息。但是，经过处理无法识别特定个人且不能复原的除外"，这是否意味着：政府共享的自然人基础信息，要么须在共享前经过该信息提供者的同意，要么须对其进行匿名化处理使其无法识别且无法复原？关于该问题，前一种情况，鉴于政府所控制的个人信息浩如烟海，要在共享前征得信息提供者同意在现实中是不可能做到的；而后一种情况，匿名化虽耗费成本，但与征得同意的工作量相比，看似更为理性和经济。然而结合政府数据共享的目标加以分析，共享前作匿名化处理的做法也是不现实的：数据共享旨在提高行政效能，匿名化后的数据无法复原，即无法再指向具体自然人，这对于数据接收方而言则意味着在其提供公共服务过程中需利用共享获得的自然人信息的，需要再向该等个人收集信息，这明显与数据共享的初衷和目标相违背。《国务院暂行办法》第 12 条、《贵阳市条例》第 16 条、《广州市管理规定》第 32 条均明确规定能够通过政务信息共享获取的政务信息，政务部门不得要求当事人重复提供。因此，对共享数据中的个人信息进行匿名化处理不存在可行性。如此一来，难道政府数据共享可不遵守《网络安全法》规定，共享数据既不需经事先同意也不需对数据进行匿名化处理？对此，需再考察《网络安全法》第 42 条规制的对象。该条规定前面部分的内容是"网络运营者不得泄露、篡改、毁损其收集的个人信息"，所以综合来看，该条款规制的是两项内容，其一是禁止对所收集的个人信息作泄露、篡改和毁损；其二是设定其所收集的个人信息的对外共享转让的条件。该两项内容的行为主体均为"网络运营者"。而根据《网络安全法》第 76 条的定义，"网络运营者，是指网络的所有者、管理者和网络服务提供者"。作为政府数据共享机制主体的政务部门，并不必然是网络所有者、管理者或网络服务提供者，故当政府数据共享主体非为网络运营者的情况下，政府数据共享不必然受《网络安全法》第 42 条的约束。但政务部门因公共利益和履行公共管理职责的需要而共享数据的合法基础是什么，《网络安全法》并没有明确规定，这诚然是《网络安全法》的遗憾。国标 35273 弥补了这个漏洞，其在第 9.5 明确规定：个人信息控制者在履行法律法规规定的义务相关，或与国家安全、国防安全、公共安全、公共卫生、重大公共利益直接相关的情况下共享、转让个人信息无需经过个人信息主体的事先同意。

**2. 被遗忘权的请求权对象包括作为数据控制者的政务部门**

被遗忘权，是个人信息主体基于其对个人信息的法定权益而向有关主体要求为一定行为的主张，倘以传统民法理论检视之，其应属于请求权一类。究其本质，请求权在民事权利谱系中应找不到其位置，其更像是一种基于某项具体权利的权能。我国台湾地区民法学者王泽鉴教授认为，"请求权乃要求特定人为特定行为（作为，不作为）的权利……请求权系由基础权利而发生……请求权乃权利的表现，而非与权利同属一物"。[1]被遗忘权的内容与请求权的这个定义和特征是匹配的，其行使非由权利人自身可以完成，而需依赖于其他主体的行为。而根据 GDPR 对被遗忘权的定义，这一法律规定为权利人实现权利的主体是数据控制者。需进一步探明的是数据控制者的外延范围，数据控制者仅限于出于商业目的控制个人信息的个人或机构吗？答案是否定的，GDPR 对"数据控制者"的定义中，明确列举了"公共机构（public authority）"、"专门机构（agency）"等可作为数据控制者。此处的"公共机构"和"专门机构"，GDPR 并未对其进行定义，我们按通常的理解可认为其与政府数据共享机制中的政务部门存在交集。但鉴于中英文语义和应用语境的差异，这一理解和推断是不充分的。谨慎起见，需找到"公共机构"等术语在欧盟语境下的官方定义。欧盟数据保护委员会（EDPB）于 2020 年 2 月 24 日发布了关于 GDPR《第 46（2）（a）和第 46（3）（b）关于欧洲经济区与非欧洲经济区公共机构间个人数据流转指南》（下称《指南》）向公众公开征求意见。该《指南》对"公共机构（public authority or body）"进行了阐明，"GDPR 并未界定什么是'公共机构'。EDPB 认为这个概念足够广泛，包括第三国的公共机构和国际组

---

[1] 王泽鉴：《民法总则》，中国政法大学出版社 2001 年版，第 92 页。

织。关于第三国的公共机构，该概念应根据有关国家的国内法确定。因此，公共机构包括各级政府机构（例如国家、地区和地方机构），但也包括受公法管辖的其他机构（例如执行机构）"。[1] 同时，《指南》还明确规定了数据在国际公共机构间流转时个人信息主体行使"删除权（the right to erasure）"的规则。[2] 由此可见，在欧盟 GDPR 及其相关指南的框架下，被遗忘权可以在公共领域适用，即该请求权对象包括政府机构或其他受公法管辖的机构。这意味着政府控制的可共享的某些个人信息数据可能即为政府依法律规定需根据个人信息主体的权利主张而要删除的个人信息数据。

3. 被遗忘权的限定条件并不必然排斥政府数据

被遗忘权制度的目的在于保护个人信息主体权利，但为了确保利益平衡，个人信息主体要求删除所有已被收集的个人信息的主张不被法律允许。欧盟法院在冈萨雷斯案中将被遗忘权行使的条件限制在数据处理不再"必要"或者"它们被储存的时间超过了必要的时间"等条件下；GDPR 第 17 条第 1 款规定了 6 项被遗忘权可以行使的情形，其中第 1 项是与数据收集处理目的不再"必要相关"，第 5 项规定的是删除数据是为了履行所在国法律规定的义务，除此以外，其规定的第 2、3、4、6 项

---

〔1〕 EDPB：Guidelines 2/2020 on articles 46（2）（a）and 46（3）（b）of Regulation 2016/679 for transfers of personal data between EEA and non-EEA public authorities and bodies, 1. 3 Definition of a public authority or body, website：https：//edpb. europa. eu/sites/edpb/files/consultation/edpb_guidelines_202002_art46guidelines_internationaltransferspublicbodies_v1. pdf, visit on June 28, 2020.

〔2〕 EDPB：Guidelines 2/2020 on articles 46（2）（a）and 46（3）（b）of Regulation 2016/679 for transfers of personal data between EEA and non-EEA public authorities and bodies, 2. 4. 2 Rights of access, to rectification, erasure, restriction of processing and to object, website：https：//edpb. europa. eu/sites/edpb/files/consultation/edpb_guidelines_202002_art46guidelines_internationaltransferspublicbodies_v1. pdf, visit on June 28, 2020.

均为数据使用失去合法基础的情形。在上述限定条件中，失去合法基础的数据信息不应存在于政府控制的数据中，履行法律规定的义务而删除数据也不应违反法律的要求而继续留存，唯需讨论的是与处理目的不再"必要相关"或超过"必要"储存时间的情形是否必然排斥政府数据。这需要考察此"非必要"是否存在一个时间维度的判定标准。关于数据留存时间，GDPR没有具体规定，中国的《网络安全法》第 21 条则有规定网络运营者应按规定留存相关的网络日志不少于 6 个月。但该规制的对象是网络运营者，非拥有、管理网络的政务部门被排除在外。与政务部门直接相关的数据留存时间之规制，散见于部分专门立法和部门规范性文件中，如《反恐怖主义法》规定重点目标管理单位采集的视频图像信息保存期限不得少于 90 日；又如交通运输部办公厅颁发的《网络预约出租汽车监管信息交互平台运行管理办法》规定网约车监管信息交互平台所接收的运营信息数据在线保存期限不少于 6 个月。由此可见，对于政务部门所控制的个人信息保存时间并无统一规定，而对于"非必要"时间也不存在明确的立法标准，这需留待在司法过程中由权利主体举证证明并由司法机构作出认定。因此完全有可能出现的情况是：在被遗忘权制度中，按个人信息主体一般判断已超出"必要"保存时间而需被删除的个人信息，但其并没有超过法律或其他规范性文件规定的政务部门数据储存时间，即某项需要被共享的个人信息被合法地储存于政务部门内部但却因个人信息主体主张"非必要"而要求被删除。所以，被遗忘权行使的"非必要"条件并不能排除合法储存的政府共享数据成为被遗忘权的客体。

4. 被遗忘权与政府数据共享的理论张力决定了客体重叠的高度概然性

上文以欧盟司法和立法中确立的被遗忘权为例，分析了事实层面上现有被遗忘权制度的客体与政府数据共享客体的重叠。鉴于欧盟的被遗忘权制度只是众多立法例和司法判例中的典型之一，且基于"是"与"应该"的不可通约性[1]，仅从事实层面考察是不足的。故下文将通过分析被遗忘权和政府数据共享两项制度应然层面的理论张力，从而进一步揭示两者客体重叠的高度概然性。

　　学理上，被遗忘权的基础权利是个人信息权，而个人信息权往往被学者定性为一项独立的民事权利。[2] 但也有观点认为，"被遗忘权并不是什么新鲜事，它不过是一项源于既有的关于数据最小化保护原则的权益。"[3]。所以在被遗忘权的权利属性仍存有争议的情况下，如将之归为被法律保护的法益，可避免数据主体因法律没有明确的"被遗忘权"规定而失去救济的窘境。一方面，无论被遗忘权是被定性为"权利"、"权能"还是"法益"，被遗忘权所指向的隐私或者人格利益，在其发端之地——欧洲，是将之置于基本人权的高度进行保护的。1983 年德国联邦法院在人口普查案中确立一项原则："自动化数据处理对数据的整合可以产生部分或者相当完整的'人格图像'，此时不存在不重要的个人数据，进而认为个人应该具有控制所有个

---

　　〔1〕 "是'与'应该"的不可通约问题由 18 世纪英国哲学家大卫·休谟提出，他认为"人类理性（或研究）的一切对象可以自然地分为两种，就是观念的关系（Relations of Ideas）和实际的事情（Matter of Facts）……这种关系的知识在任何例证下都不是由先验的推论得来的"，就如依过去经验太阳总是从东边，但不必然推出太阳明天必然从东边升起。参见［英］休谟：《人类理解研究》，关文运译，商务印书馆 1957 年版，第 26~28 页。

　　〔2〕 参见杨立新、韩煦："被遗忘权的中国本土化及法律适用"，载《法律适用》2015 年第 2 期；杨立新："个人信息：法益抑或民事权利——对《民法总则》第 111 条规定的'个人信息'之解读"，载《法学论坛》2018 年第 1 期。

　　〔3〕 Bernal, P. A., A Right to Delete?, *European Journal of Law and Technology*, Vol. 2, No. 2, 2011, p. 2. website: http: //ejlt. org/article/view/75/147, date of visit: Dec. 5, 2019.

人信息的可能性"[1]，此即为经典的"个人信息自决"理论的原型。个人信息自决理论的"基本前提是：所有与'你'有关的信息都是'你的'特别宝贵的'隐私'，所以你应该独占性地'拥有'或者'控制'这些个人信息"[2]。为此，被遗忘权在欧洲自其构建之初即把"个人信息自决"原则奉为圭臬，可以说这一价值原则是被遗忘权的基因。

另一方面，被遗忘权构建之目的在于抵制数字强权，解构数字化世界，从而避免自然人个体在大数据时代被进一步异化，这实质是人的主体性"救赎"。通过进一步探源，我们可以发现，被遗忘权的抗争之路是从抵制记忆开始的。从心理学角度看，留下最深刻"烙印"的往往是痛苦的记忆。如尼采所言，"人烙刻了某种东西，使之停留在记忆里：只有不断引起疼痛的东西才不会被忘记……每当人们认为有必要留下记忆的时候，就会发生流血、酷刑和牺牲；那最恐怖的牺牲和祭品（诸如牺牲头生子），那最可怕的截肢（例如阉割），那些所有宗教礼仪中最残酷的仪式（所有的宗教归根结底都是残酷的体系），——所有这一切都起源于那个本能，它揭示了疼痛是维持记忆力的最强有力的手段"[3]。统治阶层利用这一可怕的记忆构建权力体系，承载可怕记忆的工具就是惩罚，便是酷刑。福柯曾言道，"至上权力将惩罚权力视为君主的个人权力"，[4] 社会改革的目标是"使对非法活动的惩罚和镇压变成一种有规则的功能，与

---

〔1〕 刘金瑞：《个人信息与权利配置：个人信息自决权的反思和出路》，法律出版社 2017 年版，第 102 页。

〔2〕 刘金瑞：《个人信息与权利配置：个人信息自决权的反思和出路》，法律出版社 2017 年版，第 64 页。

〔3〕 ［德］尼采：《论道德的谱系》，周红译，生活·读书·新知三联书店 1992 年版，第 41~42 页。

〔4〕 ［法］米歇尔·福柯：《规训与惩罚：监狱的诞生》，刘北成、杨远婴译，生活·读书·新知三联书店 1999 年版，第 89 页。

社会同步发展；不是要惩罚得更少些，而是要惩罚得更有效些；
活血应减轻惩罚的严酷性，但目的在于使惩罚更具有普遍性和
必要性；使惩罚权力更深入地嵌入社会本身"[1]。如此一来，
通过惩罚-记忆-规训的不断循环和叠加，社会权力层级构建完
成。在大数据时代，人类行为被高度数字化，人们置身于无所
不在的监控之中，这种大庭广众之下的"赤身裸体"是一种不
亚于酷刑惩罚的痛苦记忆。而借此惩罚和记忆管控人们的是掌
握算法权力的大型机构。所以，被遗忘权因此被赋予了抵抗算
法权力、抵制数字强权的意义和功能。

　　反观政府数据共享，其最根本的价值内核是效用，对外呈
现的是对算法权力的极致崇拜。"效用"一词蕴含着一种功利主
义（utilitarianism）的立场，功利主义"把'功利'或'最大幸
福原理'当作道德基础的信条主张，行为的对错，与它们增进
幸福或造成不幸的倾向成正比"[2]。不仅如此，功利主义者还
试图论证"功利"与"正义"的关系，认为正义是关于义务和
人类根本利益的结合，从这个方面说，正义代表着利益，即代
表着效用。[3] 据此，效用价值和算法权力在政府数据共享中的
诉求扩张至少体现在两方面：其一是"有益的"，即政府数据共
享在增进社会福利方面是有益的；其二，政府数据共享是"正
确的"，即共享行为本身没有违反法律规定的义务，且在伦理上
是"正义"的。这在医疗数据共享方面体现得较为突出，医疗
数据共享有助于解决健康不平等问题，"这使得数据共享成为一

---

〔1〕 ［法］米歇尔·福柯：《规训与惩罚：监狱的诞生》，刘北成、杨远婴译，
生活·读书·新知三联书店1999年版，第91页。

〔2〕 ［英］约翰·穆勒：《功利主义》，徐大建译，上海人民出版社2008年版，
第7页。

〔3〕 参见［英］约翰·穆勒：《功利主义》，徐大建译，上海人民出版社2008
年版，第44~65页。

种伦理命令（ethical imperative）……因此反对和阻挠数据共享的一切行动都是得不到辩护的，因而是错误的或不符合伦理的"[1]。这使得基于大数据的算法权力扩张获得了道义论上的证据支持。

从上述"个人信息自决"理论和"惩罚-记忆-规训-抵抗"框架阐发的被遗忘权制度来看，其制度内核在应然层面要求对可被"遗忘"（删除）的信息数据范围尽可能不作限缩，以保障自决在最大限度上的实现和对所有引起恐惧、不安的信息、痕迹的彻底清理；而功利主义原则下的政府数据共享当然期望数据信息越多越好，体现在上文提及的我国关于政府数据共享的规范性文件均规定政府数据共享以"共享为原则，不共享为例外"。因此，被遗忘权和政府数据共享在理论基础上出现价值背离：前者着力于微观的"我"的终局控制，而后者着力于追寻宏观环境的福利。这一理论张力反倒促使两项制度所指向的客体范围均呈现不断对外扩张的态势，如此一来两项制度的客体重合将会是高度概然的。而被遗忘权制度所蕴含的"我"的决断是刚性的，当其与政府数据共享机制相遇时，其对后者所追寻的宏观环境福利而言往往是一个不可忽视的破坏性力量。

（三）一个可能的场景

就被遗忘权与政府数据共享的冲突问题，目前国内外尚未出现有关司法案例，这或许与两项制度发展时间较短有关。为了更直观展示被遗忘权对政府数据共享机制的挑战，我们作一假设，将西班牙的冈萨雷斯案进行改编如下。

假定"冈萨雷斯"当年欠缴社保费是因为他过往的一段失业经历，该情况被当地政府社保部门记录储存。当地政府社保

---

[1] 雷瑞鹏、邱仁宗："数据共享是道德律令"，载《自然辩证法研究》2018年第1期。

部门通过数据共享平台将当地居民的社保记录数据共享给教育部门，为教育部门准备实施的以算法评估各社区低收入家庭状况计划提供数据基础。该计划将用于协助政府作出有关新建学校的有限公共经费应投放于哪一社区的决策。

在教育部门实施算法评估计划前，"冈萨雷斯"在线查询社保缴纳记录时发现系统仍记录着他的欠缴和失业经历，他担心这一记录若被其他方知悉会降低其社会评价，故其依据 GDPR第 17 条关于"个人数据对于实现其被收集或处理的相关目的不再必要"时"数据主体有权要求控制者擦除关于其个人数据的权利"的规定，要求社保部门和教育部门将其欠缴社保和失业经历的数据删除。因为"冈萨雷斯"的过往欠费和失业数据被删除，所以教育部门的算法评估计划因数据被修改而呈现出不同的结果，从而导致实际上低收入家庭较集中的"冈萨雷斯"所居住的社区未能获得政府教育经费的资助。

一方面，上述假定场景反映了"被遗忘权"的行使对数据共享的负面影响。个人信息主体认为"不再必要"、不合时宜的数据，对于数据共享各方，特别是政府等公共服务机构而言可能未必是"不必要"的，个别数据的缺失对数据控制者利用算法使用数据的过程可能产生近似"蝴蝶效应"的影响；另一方面，上述假定场景还反映了数据共享对数据主体及其相关人士的影响。上例中的"冈萨雷斯"行使"被遗忘权"，在某些方面（如对其个人的社会评价）上是有积极意义，但当该等"不完整"的数据被共享以后，不排除会产生"误伤"自己的消极后果，如上例中其所在社区失去政府经费的支持，这同时也影响到与自己相关的在同一社区居住的其他人。

中国未来立法可能会引入被遗忘权制度，如何避免上述这一冲突场景，确保新构建的被遗忘权制度与现有的政府数据共享机制匹配运行，下文将作进一步探讨。

**四、清障之路：政府数据共享机制与中国版被遗忘权匹配运行之可能**

（一）中国构建被遗忘权的土壤

1. 中国"被遗忘权"第一案

2015 年 2 月，任某某在百度公司的网站上发现"陶氏教育任某某"、"无锡陶氏教育任某某"等字样的内容和链接。由于陶氏教育在外界颇受争议，任某某遂以侵害姓名权和名誉权为由，多次请求百度公司删除相关信息，但后者未予配合。于是，任某某将百度公司起诉到北京市海淀区人民法院，主张姓名权和名誉权侵权以及所谓的"被遗忘权"，请求删除通过"任某某"搜索到的与"陶氏"相关的 6 个关键词的搜索结果链接。一审和二审法院均认为，百度并未盗用或冒用"任某某"的姓名，案涉检索词不存在侮辱和诽谤情形，另我国现行法律中并无"被遗忘权"这一权利类型，通过一般人格权保护"被遗忘权"，必须证明"被遗忘权"中存在正当、具有保护必要性的人格利益，因此驳回了原告任某某的诉讼请求。[1]

我们认为，上述案例的原告败诉，并不意味着被遗忘权在中国构建的失败。鉴于大陆法系法官不能"造法"[2]，司法具有天然保守特质等原因，当一项权利在法律规范没有明确授权依据的情况下，法官对这一"权利"诉求的态度是谨慎的。所以，如果该案原告不大张旗鼓地"呐喊"被遗忘权，而通过其他路径和诉由寻求救济，或许该案的最终结果是另一种呈现。

2.《信息安全技术 个人信息安全规范》（GB/T-35273-2020）

国标 35273 分别在第 6.1 条、第 6.4 条、第 8.3 条、第 8.5

---

条规定个人信息主体在四个场景下有权要求个人信息控制者"删除"有关个人信息。它与 GDPR 所规定的被遗忘权相比，整体上的区别主要体现在要求"删除"的门槛较高，且未将"删除"后果延伸至其他第三方的数据控制者。从规定的完备性来看，国标 35273 可谓初具中国版"被遗忘权"的雏形，但鉴于其仅仅是国家标准，而非法律的正式渊源，个人信息主体不能在司法中单独直接援引之以主张权利。

3.《网络安全法》

2017 年 6 月 1 日实施的《网络安全法》第 43 条明确规定："个人发现网络运营者违反法律、行政法规的规定或者双方的约定收集、使用其个人信息的，有权要求网络运营者删除其个人信息；发现网络运营者收集、存储的其个人信息有错误的，有权要求网络运营者予以更正。网络运营者应当采取措施予以删除或者更正。"该条规定是我国正式法律渊源中首次出现关于对个人信息要求"删除"的权利，但该"删除"与被遗忘权制度理论所诉求的数据信息删除范围相去甚远，该条规定仅以"违反法律、行政法规的规定或者双方的约定"作为主张"删除"的前提条件。

4.《民法典》

万众期待的《民法典》终于在 2020 年 5 月经全国人民代表大会审议通过，并于 2021 年 1 月 1 日实施，其沿袭《民法总则》的思路将"个人信息保护"与"隐私权"并举，立法目的是把个人信息权益定位为与一般人格权并列的其他民事权益。虽然对于这一规定能否视为"个人信息权"的正式确立学界仍存在不少争论，但抛开权利的学理研究而从立法技术角度观之，我们认为不必纠结于《民法典》中是否存在"个人信息权"的表述，从其在人格权篇第六章分别设置"隐私权"和"个人信息保护"的条款可以看出，个人信息保护已从隐私权中被剥离出来而成为一项独立的权益主张。

另外,《民法典》第 1037 条第 2 款规定,"自然人发现信息处理者违反法律、行政法规的规定或者双方的约定处理其个人信息的,有权请求信息处理者及时删除"。这关于"删除"权的规定基本复述了《网络安全法》的条款,但有两个细节需要注意:其一,《民法典》把《网络安全法》规定的"删除"义务主体从"网络运营者"修改为"信息处理者",即主体不再限于商业机构,言下之意是只要政务部门是"信息处理者"也须承担"删除"义务;其二,"信息处理者"的术语容易引起歧义。在 GDPR 的概念体系中,其将控制和处理数据作了区分:数据控制者指有权决定个人数据使用目的和方式的个人机构,而数据处理者则是接受数据控制者委托为其处理个人数据的个人或机构。若《民法典》中的"信息处理者"与 GDPR 中的"数据处理者"同义,则相当于对"删除"义务主体作了限缩。但从《民法典》第 1035 条第 2 款关于"个人信息的处理"的界定包括"个人信息的收集、存储、使用、加工、传输、提供、公开等"的规定可以看出,《民法典》的"个人信息处理者"似与 GDPR 的"数据控制者"之内涵更为相近。

5.《个人信息保护法》

2021 年 11 月 1 日施行的《个人信息保护法》第四十七条规定特定情形下个人有权要求个人信息处理者删除其个人信息。这与 GDPR 所规定的被遗忘权有一定相似之处,但具体的被遗忘权制度是否在我国个人信息保护法正式确立,则有待后续立法配套或司法解释、司法实践对之予以丰富。

6. 展望

根据以上梳理,我们推测中国在将来相关立法配套中正式确立"被遗忘权"制度的可能性较大。这一判断主要基于中国关于大数据相关产业立法价值取向的认识。该领域的立法在域外主要有美国模式和欧盟模式。普遍认为，美国重视产业发展，所以立法价值在于鼓励数据的合法使用，保障数据控制者的利益；而欧盟基于其严格的隐私保护传统，所以立法上倾向限制数据控制者权利，优先保护个人数据者的权益，所以欧盟的"被遗忘权"对数据控制者的约束标准最为严苛。我们认为，对欧美两种模式的比较不能简单归结为隐私和产业两者的冲突，难道美国就不重视隐私立法吗？实质上，制约美国被遗忘权立法的不是产业本身而是其宪法第一修正案所蕴含的"新闻言论自由"价值。如果将中国置于欧美的比较中，可见中国的被遗忘权立法将是高于美国标准而低于欧盟标准的居中位置。在互联网大数据领域内，欧盟的立法价值倾向"隐私保护"，美国的立法价值倾向"自由"保护，而中国的立法价值倾向"安全"保护，从我国《民法典》把个人信息保护与隐私权保护相区分即可窥见一斑。所以我们展望：中国因为没有严格的隐私保护传统，所以不会照搬欧盟被遗忘权立法模式，同时也不会仅仅为了鼓励互联网和大数据产业发展而放弃被遗忘权立法，这与"网络和信息安全"的价值取向不符，中国的被遗忘权立法将以"安全"为原则和调整阀，以此平衡个人信息主体、个人信息控制者（或《民法典》和《个人信息保护法》所表述的"个人信息处理者"）和社会公众之间的利益。

除了上述利益平衡考量以外，鉴于被遗忘权制度先天对数据共享的破坏基因和消极影响，故在中国构建被遗忘权制度需对其进行"基因"、功能和结构等方面的重塑；同时为使两项制度匹配运行，优化现有的政府数据共享制度也存在必要。

（二）重塑构建中的中国版被遗忘权

1. 价值"基因"调整

经典的被遗忘权制度起源自欧洲，其价值内核是"个人信息自决"，体现数据主体个人的完全控制力。但这一价值主张并非毫无疑问，有研究者就指出这里可能存在的两大悖论："一是人们似乎很珍视自己的隐私和个人信息，但同时似乎对它们并不在乎，原因在于人们有着与他人交流和分享信息的需要；二是并非所有的个人信息都可以被信息主体所'拥有'或者'控制'，如大量的、可供公众开放查询的政府记录或者公共记录、通过聚合和分析个人现实生活信息和个人网络在线信息而在所收集的个人信息之外所产生的新的有关于个人的信息"[1]。因此，被遗忘权在这一价值驱使下在数字化世界"所向披靡"，在客观上产生影响甚至破坏政府数据共享的效果。但同时因为其内在悖论，被遗忘权的根基在不自觉中动摇：控制能否实现主体救赎？主张被遗忘的信息是否在其控制之下？

为此，当下在中国构建被遗忘权制度，价值内核的澄清和调整是首要的。我们认为，结合中国大数据和人工智能相关产业的立法取向，以"安全"价值作为基石原则，调整被遗忘权的"个人信息自决"价值内核，将有利于被遗忘权的本土化及其与政府数据共享机制的契合。主要理由如下：

第一，安全价值符合中国文化。中国传统崇尚忧患意识，"安而不忘危，存而不忘亡，治而不忘乱"[2]，"人无远虑必有近忧"[3]均是古代先贤对君王的警言。诚然，此处所言及的忧患和安全是国家治理层面的，彼时语境下未必反映对普通百姓个体安全的关切。但从家国一体、天人同构的文化视角观之，只有天下已定、家国一统、社会稳定，方有"我"之主体安全。具体至被遗忘权构建的内核而言，从外而内的安全原则渗透比由内而外的"个人自决"主体觉醒，更能迎合中国人的价值

---

〔1〕 刘金瑞：《个人信息与权利配置：个人信息自决权的反思和出路》，法律出版社 2017 年版，第 64 页。

〔2〕《周易系辞下》。

〔3〕《论语·卫灵公》。

传统。

第二，以"安全"作为被遗忘权的触发标准相对更客观，利益亦更趋平衡。在欧盟法律框架下被遗忘权的触发条件，除了违反法律规定或违背在收集环节数据主体的同意等情形以外，在"个人信息自决"价值的主导下，主要体现为个人信息继续存在的"非必要"性。然而何种情形属于"非必要"，仅取决于数据主体的主观判断，如此情形下将导致被遗忘权被滥用，进而损害数据控制者、其他利益相关方以及社会公众的利益。而以"安全"标准替代"个人自决的非必要"标准，将使被遗忘权的触发条件置于一个数据主体个体安全、相关方安全和公共安全的多维度考虑，标准更趋客观化且兼顾了多元利益。

第三，安全价值可以统摄被遗忘权和政府数据共享。政府数据共享的效用价值内核与安全价值是共融的，若因数据共享出现安全风险，其效用价值自然减损，故安全是效用价值考量的其中一个维度。因此，通过安全价值驱动的被遗忘权，可以降低其个人信息自决的独断性，从而塑造了被遗忘权嵌入政府数据共享机制的可行性路径。具体而言，当安全相关的条件触发，数据主体可以主张并行使被遗忘权，同时政府数据共享也应调用安全检查预警对相应数据进行处理，由此被遗忘权和数据共享从冲突走向同频。

2. 功能调整

被遗忘权的功能旨在瓦解数据共享的基础，反映的是数据主体对算法权力、数据强权的抵抗。然而，数据主体所抵抗的算法权力和数据强权，实质上是经济强权或商业霸权，体现的是一种经济上的垄断利益。个体权利和商业巨头垄断利益之间的冲突是容易理解的；而个体权利诉求与公共服务机构的服务型公权力（而非管理型公权力）扩张之间的矛盾则让人意外，因为服务型公权力的行使目的在于自身行政效能的提升从而增进公共福利，而非对私人领域的干预和管束。政府数据共享恰恰是服务型公权力的运行机制，因此高举被遗忘权来反对一切掌握算法机构的数据权力，在消解数据经济垄断的同时不可避免地使破坏力蔓延至公共服务领域，导致政府数据共享的基础被动摇。我们认为，被遗忘权在数字化世界中的主体性"救赎"和个体权利抗争方面的努力虽应该被理解和认同，但应避免权利诉求"误伤"社会福利和公共利益。因此有必要调整被遗忘权的功能，将之细分为商业领域和公共领域两个场景中的应用。

一方面，在商业领域，面对日益扩张的互联网商业帝国，被遗忘权开拓了一项有效的个人权利救济路径。值得注意的是，被遗忘权是一种事后救济而非事前预防措施。在"个人信息自决"模式下，"同意"原则是在个人信息收集环节的控制措施，即从源头上防止个人信息被非法利用。然而，个人在面临算法应用时是无从预知和理解算法如何处理他或她所提供的数据信息的，这是算法黑箱的"透明度谬论（transparency falla-cy）"[1]困局。因此，仅通过"同意"原则让数据主体进行自决，无疑增加了数据主体的负担，此时作为用户的数据主体只有两个选项：要么为了享用产品或服务而"闭眼"同意，要么不同意而弃用产品或服务。可见，被遗忘权在商业领域是对个人信息保护"同意"机制的有效补充，即在前端控制低效甚至失效的情况下，通过被遗忘权的后端控制删除、阻断事前已被收集且进入流通领域的个人信息。

---

〔1〕 See, Lilian Edwards, Michael Veale: Slave to the Algorithm? Why a 'Right to an Explanation' is Probably Not the Remedy You are Looking For, 16 Duke Law & Technology Review 14（2017），p. 43, pp. 65~67. 该文作者认为，主张对算法进行解释等要求透明度的个人权利，事实上给个人带来巨大的负担，因为大多数人的时间贫乏、资源贫乏而且缺乏必要的专业知识，从而使得这些个人权利无法发挥有意义的作用，从而陷入"透明度谬论"。

另一方面，公共领域的被遗忘权应呈现不同的面向：鉴于被遗忘权的行使可能影响社会福利和公共利益，因此与商业领域相比，公共领域下的被遗忘权应附加更严格的条件，且只有权利人证明其个体安全或其他相关方安全受到威胁时方能行使。至于何种情况归属于公共领域下的被遗忘权，我们认为至少需同时符合以下两种情形：一是个人信息控制者（或《民法典》和《个人信息保护法》所表述的"个人信息处理者"）是政府机构或法律法规授权行使公共事务的其他机构；二是数据共享限于政府机构（包括法律、法规授权行使公共事务的其他机构）之间。立法为公共领域下的被遗忘权制定不同于商业领域下的被遗忘权的规则，可在功能实现上使被遗忘权与政府数据共享置于共同目标之下。

3. 结构调整

被遗忘权的权利结构棱角分明，缺乏灵活性，较难与政府数据共享等其他机制进行衔接和匹配。为此，我们建议，我国立法确立被遗忘权时，可灵活设计例外条款，即排除一定范围的被遗忘权适用空间，从而为被遗忘权制度与其他机制的配套预留接口。有研究建议在被遗忘权立法中应引入"比例原则"，"需要在被遗忘权立法中制定弹性规定、例外情形，以应对权利冲突和利益平衡。被遗忘权的例外情形是指，数据控制者在某些情况下可以拒绝履行被遗忘权的义务。根据不同的义务主体可以分为：公共机构（国家机关）履行义务的例外情形和私人主体（非国家机关）履行义务的例外情形。其一，公共机构（国家机关）因履行法定职责符合以下几种条件之一的，数据主体无权要求数据控制者删除数据主体的个人信息。①法律、法规明文规定的；②为维护国家安全、公共安全或增进社会公共利益的；③为防止信息主体或他人人身或财产上的重大利益遭受侵害所必要的；④进行学术研究所必要且无害于信息主体利益的，但研究人员或机构应当对使用的个人信息进行保密；⑤有利于信息主体权益的；⑥信息主体书面同意或授权的。其二，私人主体（非国家机关）收集、处理个人信息符合以下几种条件之一的，数据主体无权要求数据控制者删除数据主体的个人信息。①基于合理的言论自由和信息自由权利的需要；②经信息主体书面同意或授权；③与信息主体有合同或类似合同的关系，并不会损害信息主体的合法权益；④已公开的个人信息并不会损害信息主体的合法权益；⑤学术研究有必要且无害于信息主体重大利益的，但研究人员或机构应当采取必要的保密措施；⑥法律法规规定的其他情形。"[1] 我们认为上述研究建议对被遗忘权的结构完善是有益的，值得进一步加以探讨。

（三）以契约固化政府数据共享法律关系

与被遗忘权属于法律权利（权益）性质而呈内敛型的封闭结构不同，政府数据共享是一项机制或柔性制度安排，其没有法律的强制力保障，因此政府数据共享呈外溢型的开放结构。这一柔性结构所暴露的最大问题是法律责任和法律关系不明确，这使其容易遭受诸如被遗忘权等其他数据信息相关制度的冲击，其松散、不稳定的权利（力）义务关系结构使其在面临势如破竹的被遗忘权挑战时，尚未来得及"以柔克刚"就可能已被瓦解。为避免政府数据共享和被遗忘权两项良制"狭路相逢"、"自相残杀"，除了需要重塑被遗忘权制度外，政府数据共享机制也需进行结构性优化。我们认为，可以通过签订协议的方式落实政府数据共享，通过契约关系改善和固化政府数据共享的法律关系，从而明确和划分责任主体和范围，使政府数据共享更明晰地与被遗忘权进行权责衔接。

---

〔1〕 于靚："论被遗忘权的法律保护"，吉林大学 2018 年博士学位论文，第 133~134 页。

### 1. 政府数据共享协议的性质

我们认为，政府数据共享协议是指掌握相关数据信息的一方政府机构（包括法律、法规授权行使公共事务的其他机构，下统称"供方"）与有数据信息需求的另一方政府机构（包括法律、法规授权行使公共事务的其他机构，下统称"需方"）就共享数据的标的、范围、对象、期限和责任等方面进行约定，并以一定强制力机制作为保障的契约性文件。鉴于政府数据共享本身的实践尚处于早期阶段，有关该等协议的学理研究和实证分析尚不多见。限于本文篇幅，该类协议的法律性质和运作原理宜另文再述，此处倾向讨论务实的处理方法：在只言片语无法界定一事物"是什么"的情况下，尝试通过判定其"不是什么"来辨识其外延。

一方面，政府数据共享协议不是民事合同，签订和履行该类协议不是民事法律行为。如前所述，根据《国务院暂行办法》规定，政府数据共享主要是出于需方"履行职责"的需要，共享行为不产生设立、变更、终止民事法律关系的效果。因此，我们可以把数据共享协议项下的共享行为归为广泛意义上的行政活动，该类协议属于行政机关间缔结的"行政契约"[1]。

另一方面，政府数据共享协议不是行政法意义上的行政行为。尽管学界对"行政行为"这一概念的内涵未形成完全统一的认识，但有一点是存在共识的，即行政行为是行政主体对行政相对人实施的直接产生外部法律效果的行为。[2] 而政府数据共享协议并不直接对行政相对人产生法律效果，因此该等协议

---

〔1〕 参见余凌云：《行政契约论》，中国人民大学出版社2006年版，第24页。该论著认为，"行政契约的实质是在行政法领域形成的发生行政法律效力的双方合意，这种合意自然可以在行政主体间存在"。

〔2〕 参见闫尔宝："论作为行政诉讼法基础概念的'行政行为'"，载《华东政法大学学报》2015年第2期。

不是行政行为。"在行政领域可以区分为计划性行为和执行性行为"[1]，后者是"表演"，而前者是"编剧"。"行政机关之间的签订协议，无疑更多地属于编剧而不是表演的范畴"[2]，因此，姑且可以将政府数据共享协议归为行政计划之列。

2. 政府数据共享协议的责任条款

政府数据共享协议虽然不直接与行政相对人产生交集，但在数据需方接收共享数据后并据此作出行政行为时，则对包括具体行政相对人、数据主体在内的社会公众产生影响。因此，与被遗忘权相衔接的是共享框架下政府数据控制者的"删除"义务以及应删除而未删除的法律责任和责任分配。

被遗忘权是一项私法领域的个人权利，且因其需要数据控制者予以配合而无法由权利主体独自实施完成。同时，只要法律明确规定被遗忘权或被遗忘权所保护的法益，那么个人信息主体的救济路径便是清晰的，即在数据控制者不履行"删除"义务时数据主体可提出侵权之诉。因此，就政府数据控制者而言，其主要义务是面向个人信息主体的私法上的义务。但在政府数据共享场景下，可能出现个人信息主体不知其个人信息被初次收集后流转到哪个数据控制者主体的情形，此时个人信息主体无从向其不知道的数据控制者主体主张被遗忘权及相关侵权责任，因此数据共享需方的责任需要通过政府数据共享协议进行界定，从而与被遗忘权相关的法律责任相衔接。具体而言，政府数据共享协议至少需要约定在以下三种情形下的责任：①数据共享供方获知个人信息主体行使被遗忘权，从而通知数

---

〔1〕 ［德］哈特穆特·毛雷尔：《行政法学总论》，高家伟译，法律出版社2000年版，第408~409页，转引自涂四益："浅论行政机关之间的协议"，武汉大学2005年硕士学位论文，第10页。

〔2〕 涂四益："浅论行政机关之间的协议"，武汉大学2005年硕士学位论文，第10页。

据共享需方删除有关信息，数据共享需方在收到通知后仍不删除时的责任；②数据共享供方获知个人信息主体行使被遗忘权，但因其过错不向数据共享需方发出通知，导致被遗忘权指向的数据信息继续流通时数据共享供方须承担的责任；③数据共享供方获知个人信息主体行使被遗忘权，但因数据共享需方已将有关数据进行二次共享甚至公开，导致数据共享供方无从知悉相关数据去向而无法向二次共享后的数据获取方进行通知时数据共享需方须承担的责任。

3. 政府数据共享协议的救济

政府数据共享协议在厘定责任后面临的问题是：一方违约时，另一方如何获得救济？如前分析，政府数据共享协议非民事合同，该等协议的违约无从依循民事诉讼法程序获得救济；同时政府数据共享（协议）非行政行为，因此也无法依行政诉讼程序予以处理。即便从最宽泛意义上将政府数据共享协议纳入行政行为范畴，但行政诉讼的原告是行政相对人，政府数据共享协议的守约方非行政相对人，其在我国行政诉讼法框架下没有救济路径[1]。因此，政府数据共享协议作为一项非典型的行政活动，其救济方式只能不走寻常路。有研究表明，国外实践证明行政契约"通过协商、仲裁或行政机关内部裁决等司法外途径解决纠纷，往往比较成功"[2]。那是否意味着我国将来可以设置通过行政仲裁、行政调解等方式对行政契约纠纷进行审理裁决的第三方中立机构呢？对此，我们同意涂四益先生的观点，在单一制国家，"由于行政系统的某种金字塔型的特征，这些不相隶属的行政组织的共同上级机构能够很自然地成为协

---

〔1〕 于 2019 年 11 月 27 日发布，2020 年 1 月 1 日实施的《最高人民法院关于审理行政协议案件若干问题的规定》第 3 条第 1 项明确"行政机关之间因公务协助等事由而订立的协议"不属于行政诉讼的受案范围。

〔2〕 余凌云：《行政契约论》，中国人民大学出版社 2006 年版，第 136 页。

议争执的裁决者，而且上级机构一般在解决争执时完全有可能将协议抛开而直接下达行政命令，这些行政组织一般也不会愿意将相互间的争执提交给行政系统之外的机构解决"[1]。因此，政府数据共享协议救济和争议解决的唯一路径是由共享各方的共同上级行政机关进行裁决。

## 五、结语

政府数据共享以提高公共管理（服务）质量和效率为己任，被遗忘权以保护个人信息主体合法权益为宗旨，两者皆为不可多得的良制。两者目标均符合"道义"和"功用"原则，但若在制度细节设计上出现偏差，则不免在落地环节造成冲突和消极影响。对于个人而言是"茧"、对于掌握算法的大机构而言是"网"的大数据，从其投入应用之初就一直在调整"茧"和"网"的关系，平衡个体权利和整体社会福利。大数据技术和应用是大国竞争的重要领域，制度构建又何尝不是？在数据战略价值日益突显的背景下，政府数据共享和被遗忘权两项制度在中国的构建和完善更显得任重而道远。让人欣然鼓舞的是中央已高屋建瓴地定调："加快培育数据要素市场"，"推进政府数据开放共享"[2]；同时，《个人信息保护法》和《数据安全法》分别规定"促进个人信息合理利用"和"促进数据开发利用"。破"茧"而出的个人如何不破"网"而用"网"？制度优化构建在路上，中国，未来可期！

---

〔1〕 涂四益："浅论行政机关之间的协议"，武汉大学 2005 年硕士学位论文，第 25~26 页。

〔2〕 参见 2020 年 4 月 9 日中共中央、国务院发布的《关于构建更加完善的要素市场化配置体制机制的意见》。

# 智慧法院时代庭审记录改革的探索与优化

## ——来自一线法官的实践观察

陈 强 尹 强[*]

**摘 要**：庭审记录是庭审活动的如实反映。传统庭审记录的人工输入模式，与司法改革的庭审实质化、镜像化、高效化之间存在不小的差距；以区块链、音字转换等信息技术为支撑，推进以录音录像代替传统人工记录的新型庭审记录改革，具有现实必要性；作为新生事物，庭审记录改革亦需在法律规定、审判理念、技术进步等方面进行必要的驱动增能，以期适应新时代的人民法院司法改革需要。

**关键词**：司法改革；庭审记录改革；区块链技术；庭审实质主义

---

* 陈强（1984—），上海市青浦区人民法院西虹桥（进口博览会）人民法庭副庭长，四级高级法官，中国政法大学法学硕士。尹强（1994—），上海市青浦区人民法院商事审判庭法官助理，武汉大学法学硕士。

通过科学技术赋能审判体系及审判能力的转变，是智慧法院时代的重要环节。随着互联网技术的深入发展，人工智能、5G、区块链等新技术开始进入司法领域。司法与信息技术的逐步融合，使得传统的审判方式发生深刻的质变和突变。近年来，各地司法改革的重点工作也逐渐由司法体制改革转变到司法技术革新，涉及了智慧庭审、电子质证、智能云柜、语音识别、诉讼服务机器人等各个方面。而庭审作为审判流程中的中心环节，备受关注。以上海、浙江为代表的庭审记录改革就是智慧庭审建设中的重要环节。本文试以S市Q区法院庭审记录改革的推进工作为样本，以基层法院一线法官的实践观察为切入点，分析现阶段人民法院庭审记录改革的发展之路。

## 一、推陈出新：传统庭审记录的规范与缺陷

### （一）我国目前有关庭审记录的法律制度

人民法院的庭审记录，也称法庭笔录，是指由书记员制作的、如实反映人民法院在审判各类案件时审判人员、当事人以及其他诉讼参与人的主要活动的书面记录。现阶段我国关于法庭笔录的规定，主要见于国家立法机关制定的相关程序法规定以及最高院制定的司法解释等制度性文件中，详见下表：

表一：庭审记录有关法律、司法解释规定汇总

| 名称 | 条文 | 内容 |
|------|------|------|
| 民事诉讼法（2021） | 第 150 条 | 书记员应当将法庭审理的全部活动记入笔录，由审判人员和书记员签名。法庭笔录应当当庭宣读，也可以告知当事人和其他诉讼参与人当庭或者在 5 日内阅读。当事人和其他诉讼参与人认为对自己的陈述记录有遗漏或者差错的，有权申请补正。如果不予补正，应当将申请记录在案。法庭笔录由当事人和其他诉讼参与人签名或者盖章。拒绝签名盖章的，记明情况附卷。 |
| 刑事诉讼法（2018） | 第 207 条 | 法庭审判的全部活动，应当由书记员写成笔录，经审判长审阅后，由审判长和书记员签名。法庭笔录中的证人证言部分，应当当庭宣读或者交给证人阅读。证人在承认没有错误后，应当签名或者盖章。法庭笔录应当交给当事人阅读或者向他宣读。当事人认为记载有遗漏或者差错的，可以请求补充或者改正。当事人承认没有错误后，应当签名或者盖章。 |
| 刑诉法司法解释（2021） | 第 293 条 | 法庭笔录应当在庭审后交由当事人、法定代理人、辩护人、诉讼代理人阅读或者向其宣读。法庭笔录中的出庭证人、鉴定人、有专门知识的人、调查人员、侦查人员或者其他人员的证言、意见部分，应当在庭审后分别交由有关人员阅读或者向其宣读。前两款所列人员认为记录有遗漏或者差错的，可以请求补充或者改正；确认无误后，应当签名；拒绝签名的，应当记录在案；要求改变庭审中陈述的，不予准许。 |

（二）传统庭审笔录的缺陷

可以说，法庭笔录是法庭审判全部活动的反映，是人民法院依法判案的重要根据。如实而准确的法庭笔录，有利于人民法院正确及时解决当事人之间的纠纷；有利于审判人员总结工作经验，提高审判工作的质量；有利于人民检察院、上级人民法院对民事审判活动实行法律监督；有利于上诉审和再审人民法院处理上诉案件和再审案件。

上述庭审笔录功能的充分发挥，以庭审笔录的内容准确、记录高效为前提。传统庭审笔录由书记员以手写或电脑打字等人工输入方式生成。司法实践中，虽然传统庭审笔录有着非常重要的作用，但也存在阻碍司法案件高效解决的若干瑕疵。在笔者的观察中，书记员人工输入的庭审笔录通常存在如下几个方面的问题：

（1）记录不规范。通常表现为如下几个方面：简称不规范，如将原告和原告代理人均简称"原"，导致发言者和所说的内容无法一一对应，使查阅者无法清晰了解内容，以及如当事人的事后推诿，不承认某些话是自己说的；漏记或记录不全，如当事人发言速度较快，书记员一时记录不下来，导致笔录出现空缺，事后未及时补上；缺乏对应性，如存在多份合同、欠条、还款凭证的情况下，记录不加区分，事后无法回溯当事人说的是哪份材料。

（2）记录效率不高。实践中，除受过专门培训的速录员外，书记员通常由新入职的法官助理担任，或者由司法文员担任。审理中，由于书记员打字速度不达标、司法经验不足等原因，常常会出现书记员跟不上庭审节奏的情况。突出表现在法官或当事人在陈述较为重要的意见，而书记员未能及时记录内容时，为了迁就书记员，其不得不停下来等待书记员记录。给笔者留下最深刻印象的是一个分家析产案件，该案件由于当事人需出国等原因，导致无法多次组织庭审，双方只能开一次庭，最后该次庭审的总时长约 6 个小时。时间如此之长，固然有案件复杂的特殊因素，但也与书记员记录到最后的速度明显跟不上有关。当时，不管是作为承办人的笔者，还是双方律师，在庭审中均多次出现停止发言以等待书记员作记录的情况，客观上延长了庭审时间。甚至还出现了因为书记员记录不及时，导致法庭辩论冷场的情况。

（3）记录不客观。实践中，在当事人陈述内容较多的时候，要求书记员完整记录并不现实，此时通常需要书记员或者法官对当事人陈述的内容进行概括。而在概括时通常会出现概括内容与当事人陈述内容不一致之处。此种不一致，既有由于疏忽导致的，也有由于故意导致的。疏忽表现在司法人员因对争议焦点的把握不准、司法能力不足等原因，致使概括的内容与当事人的真实意思存在偏差；故意则表现在司法人员基于先入为主的主观认定，而故意曲解当事人的表达，导致当事人在核对笔录时存在不满。[1]

（4）核对时间过长。实践中，某些案件的当事人基于对法院不满、后续审理需要等各种各样的原因，在庭审结束后，会花费大量的时间核对、修改笔录，甚至就笔录中的某处微不足道的瑕疵，与法官或者书记员进行激烈的讨论，牵扯了司法人员许多不必要的精力。在笔者的审判经历中就多次出现过，当事人一个字一个字地抠笔录，导致核对笔录的时间超过庭审时间的奇怪现象。在此期间，书记员不得不陪绑在法庭内陪同当事人阅看笔录，而不能做其他事情，浪费了其大量时间。

---

〔1〕 参见马长山："司法人工智能的重塑效应及其限度"，载《法学研究》2020 年第 4 期。

## 二、应运而生：庭审记录改革的必要性与可行性

正是基于传统庭审记录的上述缺陷，对庭审记录进行必要的改革已成为一线法官和律师的普遍呼声。在此情况下，对传统的庭审记录模式进行改革，已显得越来越有必要。

庭审记录改革，一般说来，是指改变传统的书记员打字的庭审记录方式，综合运用区块链存证、智能语音识别同步转换、全程录音录像等现代科技手段，完善庭审记录内容。

溯源庭审记录的改革过程，最早可以追溯到 2013 年最高人民法院发布的《关于推进司法公开三大平台建设的若干意见》中提及的"推动科技法庭建设"。[1] 在此之后，各地法院不断强化庭审活动中对同步录音录像的应用，并纷纷开展由传统法庭笔录向现代电子庭审记录转变的实践探索。

比如，早在 2014 年 8 月，浙江高院就出台了《关于庭审记录录音录像改革的试行意见》，试行以庭审录音录像、框架记录及庭后誊录，逐步取代庭审书面记录的工作机制。

2017 年 3 月，为进一步规范庭审记录行为，最高人民法院根据立法精神，有针对性地修订了《最高人民法院关于人民法院庭审录音录像的若干规定》，在部分案件中有条件地赋予了庭审同步录音录像以法庭笔录的地位。[2]

在新冠疫情的背景下，为统筹推进疫情防控和执法办案工

---

〔1〕《关于推进司法公开三大平台建设的若干意见》第 9 条规定："人民法院应当加强科技法庭建设，对庭审活动全程进行同步录音录像，做到'每庭必录'，并以数据形式集中存储、定期备份、长期保存。当事人申请查阅庭审音像记录的，人民法院可以提供查阅场所。"

〔2〕《最高人民法院关于人民法院庭审录音录像的若干规定》第 6 条规定，人民法院通过使用智能语音识别系统同步转换生成的庭审文字记录，经审判人员、书记员、诉讼参与人核对签字后，作为法庭笔录管理和使用。第 8 条规定，适用简易程序审理民事案件的庭审录音录像，经当事人同意的，可以替代法庭笔录。

作，提前谋划疫情结束后"案多人少"的局面，2020 年 3 月 23 日，上海高院颁布了《上海市高级人民法院关于运用现代科技深化庭审记录改革试点的通知》，开展庭审记录改革试点工作。笔者所在的法院也是试点法院之一。笔者在庭审记录改革近一年后认为，推行庭审记录改革有如下几点的必要性和可行性：

（一）价值定位：回归庭审实质主义

庭审程序是诉讼程序的中心环节，而作为庭审载体的庭审记录，则理应成为互联网信息化的核心。详言之：

第一，庭审记录改革有利于实现"以审判为中心"的落地。庭审中心主义是司法机关开展审判工作的基本要求，[1] 庭审记录改革以其客观、真实、全面的特点弥补了传统庭审记录方式的不足，有利于落实直接言辞原则，[2] 同时，对于法官来说，也可以促使法官规范主持庭审，努力提升其对庭审的驾驭能力。法官在庭审时无须担心书记员记录速度跟不上法官以及当事人语速的问题，不会再出现要求当事人停下来或者重复观点的情况，保证了当事人思路的连贯性和庭审的流畅性，当事人在庭上能够直抒胸臆、连续发问、连贯辩论，庭审总体用时缩短。

第二，庭审录音录像更契合庭审记录的本质要求。庭审笔录要求将法庭审理中庭审程序的进行情况、法官审判权的适用情况、诉讼参与人的权利行使以及义务履行等全部过程如实记录，以此来监督司法权的行使以及助力法官的后续审理，即所谓的庭审镜像化。庭审录音录像改变了传统的归纳式记录，有利于形成有效的内部监督，避免了庭审内容中的遗漏或者错误，以及有助于在避免庭审结束后，当事人需重新对笔录进行阅看、

---

〔1〕 参见朱孝清："司法的亲历性"，载《中外法学》2015 年第 4 期。

〔2〕 参见张淑秋："吉林电子法院'e'流程变革审判方式——法院信息化建设不再满足于小修小补实现全业务全方位全天候全流程覆盖"，载《吉林人大》2015 年第 11 期。

确认、修改，时而会出现因双方修改笔录等问题而发生矛盾的情形。

第三，有助于回应人民群众司法需求。随着新技术的产生和发展，人民群众对于快捷、便利的诉讼要求也越来越强烈，人民法院也已具备通过对庭审录音录像的综合开发利用来提供便民利民服务的条件和可行性。

（二）功能定位：缓解案多人少矛盾

司法改革后，全国各地基层法院承受的压力倍增，尤其是在立案登记制以及司法人员分类改革后，案多人少的矛盾愈发显现。制度设计不得不面对的两大问题是：如何防止审判人员和审辅人员的责任负荷太重？[1] 从改革的整体角度加以考虑，局部的改革不能使其达到最佳状态，这也源于改革本身的折中性与系统性。因此，向信息化索要人力、效率也是化解矛盾的进路之一。[2]

庭审记录改革最直接的功能就是减轻司法人员的工作负荷。根据各地法院前期的探索情况，在进行以录音录像代替庭审笔录等庭审记录改革后，庭审节奏加快，庭审效率显著提高，审判资源得到有效整合，当事人的满意度普遍较高。

对法官而言，开庭节奏加快，审判时就争议问题、事实可以作连续追问、交叉发问，庭审时间缩短，庭后及时裁判，结案速度更快，这从本质上减轻了法官的裁判负担。

对书记员而言，庭审记录改革也显著缩短了庭审记录时间。笔者所组织的调研结果显示，审判业务庭近70%的书记员表示近1/3的工作时间在做庭审记录，加之其还肩负许多辅助性事务，经常需要加班加点。长期的超负荷工作对于保障庭审质效

---

〔1〕 季卫东："人工智能时代的司法权之变"，载《东方法学》2018年第1期。

〔2〕 参见崔亚东："关于对法官年均最大办案量测算的探索及破解'案多人少'矛盾的思考"，载《中国审判》2017年第1期。

和提高书记员队伍水平而言均存在不利影响。尤其是对于司法文员而言，其待遇相对不高，在高强度的工作压力下，很难保证其工作热情（见图一）。

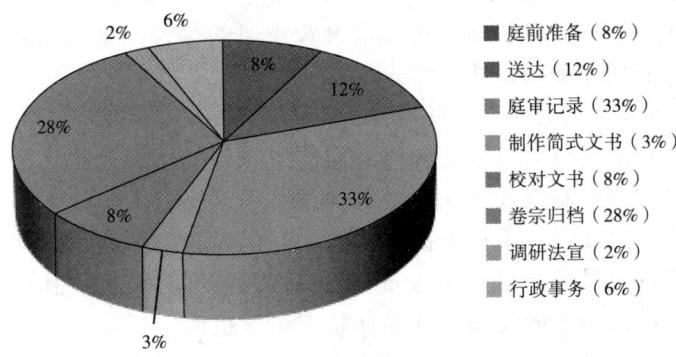

庭前准备（8%）
送达（12%）
庭审记录（33%）
制作简式文书（3%）
校对文书（8%）
卷宗归档（28%）
调研法宣（2%）
行政事务（6%）

图一：书记员工作时间分布

在适用庭审记录改革后，书记员无需提前准备笔录、无需撰写出庭记录、无需等待当事人签字甚至与当事人就记录问题发生争议，这是书记员减负的最直观体现。在简单案件中，可以安排书记员在完成开庭准备后退庭，甚至全程无需书记员出庭，节省下来的时间可以让书记员从事送达、校对、卷宗归档等辅助性事务，业务水平较高的书记员还可以从事程序性通知书、裁定书甚至简式裁判文书的起草工作，使其能够得到更高层次技能的学习，并且能够分担法官的负担。

（三）可行性：区块链技术的运用

传统的庭审记录由书记员对当事人以及法官的庭审语言进行归纳总结，而现阶段的庭审记录改革则无需书记员到场，其综合运用了区块链技术、智能语音识别同步转换、全程录音录像等多种现代化技术，在庭审结束后生成元数据表，以确保庭审过程的完整性。其中，起到关键性作用的是区块链技术。

一般而言，区块链是一种结合对等网络（P2P）技术和加密技术，由其创造出的不可更改的分布式、可验证公共数据库的数字技术。[1]

比特币是区块链运用的第一个领域。在美国金融危机结束后，区块链被用于打造一个安全的支付系统。在这个支付系统下，排除了第三方参与的传统信用体系，转而基于密码使用进行支付，通过交易和验证这两个环节，让交易环境变得不可更改。在交易环节主要通过公钥-私钥加密技术，由随机算法产生私钥，再通过椭圆曲线算法将私钥生成公钥，椭圆曲线算法保证了这种生成是单向的，公钥可以向公众公布，私钥则用于数字签名，以保证交易安全。另外，为了保证整个交易系统的唯一性，防止一物二卖等情况的发生，所有的交易信息都必须进行披露，便于可能交易者进行验证。在验证环节主要运用到时间戳服务器和交易共识机制。时间戳服务器是区块链技术的最大特点，可以阻止我们就历史说谎。[2]

以区块链技术形成的一组数据通过随机散列后，被加盖上时间戳，变成一组无法更改的区块，区块链节点就区块信息达成全网一致的事实，节点存储的区块链信息一致并不会出现差错，通过付出最大计算工作量的节点取得创造下一个区块的权利，为此节点消耗自身算例尝试不同的随机数来进行哈希计算，得出哈希值，并不断重复该过程直到找到正确的随机数。在完成此任务后，才能生成区块信息。后续继续形成的区块在经过时间戳确定后也会对之前的区块进行进一步的增强，层层叠加后会形成一个不可篡改和伪造的数据库。在区块链的技术运用过程中，从突破法律框架到逐步被制度接受，再到被目前的司

---

〔1〕 郑戈："区块链与未来法治"，载《东方法学》2018 年第 3 期。

〔2〕 Nigel Dodd, "The Social Life of Bitcoin", *Theory*, *Culture*, *and Society*, 2017, p. 35.

法体系所应用，是数理方法在处理社会关系上的一次实验，也体现了法律和技术在很多社会领域是可以相互替代的。[1] 现代市场经济和相关法律制度解决的是资源和价值的有效配置和流通问题。结合前文所述区块链的技术原理，可以理解的是，作为一种由代码构成的、在互联网上运作的创新性架构，区块链究其根本是一种记录技术，是一种从静态中找寻动态的工作。[2]

从另一方面来说，法律一直在执行各种信任机制，以此来维持稳定的社会秩序，促进发展。在司法领域，由中立的监管机关和司法机关来裁判和执行的法律关系是社会能够进行有序运转的基础。司法领域的庭审记录改革强化了司法本身的信任机制。而法院在运行信任机制过程中，且综合运用人员的基础上，难免会出现个体情况影响信任机制的运行，增加法律运作的成本。比如，传统的法庭难免需要经过书记员的加工，在审判实践中，常出现当事人认为书记员的概括记录并未完全概括其本意，甚至认为具有偏袒一方当事人的问题。另外，针对目前司法机关案多人少矛盾的迸发，为了保证工作的严谨，用技术来取代人力作为信任工具是一种必然选择。[3]

可以说，庭审记录改革是在法庭记录这一繁琐工作中对书记员的完全替代，基于区块链技术的全程留痕和不可更改性，并综合运用电子签名、时间戳以及哈希值校验等技术手段对庭审过程进行完整记录，所以区块链具有冲击整个市场经济法律

---

〔1〕 参见［美］理查德·H. 泰勒、卡斯·R. 桑斯坦：《助推：事关健康、财富与快乐的最佳选择》，刘宁译，中信出版社 2009 年版，第 84 页。

〔2〕 史明洲："区块链时代的民事司法"，载《东方法学》2019 年第 3 期。

〔3〕 Szabo, N, "Formalizing and Securing Relationships on Public Networks", *First Monday*, 1997, 2（9），http://journals. uic. edu/ojs/index. php/fm/article/view/548, accessed on 21 Feb. 2021.

秩序的潜在能力。

### 三、实践观察：推行庭审记录改革后的现状分析

（一）试点地区的实践考察

1. 总体推进情况

自 S 市法院启动庭审记录改革试点工作后，截至 2020 年底，S 市法院实现了庭审记录改革工作的全覆盖，共安装部署了 381 个法庭支持庭审记录改革工作，占全部法庭数的 40.1%，共有 68 个业务庭、1702 名法官适用庭审记录改革完成了 67235 场庭审。适用率从最开始适用的 2020 年 4 月份的 2.2% 上升至 9 月份的 22.8%，之后的单月适用率稳定在 23% 以上，详见下表：

**表二：S 市法院庭审记录改革数据表（2020 年 4 月—12 月）**

| 法院 | 可开展庭审记录改革的法庭数（个） | 已开展庭审记录改革的业务庭数量（个） | 已开展庭审记录改革的法官数（人） | 庭审记录改革适用数（场） | 庭审记录改革适用率（%） |
|------|------|------|------|------|------|
| 全市 | 381 | 68 | 1702 | 67235 | 16.31 |
| EZ | 13 | 6 | 116 | 4487 | 56.88 |
| XH | 29 | 6 | 102 | 7575 | 42.51 |
| HK | 11 | 3 | 53 | 6366 | 41.42 |
| BS | 24 | 9 | 100 | 9109 | 34.93 |
| HT | 15 | 5 | 35 | 384 | 26.91 |
| FX | 18 | 10 | 85 | 5534 | 25.51 |
| HS | 1 | 5 | 22 | 228 | 24.46 |

| 法院 | 可开展庭审记录改革的法庭数（个） | 已开展庭审记录改革的业务庭数量（个） | 已开展庭审记录改革的法官数（人） | 庭审记录改革适用数（场） | 庭审记录改革适用率（%） |
|---|---|---|---|---|---|
| QP | 29 | 9 | 82 | 4537 | 22.93 |
| PT | 29 | 8 | 97 | 5733 | 22.31 |
| JR | 5 | 4 | 26 | 431 | 21.3 |
| JD | 33 | 10 | 69 | 3005 | 18.09 |
| MH | 24 | 11 | 135 | 5934 | 17.37 |
| YZ | 20 | 4 | 82 | 1697 | 12.46 |
| YP | 9 | 6 | 75 | 2073 | 10.81 |
| SJ | 16 | 9 | 93 | 1443 | 8.92 |
| JS | 6 | 5 | 54 | 1138 | 8.52 |
| HP | 4 | 5 | 27 | 1113 | 8.37 |
| CN | 17 | 5 | 82 | 1524 | 7.46 |
| PD | 44 | 19 | 149 | 3293 | 4.84 |
| SZ | 11 | 4 | 20 | 139 | 4.13 |
| GY | 8 | 8 | 47 | 45 | 3.11 |
| JA | 13 | 6 | 113 | 1288 | 2.93 |
| CM | 2 | 7 | 38 | 159 | 1.63 |

根据规定，庭审记录改革在日常使用中的流程主要包括：

①庭前告知本次庭审使用录音录像代替传统书面记录方式，并征求当事人意见；②当事人同意使用的，以电子签名方式签署确认书，不同意的，恢复原有书记员记录模式；③庭审结束后，当事人签署元数据表，确认庭审情况。在笔者近一年的使用过程中，很少有当事人反对使用庭审录音录像代替人工记录[1]，可以说，这一新型记录模式，因其上手快、效率高等特点受到了当事人的普遍欢迎。

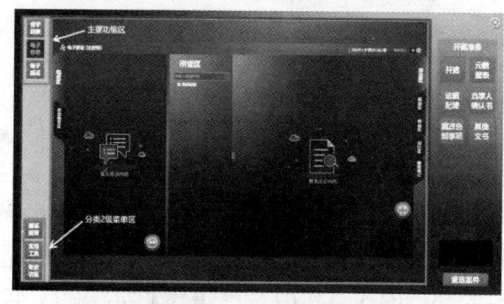

**图二：庭审记录改革后的法官席页面**

在适用人员上，院、庭长适用庭审记录改革参审的占28.8%，适用庭审记录改革的法官平均年龄为 44 岁，其中年龄在 30~40 岁之间的占 30.33%，在 40~50 岁之间的占 35.03%，在 50~60 岁之间的占 34.63%（见图三）。

---

〔1〕 截至目前，在所有适用"无人记录模式"开庭的案件中，只有一个案件的被告，因其认为自己的普通话不够标准，担心软件音字转换识别率不高，导致自己没有准确的笔录可供后续案件的审理，而不同意适用该模式。这种情况极其罕见。

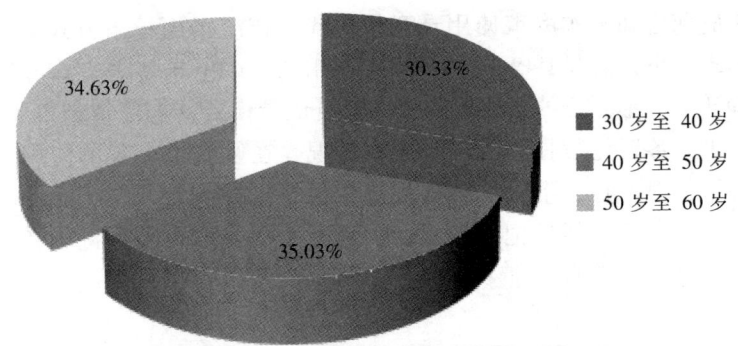

**图三：适用庭审记录改革的法官年龄分布情况**

　　从案件的审理类型来看，不同审判级别、案件类型、适用程序均有适用，S市高院规定了简易、小额诉讼、司法确认等案件可以适用庭审记录改革，基层法院在高院规定的基础上对庭审记录改革的适用范围有所拓展，其适用较多的是一审案件（占总适用数的89.8%），其中，民事案件占比95.4%，简易程序与小额诉讼程序占比80.8%（见图四）。

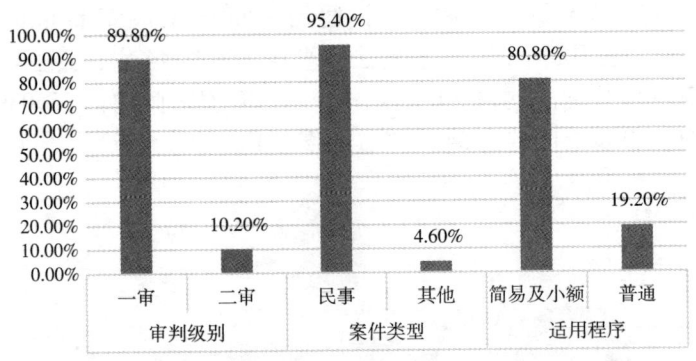

**图四：适用庭审记录改革的案件类型**

从当事人情况看，有律师代理的案件占 42.4%；当事人人数为 1 人的案件占 3.1%，当事人人数为 2 人的案件占 79.1%，当事人人数为 3 人以上的占 17.8%；当事人涉外的占 0.4%（见图五）。

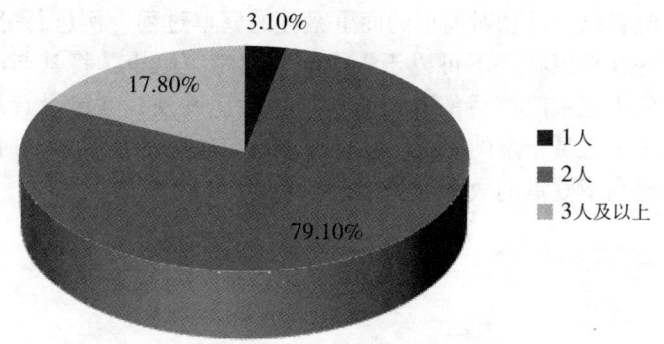

图五：适用庭审记录改革的当事人人数分布

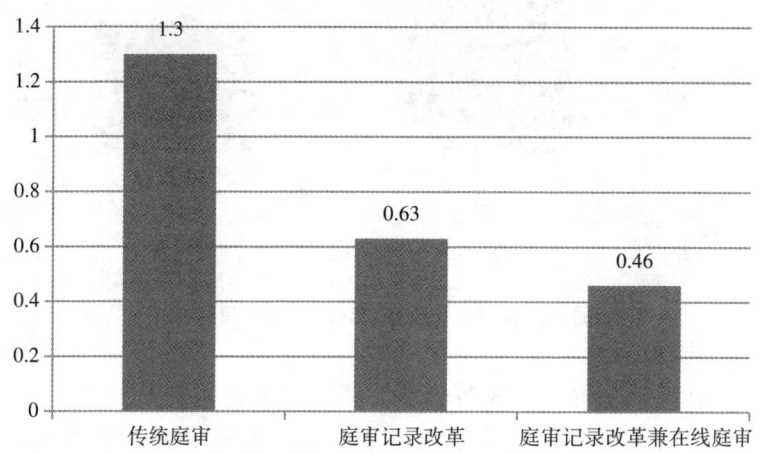

图六：庭审记录改革前后的庭审时长

从庭审时长看，适用庭审记录改革的庭审的平均庭审时长为0.56小时，较之传统庭审的1.3小时，该时长明显缩短。其中仅适用庭审记录改革的庭审的平均时长为0.63小时，而同时适用庭审记录改革与在线庭审的平均时长为0.46小时（见图六）。

笔者以一件相对简单的商事案件的庭审过程为例进行分析：该案件在理想状态下可以于1个小时内结束庭审，将其与图七中的庭审记录改革后的庭审时长进行对比发现，庭审录音录像节省了书记员记录的人力，也省去了庭后较长的签字确认时间，大大提高了庭审的效率（见图七）。

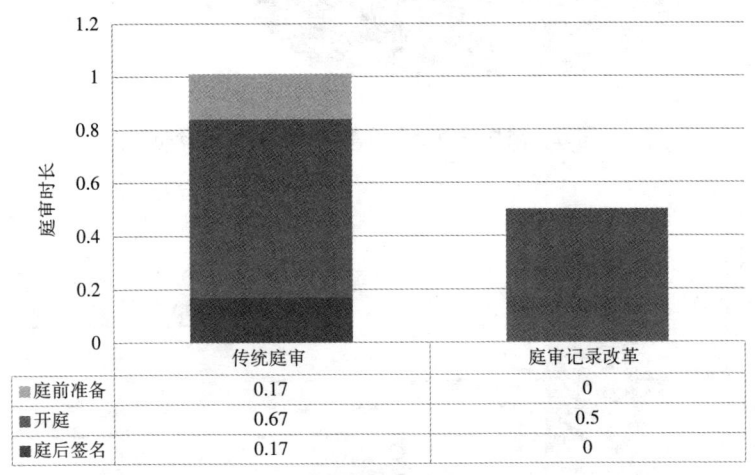

| | 传统庭审 | 庭审记录改革 |
|---|---|---|
| ■庭前准备 | 0.17 | 0 |
| ■开庭 | 0.67 | 0.5 |
| ■庭后签名 | 0.17 | 0 |

**图七：庭审记录改革前后的庭审时间分布**

在适用庭审记录改革的庭审中，智能语音转换同步落地，主要分为摘要笔录（分角色记录）与全文笔录（不分角色记录），基本可实现庭审语音的同步转换。笔者将全文笔录文件大小与音频文件大小进行对比，发现80%以上案件的文件大小比例处于 0.5-4 之间，该比例可作为判断庭审录音以及语音转换完成性的参考，当然，如果参与庭审人员语速过快或过慢，也可能导致该比值略微超出该范围。

2. 优势分析：基于传统庭审记录模式的对比分析

有人分析，庭审录音录像记录之于人工记录的功能优化，主要表现在如下三个方面：

（1）更加全面、准确、真实：从人工记录到镜像记录。如上所述，传统人工记录方式对专业性和录入速度均有要求，而且受书记员专业技能、综合素质的限制，笔录难免存在遗漏或错误。当事人常需庭后仔细核对或校正笔录。实践中，由于缺少可回溯修正笔录过程的依据，故又常出现"恣意补正"或"不予补正"等现象。[1] 而庭审录音录像是以同步镜像的方式全程记录庭审活动，能够确保记录的全面性、准确性和真实性，最大化地全景还原庭审现场。

（2）庭审对抗性和效率提升：从录速限制到同步录入。传统庭审记录受制于书记员的录入速度，故其经常导致诉讼当事人或法官说话中断，影响了庭审对抗性效果的发挥，降低了庭审效率。而采用同步录音录像方式记录庭审，可以使得庭审中控辩双方的流畅发言、连环追问、互相辩论等庭审言辞技巧得到充分发挥，有利于实现庭审实质化，并提升庭审效率。

（3）庭审内部监督的独立性增强：从人力监督到载体监督。书记员属于司法辅助人员，其能否对法官庭审形成有效的内部监督存在疑问，实践中不乏书记员记录受制于法官意思表示的现象存在，不利于当事人的权利保障。一些法官因此养成了只注重案件最终处理结果，而忽视庭审程序公正规范的不良习惯。

---

［1］曹丹、张成双："庭审同步录音录像替代人工记录的理论辨析、实践检视与进路优化"，载微信公众号《至正研究》，https：//mp. weixin. qq. com/s/Dz7oFXxLZ12QyNgqiO0ULg，访问时间：2020 年 12 月 8 日。

庭审录音录像以客观载体记录庭审，其被篡改的可能性极低，这既有效弥补书记员独立性不足、监督不力的缺陷，也使法官更加注重庭审程序的完备性和规范化。

3. 心态各异：基于不同主体的分类观察

"信息技术能否嵌入司法，完全取决于其服务诉讼实践的价值功能"，[1] 最了解庭审记录改革的就是使用者。笔者通过调查问卷、座谈交流、查阅资料等方式对我院一线法官、法官助理、司法文员、技术人员等各类主体进行调查，从使用人员的角度对庭审记录改革进行了分析，发现不同司法主体，对庭审记录改革持有不同的看法。

（1）部分法官认为：新技术加重法官的负担，不愿意适用。结合《最高人民法院关于完善人民法院司法责任制的若干意见》和《S市法院审判权责清单指引（2020版）》的规定，法官主要负责庭审、评议、签发文书等审判核心事务，法官助理协助法官审查诉讼材料、组织庭前证据交换等审判技术性事务，而书记员则承担庭审记录、归档、信息录入等相对程序化的审判事务性工作。

然而，现实状况是：审判业务庭的法官普遍没有配备法官助理。以Q区法院为例，审、辅（包括法官助理和书记员）比为0.91比1，其中民事审判庭45人，法官20人，配备20名书记员（由司法文员和初级法官助理组成）后，仅剩5名法官助理，主要进行诉前调解等工作，即20名法官均没有法官助理，其他业务庭也是类似情况。基于此，审判业务庭的法官除了负责本职的审判核心事务外，普遍要承担应由法官助理承担的审判技术性事务，甚至还要参与送达等事务性工作。在案件数量

---

〔1〕 王福华："电子法院：由内部到外部的构建"，载《当代法学》2016年第5期。

居高不下的情况下，法官普遍已经处于超负荷运转状态。[1]

在此背景下，掌握庭审记录改革主动权的法官认为在目前配套机制尚未跟进的情况下，庭审记录改革并未减轻法官的负担，反而 7 成以上法官认为庭审记录改革后法官的工作负荷会明显增加。主要体现在：

一是庭前准备工作量增加。半数以上的法官表示习惯在开庭前才翻阅卷宗，采取庭审记录改革模式后，必须在庭前充分阅卷，甚至还要主动联系被告，提前了解被告意见；

二是开庭压力增大。2/3 的法官尤其是年轻法官表示在庭审记录改革后，庭审节奏大幅度提升，尤其是对于新入额法官而言，其尚未形成法官思维，这对法官的庭审驾驭能力要求很高，其须高度集中注意力，同时还要操作电脑、手写笔记等，导致法官的精神压力增加；

三是庭后撰写文书难度加大。70% 的法官尤其是年龄偏大的法官认为，庭审记录改革后没有书面笔录，若他们遗忘庭审内容，对于金额、名称等有不确定的，需要回看录像，由此增加了工作时间，需要消耗更多精力。

四是技术故障引发增量工作。90% 的法官认为，目前庭审记录技术尚不稳定，采取庭审记录改革模式开庭时出现故障在所难免，但修复故障所耽搁的时间往往会很长。

（2）法官助理：不利于法官助理的成长和学习。对于履行法官助理职能的法官助理来说，庭审记录改革对其的冲击不大，其仍然继续从事诉前调解、起草文书等工作，尚未感受到工作负荷的变化。但从调查问卷来看，作为未来的法官，他们普遍认为，庭审记录改革会整体减轻司法人员的工作负担，让法官

---

〔1〕 参见宋远升："精英化与专业化的迷失———法官员额制的困境与出路"，载《政法论坛》2017 年第 2 期。

回归审理和裁判，均表示愿意通过先进的信息化手段提升审判质量和效率。但是兼任书记员的初级法官助理认为，庭审记录改革后，他们不参与庭审不利于其学习庭审技巧，后续也难以校对裁判文书的内容。

（3）书记员：工作负荷明显减少。目前，S市基层法院的书记员主要由初级法官助理和司法文员组成，调查显示，审判业务庭中近70%的书记员表示1/3的工作时间都在进行庭审记录工作，每天在进行高强度的庭审记录的同时，还需要完成许多辅助性事务，导致其经常加班加点。长期超负荷的工作对庭审质效的保障和书记员队伍水平的提高都存在不利影响。尤其是对于司法文员而言，其待遇相对不高，在高强度工作压力下，他们更难对工作保持热情。

对于庭审记录改革，几乎所有的书记员都持积极支持的态度，认为其工作强度明显降低，工作量会明显减少，同时表示愿意分担法官的部分工作，比如从事调研、制作裁判文书等更具含金量的工作。

（4）诉讼参与人：私益保障机制尚未完全形成。一般认为，司法权的本质在于"保障主体权利的实现，协调权利之间的冲突，制止权利之间的相互侵犯、维护和促进权利平衡"。[1] 因此，回归到庭审记录的本质，对于当事人来说，提高庭审效率是一方面，而更重要的是应当考虑到在适用庭审记录改革后，如何保障当事人对庭审记录的知情权、阅览权和使用权。据笔者调查，57.6%的案件为当事人直接参与诉讼，这些群体对庭审记录改革后的事项了解不深，其认为庭审效率高，乐于接受。42.4%的案件由律师代理，多数代理参与诉讼的律师表示庭审效率有所提高，但是仍有35%的律师表示，庭审进程的加快也提

---

〔1〕 张文显：《权利与人权》，法律出版社2011年版，第85页。

高了对律师的要求，庭后没有笔录帮助自己回溯庭审过程，另有 5% 的律师表示，庭后申请阅看庭审录音录像手续繁琐，需要等待的时间长，尤其对于案情复杂多次开庭的疑难案件而言，回看过程耗时大，并存在偶有听不清楚的现象，且语音转写笔录准确率不高，篇幅较长，阅看费力，其更习惯阅读传统的庭审记录。

根据上述问题，笔者认为，在合理统筹法院一方与当事人一方利益的基础上，必须对当事人的知情权、阅览权以及使用权这些问题进行细化处理，在落实当事人行使知情权、阅看权等权利的基础上，进一步将当事人相关权利的行使便捷化、高效化。[1]

（二）庭审记录改革推行中的问题剖析

1. 理念分歧——认识层面尚未统一

法官是推进庭审记录改革的主力军。多数法官认为，庭审记录改革是破解案多人少矛盾的重要举措，但仍存在一些思想不统一的问题。

近 70% 的法官认为庭审记录改革虽然减轻了书记员的负担，但法官工作量有所增加，同时许多法官的书记员都是司法文员，减负后也无法分担法官的工作。也有不少法官认为当事人的文化、意识等尚不具备"抛弃书面笔录"的条件，会额外增加其工作负担。还有 5% 的法官认为，庭审记录改革后由法官一人坐堂问案不够庄重与严肃，削弱了法院和法官的权威，不利于案件的审理。庭审记录改革后，法官在主持审判的同时还需维持法庭秩序，实践中因当事人不配合庭审而导致录音效果不佳、庭审秩序混乱等现象时有发生，法官不仅要做好庭审笔记，还要时不时关注设备运行情况，提醒当事人规范发言，一心多用，

---

〔1〕 参见张卫平："论庭审笔录的法定化"，载《中外法学》2015 年第 4 期。

导致审理思路时常被打断，进而影响庭审效果，这对法官的庭审驾驭能力提出了较高要求。尤其对于年轻法官来说，压力更甚，一般而言，年轻法官受审判经验的影响，在庭审驾驭能力上往往弱于老法官，但老法官在学习新科技方面的态度较为消极。概言之，法官的主观畏难在一定程度上影响了庭审记录改革的推进。

表三：法官认识层面分歧

| 维度 | 法官不愿试用的因素 | 比例 |
|---|---|---|
| | 工作量增加 | 70% |
| | 不愿学习新技术 | 25% |
| | 当事人的口音、文化等 | 32% |
| 原因 | 法庭司法礼仪不够规范 | 5% |
| | 法官庭审需要分心 | 47% |
| | 驾驭庭审能力存在短板 | 31% |
| | 案件难易程度 | 61% |
| | 依赖庭审笔录制作文书 | 83% |

2. 现实难题——办案习惯难以调整

庭审记录改革不可避免地会对法官的办案模式和司法能力提出挑战。庭审记录改革后，法官原有的办案习惯需要作大幅度调整，比如庭前作案情预习、当庭做简要笔记、庭后及时结案。尤其是庭后的文书撰写方面，调查显示，50%的法官表示无论是简案、繁案，均需依靠庭审笔录写判决书，几乎100%的法官表示对于复杂案件必须阅看庭审笔录。以往，法官通常以目的性翻阅书面笔录的方式在最短时间内定位裁判依据，甚至是直接以复制、粘贴的方式制作判决书内容。庭审记录改革后，由于书面庭审笔录的取消，法官需要根据法庭笔记和新鲜回忆及时撰写文书，否则就需通过反复回放录音录像、阅看未经提炼的记录来回顾庭审活动。

3. 保障缺位——人力资源配置有待跟进

在人员分类改革中，"法官助理"一职是为了进一步提高审判效率而增设的，本质是为法官的审判核心工作服务。法官聚焦审判活动的最核心问题———事实认定与法律适用，实现法官的个体产出效能最大化，法官助理通过争点总结和程序梳理建立"信息优势"，法官的审判经验则为案件处理画上点睛之笔。[1] 通过法官助理跟法官"抢活干"，让法官从事务性、辅助性事务中解放出来，专心裁判。同理，在此基础上，庭审记录改革充分发挥了智能化、科技化的优势，让技术发挥信息处理量大、效率更高的优势，跟法官助理、书记员"抢活干"，让他们能够抽身出来，处理一些需要基本法律素养的工作，从而产生新的高效审判团队，即"法官——审判辅助人员（法官助理、书记员）——审判技术（区块链、智能音字转换、人工智能等）"。在庭审记录改革初期，书记员得到了"解放"，如何把解放出来的生产力传导给法官助理并最终传导给法官，需要对人力资源进行科学再配置。

4. 制度缺位：缺乏上位法的明确保障

目前，虽然替代人工记录的庭审录音录像的法律地位通过司法解释的方式予以肯定，但在诉讼法及法律解释层面未作出明确效力认可的情况下，难免有改革的合法性和有效性不足之嫌，可能会对后续改革的深化推进带来不利影响。

---

〔1〕 S. L. Wasby, "The World of Law Clerks: Tasks, Utilization, Reliance, and Influence", *Marquette Law Review*, 2014, 98: pp. 111~130.

有学者提出：我国的庭审记录电子化改革方案是在既有诉讼法律框架下的"谨慎尝试"，是对立法与司法实践进行"弥合"的结果。[1] 根据《最高人民法院关于人民法院庭审录音录像的若干规定》以及地方法院对庭审记录改革的规定，适用庭审记录改革需要经当事人同意，以当事人处分权的通过来保证庭审记录改革的正当性。从当事人的角度出发，这一做法的确充分保障了其诉权，但是与庭审记录的本质要求有所出入，庭审记录的本质是具有公权力属性的职权行为，其表现形式并不需要通过当事人的处分而形成。在此背景下，域外对于庭审记录改革的规定有所差别，其中日本《最高裁判所民事诉讼规则》规定，书记员在获得审判长许可后，可以使用录音带、录像带等形式代替口头辩论笔录。在审判长作出这种许可之际，当事人可以陈述相关意见。[2] 德国《民事诉讼法》允许法庭以录音方式作为言辞辩论和调查证据的暂时记录。是否采取录音的方式、采取何种录音的方式由审判长决定，当事人不得对此提出异议或者上诉。[3] 因此，从制度层面来说，庭审记录改革的运用只是对庭审记录方式的优化，并不是从本质上实现庭审记录的电子化改革，只要在制度层面赋予其功能等价性以及可替代性，就无需考虑当事人因素是否会影响具体的诉讼进程。[4]

---

〔1〕 张兴美："庭审记录方式电子化改革的反思与建构"，载《法学杂志》2019 年第 1 期。

〔2〕 参见《日本民事诉讼法典》，曹云吉译，厦门大学出版社 2017 年版，第 435 页。

〔3〕 参见《德国民事诉讼法》，丁启明译，厦门大学出版社 2016 年版，第 41 页。

〔4〕 ［德］尼古拉·普鲁士："民事诉讼中电子文书交往的程序法基础"，陈慧译，载许多奇主编：《互联网金融法律评论》2015 年第 3 辑，法律出版社 2015 年版，第 88 页。

5. 技术障碍：司法与技术的隔阂

通过笔者的网络检索和实践调查发现，由于司法信息化是目前各地法院的重点工作，所以在信息化管理的工作模式上，大部分法院均表示信息化工作的开发与维护由高院统一进行，也存在部分法院或特色法庭可以在此基础上开展特色的信息化工作。通过集约型的信息化工作的确可以节省人力、财力，避免资源浪费并统筹推进庭审工作，但是在实际操作中，其一方面难以兼顾不同法院的需求，另一方面在出现实际问题时也难以及时加以解决。

以 S 市法院为例，此次庭审记录改革的推进逐步由线下走向线上，适用庭审记录改革并同时采取在线庭审的案件占 6%，适用庭审记录改革并同时进行互联网直播的案件占 13%。线下庭审记录改革内嵌于法院内网的审判管理系统，线上庭审记录改革内嵌于外网的在线庭审系统。线下系统的服务器终端在各法院，由本院行政装备科负责；线上系统的服务器终端在于高院，由高院行政装备处统一调配。另外，由于在线庭审系统与庭审记录改革系统由不同技术公司研发，在庭审中出现技术问题时，需要及时反馈到本院行装部门，再由本院行装部门对接高院以联系不同的技术公司，解决技术问题所花费时间长。另外，统计数据显示，作为庭审录音录像真实性的重要保证的元数据表，在庭后实时生成的概率仅为 88%，或者开庭无录音录像、无语音转写笔录等情形，导致程序上出现瑕疵，客观上增加了工作负荷。在庭审记录改革中同时运用了智能语音转换，从统计数据看，存在智能转换文字记录未生成或生成不完整等情形，其中没有生成智能转换文字记录的庭审占 13%，生成不完整文字记录的庭审占 25%。此外，还存在较多全文笔录文件大小与摘要笔录文件大小不相称、笔录文件大小与音频大小不匹配的情况，原因可能包括未开启语音识别系统，或语音识别系统出现故障、中断，或书记员到庭对生成的文字记录作了大量删减修改等。

### 四、未来走向：庭审记录改革的进一步优化

#### （一）原则：贴近审判需求

1. 贴近司法人员的根本需求

目前司法信息化的发展多是由技术公司设计在前，改革在后。但需明确的是，司法权的行使主体是法官，信息技术与司法审判的结合是技术逻辑与法律思维的融合。[1] 因此，信息化建设应严格遵循司法审判规律，始终贴紧促进法官更高效办案这一原则，应当以一线干警的需求为主导。在不增加法官审理负担的情况下，加强改革的便捷性建设，汇集人员需求，形成符合司法规律的改革算法，缜密构建、审慎取舍，防止改革流于形式，做到真正的庭审实质化，最终实现改革的最佳效能。

考虑到目前庭审记录改革中的争议问题，应循序渐进地加以推进，切勿对其作一刀切。一方面，促进法院司法人员和当事人正确认识庭审记录改革并加以科学践行，推动形成诉讼参与人、社会公众、法院工作有关单位对庭审记录改革的认同感；另一方面，从人本主义的角度改进改革细节，回归以审判为中心的诉讼制度改革初衷，进一步落实人力资源配置等配套措施，打出改革"组合拳"。

2. 以尊重规律、循序推进为基本准则

若要充分、合理地发挥信息技术在司法工作中的优势，就需要紧紧围绕司法改革进程中的工作重点，结合信息技术在效率场域中的独特优势，以及司法公正特别注重过程公开性与程

---

〔1〕 参见任昊："智慧法院新技术下民事司法的革新"，载《上海法学研究》（集刊）2020 年第 5 卷。

序正当性的特点，统筹协调、有的放矢地循序推进司法与技术的深度融合。科学把握在改革推进过程中的不可预测性，稳步扎实地推进改革，尊重司法规律，切勿片面追求上层以及媒体关注。尤其在各法院均推进信息化的过程中，法院应当立足本位，保持清醒，不要被兜售概念、囊肿无物的技术公司"绑架"或忽悠，[1]有效杜绝技术依赖以及技术泡沫。有学者提到过在推进信息化的过程中，存在将人工智能、区块链与自动化技术混同的情况发生。[2]因此，应当在坚持基本原则、调整方式等总体方向的前提下，制定能够具体切入、精准实施的建构方案，实现庭审与技术的精准嵌入。

此外，在研发信息技术产品的过程中需要承担前期大量的资金投入与运行过程中的维护成本，因此量力而行、加强统筹规划，防止低水平重复研发，注重实用而非宣传等，也是必须注意的事项。

（二）转变理念，深化对庭审记录改革的认识

1. 准确定位：是减负，更是改革

庭审记录改革的最初出发点是为基层一线的书记员减负，书记员是最先享受到庭审记录改革红利的群体。但是不能将其局限于此。S 市 Q 区法院在推进庭审记录改革过程中，将其与民事诉讼程序繁简分流改革相结合，充分发挥庭审记录改革的溢出效应，如庭前法官助理通过庭前会议等方式完善审前工作，明确诉辩争议焦点；庭中法官围绕诉讼请求和争议焦点采用要素式审判，当庭裁判率明显提升；庭后借助法律文书智能辅助系统快速撰写简式文书，实现调解书当庭送达、各类判决书庭后 3 日内完成制作，提升了审判质效和司法公信力。

---

〔1〕 何帆："我们离'阿尔法法官'还有多远"，载《方圆》2017 年第 2 期。

〔2〕 左卫民："从通用化走向专门化：反思中国司法人工智能的运用"，载《法学论坛》2020 年第 2 期。

庭审记录改革属于法院内部的技术改革，其切口虽小，但是通过将信息技术嵌入诉讼程序，进一步实现了当事人诉讼的便捷化和案件审理分工体系的精细化，是一种成本最小的改革。[1] 庭审记录改革在整体上促进审判全程高效进行，为司改后的制度完善和升级提供了持续的动力，也是促进区块链技术在司法领域突破的重要途径。

2. 精准适用：是选择，不是替代

庭审记录方式由早期的手工书写发展到电脑速录，现在已经逐步进入通过数字法庭实时保存录音录像的时代。对于法官而言，要顺应信息技术潮流，消除思想顾虑，增强对庭审记录改革的认同感，将庭审记录改革视为"授权"基层一线法官的一种"选择权"，并不是要求所有案件全部放弃传统笔录模式转而采用录音录像模式。法官对于每一个个案都可以视情选择传统笔录模式或者录音录像模式，即使选择了录音录像模式，也可选择书记员到庭做庭审笔记、书记员仅做庭前准备等工作模式。

因此，庭审记录改革不是给法官压了一副"担子"，而是多了一件"武器"。只要法官对自己的办案习惯稍作调整，就可发挥好这件"新式武器"的威力。

（三）分工层面：进一步优化人力资源配置

1. 调整各类人员配置

随着庭审记录改革的推进，通过优化人员职责和配置，实现从书记员减负到审判团队的整体减负，是持续推进庭审记录改革的重要一环。按照司法改革的要求，审判人员与审判辅助

---

〔1〕 曹丹、张成双："庭审同步录音录像替代人工记录的理论辨析、实践检视与进路优化"，载微信公众号《至正研究》，https://mp.weixin.qq.com/s/Dz7oFXxLZ12QyNgqiO0ULg，访问时间：2020年12月8日。

人员在配比上应该呈现"金字塔型"。[1] 但是实际中，司法人员难以有数量上的明显变化，可通过调整各类人员的职责及配比，逐渐实现法官、法官助理、书记员分别专项从事审判核心事务、技术类审判辅助事务和事务类审判辅助事务的改革目标。

具体而言，之前的"1 名法官+0 法官助理+1 名书记员"的模式可以视情调整为 2 种模式：第一种模式为"1 名法官+1 名法官助理（承担 50%法官助理职能+50%书记员职能）"；第二种模式为"2 名法官+1 名法官助理+1 名书记员（司法文员）"。此调整更加符合当前法院各类人员现状，也从根本上解决法官的负担，让法官回归审判核心事务，从而提升审判质量和效率，也实现员额制以及人员分类改革的价值。

2. 优化职责定位

司法改革的重心是"让审理者裁判，由裁判者负责"，理应让法官回归审判核心事务，集中精力于案件审判和裁判工作。[2] 按照上述配置调整后，审判辅助事务全部由法官助理、书记员以及信息技术去完成。针对审判核心事务，法官需要不断提升庭审驾驭能力、文书制作能力、群众工作能力，实现案结事了；另外，推进证据规则和程序规则的落地，实现审判事务的分离。[3]

而对于法官助理和书记员来说，应需重新调整工作重心，以提高工作的质量和效率。兼任书记员的司法文员专注做好送达、归档等辅助事务，提高书记员实务技能。兼任书记员的初

---

〔1〕 参见邹碧华："审判事务的分工与法官辅助人员的配置探讨"，载《法律适用（国家法官学院学报）》2002 年第 12 期。

〔2〕 参见傅郁林："以职能权责界定为基础的审判人员分类改革"，载《现代法学》2015 年第 4 期。

〔3〕 参见孙海龙、高翔："审判事务管理权的回归"，载《人民司法》2010 年第 9 期。

级法官助理，分担法官的专业性辅助工作，由庭审记录为主转变为以庭前准备和起草文书为主，增加发挥自身能力的机会，助力个人和团队的核心绩效指标的提高。

通过优化法官、法官助理、书记员的职责定位，将技术加持释放的生产力作用于全体司法人员，最终让人民群众共享庭审记录改革成果。同时，也能为审判辅助人员提供更好的平台，形成更加合理的法官助理进阶培养机制，进一步优化后备法官的养成机制。[1]

（四）审判层面：进一步调整办案习惯

1. 做实庭前准备

在调查过程中，许多法官提出，复杂案件并不适合采用庭审记录改革模式，因为复杂案件中的诉讼请求、证据及当事人都较多且往往对于该案件的第一次庭审思路不明，一旦通过庭审记录改革模式开庭后，若没有书面笔录，后续将难以审理，更无从撰写判决书。的确，复杂案件适用庭审记录改革模式存在一定困难，但如果做好充分的审前工作，适用庭审记录改革模式即可事半功倍。针对复杂案件，可由法官助理先行召开庭前会议固定诉辩争议、初步举证质证、形成争议焦点，列出开庭提纲，为法官后续实质性开庭做好准备。针对简单案件，由法官自行完成庭前阅卷等实质性庭前准备工作，为一庭审结、当庭裁判做好准备。上述审前准备，一方面减少了法官在庭审中的程序性、重复性劳动，另一方面也缩短了庭审时间，提高了审判人员在审理案件的注意力和集中度，确保"好钢用在刀刃上"，既提高了开庭率又促进了庭审实质化的落实。

此外，笔者建议在庭前准备的程序上可作进一步优化，可

---

〔1〕 参见王亚明："司法改革语境下审判辅助事务管理模式初探"，载南京师范大学法学院《金陵法律评论》编辑部编，《金陵法律评论（2018—2020年卷）》，商务印书馆2020年版，第185~199页。

设立庭前准备区以集中处理当日的庭前准备工作，待完成安检后，由专门人员集中处理开庭案件当事人的身份查验等工作，包括：核实当事人及诉讼参与人身份信息、委托手续；提示填写送达地址确认书、退费通知书；提示准备证据原件、复印件等。

2. 推广要素式审判

庭审记录改革实现了从传统的"以书面笔录为中心"的审判模式向以"庭审为中心"的审判模式转变，这种改变要求对传统的审判方式作相应调整，转而采取与之匹配的要素式审判方式，详言之：开庭后，法官做好法庭笔记，直接围绕诉讼请求或者案件要素进行审理，注重归纳，并做好当庭认证，及时裁判。在法官主持下，各方当事人围绕争议焦点，就证据分析、事实认定、法律适用进行一体化陈述，夹叙夹议、质证辩法，充分体现言辞辩论原则。

要素式审判改变了传统庭审构架，形成了以争点确定、事实查明、心证为中心的新型审判模式，有效解决了实践中存在的庭审集中度不高、过程不流畅、心证公开不够、诉讼突袭时有发生等痼疾，与庭审记录改革相得益彰、相互促进。

3. 及时作出裁判并简化文书

采用庭审记录改革模式开庭后，需要借助对庭审的新鲜记忆及时作出裁判。及时作出裁判，需要及时出具裁判文书。及时出具裁判文书，意味着必须简化文书。

因此，对于采取庭审记录改革模式的简单案件，原则上应当当庭处理。当庭撤诉的，可以当庭作出口头裁定，不再制发书面裁定；当庭调解（含庭前调解）的，可以于调解结束后当场完成调解书的起草、制作和送达；当庭宣判的，可以在宣判当日或次日完成判决书的起草、制作和邮寄送达。笔者所在法庭已经初步实现了上述做法，文书均由法官向法官助理口述要点后，由法官助理起草文书，经法官审核、签发文书。这些做法得到了当事人的高度评价，也得到了法官和法官助理、书记员的一致认可。

对于文书简化，最高人民法院《民事诉讼程序繁简分流改革试点实施办法》第 9 条、第 14 条对小额程序、简易程序的裁判简化作出了明确的规定，可以参照执行。

**（五）技术层面：进一步完善智慧庭审系统**

技术保障是庭审记录改革的坚实支撑。目前来说，现有技术条件能够满足庭审记录改革的要求，法官的技术操作也并不复杂。但是，在技术升级方面仍有许多空间。

**1. 优化庭审记录改革软件**

一方面，改善法庭硬件设计以及网络带宽，增设网络带宽达标率等指标，继续优化相关软件，解决系统启动缓慢、语音文字识别笔录断行、话筒串音、元数据表无法生成、录音与录像不同步、录音不能回溯等问题，继续加强区块链、5G 等新技术运用，解决系统卡顿、延迟的问题，保障庭审的完整性。另一方面，在技术人员方面，配齐配强技术人员，保障在庭审出现问题时，能迅速联系上技术人员以解决问题，避免庭审无语音转写笔录、无录音录像的问题发生。

**2. 提升录音回溯、语音识别的精准度**

试点初期，大部分法官最关注的问题是录像回溯和语音文字转换笔录问题，但这两项关键功能的精准度并不高，尚不能满足法官的需要。因此，建议技术部门加快研发快速检索录音录像功能及语音、文字间的高精准转换技术，为法官庭后制作判决书时快速回放音视频资料、准确定位所需信息提供便利。

**3. 构建录音录像存储中心**

基于庭审录音录像的唯一性及其数字化的记录和保存，为了避免风险，应当需要对庭审录音录像的更高质量的法律保护和技术要求。[1] 对此，美国政府专门建立了数字权利保护系统来加强对包括但不限于庭审笔录、录音录像等法律文件的保护，[2] 而我国也应当对此建立特殊的保护系统。

开庭结束后，不少当事人当场提出要复制录音录像，给审判人员带来负担。因此建议进一步开发相应平台，实现庭审录音录像资料在各级网络间上传、存储、调阅、查询的无缝对接，实现方便快捷、互联互通，必要时可吸收借鉴最高人民法院三大公开平台建设的成功经验，建立法院统一的存储中心和庭审录音录像查阅平台，彻底解决当事人复制笔录的问题，也为实现司法公开深度延伸做好铺垫。

---

〔1〕 See Kamal Halili Hassan, "The use of technology in the transformation of business dispute resolution", *Eur J Law Econ*, DOI 10. 1007 /s10657‐012‐9375‐7, pp. 22~28.

〔2〕 Millan, J. E. (2006). E‐Courts：The Times：They Are A‐changin. online：http：//aja. ncsc. dni. us/courtrv/cr42‐3and4/CR42‐3McMillan. pdf. Accessed on 26 FEB. 2021.

# 比较法视野下警用人脸识别技术 与公民隐私保护之平衡[*]

贾斯瑶　　郭旨龙[**]

**摘　要：** 信息技术的革新正在重塑执法人员的犯罪侦查方式，人脸识别技术的应用有利于提高刑事侦查的效率，但也同时对公民的隐私保护构成隐忧。本文旨在探讨司法办案过程中如何平衡好二者的关系，使其既能充分发挥信息技术侦查的作用，维护公共安全、打击刑事犯罪，又能有效保护公民面部特征信息。在阐释刑事侦查过程中人脸识别技术应用现状的基础上，勾勒警用人脸识别技术场景下对公民隐私保护之忧患。以宪法权利视角为切入，从理论上确立公民面部特征信息的权利地位，同时反思和借鉴美国、欧盟司法实践中警用人脸识别技术法律的规制思路。通过比较法学的研究视角，可以进一步分

　　* 本文系中国政法大学青年教师学术创新团队支持计划"个人信息保护与数据安全治理"（项目编号：20CXT003）与北京市社会科学基金青年项目"网络数据刑法的规范结构与罪名功能"（项目编号：20FXC018）阶段性研究成果。

　　** 贾斯瑶，中国政法大学网络法学研究院研究助理。郭旨龙，中国政法大学网络法学研究院研究员。

析我国警用人脸识别技术使用的边界，以期探讨我国在数字时代解决刑事侦查与隐私权保护之间界限难题的进益之法。

**关键词**：警用人脸识别；个人敏感信息；犯罪控制；刑事侦查技术

## 一、问题之提出：刑事侦查中人脸识别技术的运用

侦查技术的不断升级，使大数据侦查模式成了我国刑事侦查发展的新兴力量。有学者将大数据侦查定性为"针对已经发生或者尚未发生的犯罪行为，在以云计算为基础的技术平台上采取数据挖掘的方式，固定证据、证明犯罪事实或者预测犯罪，推进侦查活动顺利进行的一种现代化的侦查模式"。[1]

随着信息网络与计算机图像处理技术的发展，一种基于个人面部特征的生物识别技术应运而生。所谓人脸识别技术，是指通过计算机与光学、声学、生物传感器等技术手段，利用人体固有的生理特性（如指纹、虹膜等）和行为特征（如笔迹、声音、步态等）来进行个人身份的识别与鉴定。人脸识别技术以摄像机作为信息获取装置，以非接触的方式捕捉获取识别对象的面部图像，将其传输至计算机系统后与数据库图像进行比对完成识别过程。

面部识别技术具有捕获人脸、进行人脸跟踪和人脸识别比对的功能。人脸捕获，是指在一幅图像或视频流的一帧中检测出人像并将人像从背景中分离出来，并自动地将其保存。人像跟踪，是指利用人像捕获技术，对指定的人像在摄像头拍摄的范围内移动时进行自动跟踪。人脸识别比对，包括核实式和搜

---

[1] 朱嘉珺："数字时代刑事侦查与隐私权保护的界限——以美国卡平特案大讨论为切入口"，载《环球法律评论》2020年第3期。

索式两种鉴别方法。核实式，是指对将捕获得到的人像，或是指定的人像与数据库中已登记的某一对象作比对，核实确定其是否为同一人。搜索式，是指从数据库中已登记的所有人像中搜索查找是否有指定的人像存在。[1] 随着信息网络与计算机图像处理技术的发展，人脸识别技术不仅在移动支付、智能设备解锁等生活领域中予以广泛应用，更能在刑事侦查中协助警方快速准确地完成布控与识别。

（一）刑事侦查中人脸识别技术的使用途径及方式

刑事侦查是指有关人员为了查明案情和收集证据而就被指控犯罪的行为所进行的调查活动，[2] 其主要有"事—人"和"人—事"两种侦查模式，前者从涉嫌犯罪事实出发，以事立案来排查犯罪嫌疑人；后者一般以犯罪嫌疑人为对象，以预谋事实为根据开展侦查。[3] 司法实践运用人脸识别技术进行侦查时，通常同时采用面部画像、关联抓取、搜查比对等模式，对重点人员开展实时布控。其本质是从对个人面部特征的识别关联到其身份及行为信息，挖掘被识别人在社会中的全样本数据从而产生信息协同效应。

在我国，使用人脸识别技术的国家机关主要有公安机关和政府有关部门，为了维护国家安全和社会治安，保护公民的合法权益，国家机关依法行使职权。我国《反恐怖主义法》第50条规定，为调查恐怖活动嫌疑的需要，公安机关可以提取或者采集个人的生物识别信息。我国《人民警察法》第2条第2款

---

〔1〕 高荣林："美国警方使用面部识别技术与公民隐私保护问题"，载《重庆邮电大学学报（社会科学版）》2018年第6期。

〔2〕 何家弘编著：《外国犯罪侦查制度》，中国人民大学出版社1995年版，第4页。

〔3〕 胡荣："刑事侦查中位置服务数据利用及其立法规制"，载《学习与探索》2020年第4期。

规定，人民警察包括公安机关、国家安全机关、监狱、劳动教养管理机关的人民警察和人民法院、人民检察院的司法警察。本文在此范畴内探讨人民警察使用人脸识别技术的风险与边界。

为了治理闯红灯等违法行为，济南、福州等交警部门在十字路口设置面部识别摄像头，曝光不遵守交通规则行人的身份信息。[1] 北京奥林匹克公园的公共卫生间为提示如厕人员节约用纸，安装了自动辨识脸部的机器，至今，公众在每次抽取前都需完成人脸识别。[2] 高铁安检、机场安检也普遍采用人脸识别技术。从实际应用场景上看，警用人脸识别摄像头及设备通常布控在交通枢纽（火车站、机场、汽车站、地铁、公交）、商场、超市、医院、室外主要行人通道、娱乐场所、宾馆、酒店、海关边检、小区、银行等人员密集通行的场所。从技术手段上看，警用人脸识别技术背靠公民身份信息资料库，能够有效抓取人员的面部特征信息，并对比、识别检测范围内的人员，人脸识别系统自动完成头肩检测、跟踪抓拍、信息评估、自动报警等一系列实时监控动作。无论是在固定场景的布控或是在大范围复杂场景的布控中，都具有高识别率、高效率的技术优势。从侦查成本上看，人脸识别技术具有边际成本递减效应。只要完成基础硬件设施的搭建和人脸信息库的完善，单次使用人脸识别技术的成本甚至可以忽略不计。

（二）刑事侦查中人脸识别技术对面部特征信息的威胁

面部特征信息属于个人敏感信息，即一旦遭到泄露或滥用，

---

〔1〕 柴安东：“多地启动人脸识别抓拍整治闯红灯 是否侵犯隐私？”，载中华网，https：//news. china. com/socialgd/10000169/20170613/30717537. html，发布时间：2017 年 6 月 13 日。

〔2〕 陈志芳、潘颖欣、冯群星：“‘人脸识别厕纸机’品牌创始人回应隐私争议：人脸数据会定时清除”，载腾讯网，https：//new. qq. com/omn/20191205/20191205A0DEU800. html，发布时间：2019 年 12 月 5 日。

将会对个体的自由与人格尊严造成极大威胁，极易给信息主体造成人身和财产损害。公共场所下使用人脸识别技术对面部特征信息造成的威胁主要表现为三个方面：

第一，个人隐私的范畴随技术的发展而扩大。信息技术使得原本不属于隐私的信息升格为隐私信息，更为先进的技术手段能够获取、辨认和利用先前无法识别或无识别价值的信息，挖掘一切信息背后能与个人身份相连接的元素，从而附加与个人的强关联性。举例而言，在人脸识别技术出现以前，个人面部特征信息的隐私属性尚未显现，公民个人在公共场所中对自己的面部特征并不具备隐私期待与担忧。数据采集习惯的更改与个人信息保护意识的增强之间存在时间差，数据收集主体依赖技术的便利性，难以主动察觉和更改大量采集数据的惯性。而只有当被采集者意识到个人信息权益受到侵害后对权益进行主张时，才能反向引起收集主体重视个人信息的保护。正是时间上的滞后决定了面部特征信息属性的升格，早于信息主体对面部特征信息收集的足够重视、数据收集者对面部特征信息的特殊保护，由此造成对信息的过度收集与使用。

第二，人脸识别技术的可靠性与信息安全引发担忧。人脸识别技术依赖采集场景的光线、角度、数据库内照片清晰度等因素的干扰，从识别率上看存在错误的可能。一旦比对成功即将无罪之人识别为罪犯，并获取其更多的身份、行踪信息甚至实行抓捕；若比对失败则将有罪之人释放。同时，人脸识别技术应用存在数据泄露与非法使用数据的风险。微软公司在2019年6月宣布其旗下拥有近10万人面部信息的数据库MS Celeb因隐私保护瑕疵和数据泄露而被删除；2020年初，厦门银行人脸识别APP因身份认证步骤被抓包拦截遭仅有高中学历的黑客攻破。由此可见，人脸识别技术依赖于大量真实的个人信息，一旦泄露或滥用后果十分严重。

第三，对人脸识别技术不加限制的应用可能造成对特定群体的歧视。该技术可能成为公权机关针对持不同政见者、少数种族、少数宗教人士和侵犯公众感情生活方式的有力武器。在美国迈阿密海岸，警方通过视频重点监控低收入的黑人群体和西班牙移民。甚至在身份认证的情境中，对于不同肤色、种族、性别人群的识别准确率也存在差异。

## 二、权利之溯源：我国公民面部特征隐私的宪法基础

（一）人格尊严之隐忧

我国《宪法》第 38 条规定："中华人民共和国公民的人格尊严不受侵犯。"人格尊严是人的尊严与体面，人有尊严地活着意味着人得到了其应享有的尊重。在各国宪法中，有关人格尊严的具体表达形式不一：德国基本法中将其表述为"人的尊严"，日本宪法中将其规定为"对个人的尊重"。任何新的技术、以任何手段和方式对人的尊严进行侵犯，使人感受到非人格的对待时，都触犯了人的人格尊严。[1]

人脸识别技术在公共场所内无差别、大范围、连续性采集公民面部信息，很可能对公民的人格尊严造成伤害。在我国和西方的文化传统中，在公共场所持续注视他人被视为一种粗鲁的、冒犯的行为。虽然在人脸识别技术出现以前也存在监视器、摄像头遍布的情形，但其技术核心是捕捉场景的"画面"，没有强针对性地捕捉人脸并与个人身份信息直接关联，以勾勒出公民的个人信息化形象。在人脸识别技术普及后，摄像机与识别系统使得公民的隐私无处可藏，无形中加剧了被识别人的被监视、被检视等不安心理，在违背文明社会的礼貌规范的同时也挑战了人的尊严。

---

〔1〕 林来梵：《宪法学讲义》，清华大学出版社 2018 年版，第 410~411 页。

面部隐私相较于其他生物识别信息与人的尊严感有更紧密的联系。在社交互动中，主要依赖面部表情传达和解读情感信号，面部信息不仅承载了身份认知的符号，更是人际情感交流与社会关系构建的基础。滥用人脸识别技术可能导致对个人身份和人格的物化，马斯洛在其需求层次理论中指出"人格标识的完整性与真实性是主体受到他人尊重的基本条件"，人作为目的性的存在，需要保持其人格的独立性受到尊重，从而实现有尊严的社会生活。

（二）人身自由之隐忧

在宪法意义上，人身自由指的是任何人享有的在无正当理由时其身体不受搜查或拘禁的自由。我国《宪法》第 37 条规定："中华人民共和国公民的人身自由不受侵犯。任何公民，非经人民检察院批准或者决定或者人民法院决定，并由公安机关执行，不受逮捕。禁止非法拘禁和以其他方法非法剥夺或者限制公民的人身自由，禁止非法搜查公民的身体。"此处的"非法搜查"为广义概念，泛指需要对公民个人隐私进行干预的搜集、调查、追踪等技术侦查手段。[1]

人脸识别技术无需接触即能完成对公民面部的追踪、行踪轨迹的合成以及与信息社会中其他个人信息的关联，其侦查手段与传统的物理搜查存在转换与替代效果，刑事侦查中对公民权利的干预所需要的物理"侵犯"越来越少，法律中对"人身自由"的定义也应随之向虚拟空间延展。人脸识别技术大大降低了刑事侦查的成本，提高了刑事侦查的速度和效力，但同时也导致刑事侦查活动中违宪使用该技术的门槛大大降低。《公安机关办理刑事案件程序规定》第 263 条规定，公安机关在立案后，根据侦查犯罪的需要，可以对法律规定的严重危害社会的

---

〔1〕 胡锦光、韩大元：《中国宪法》，法律出版社 2018 年版，第 259 页。

犯罪案件采取技术侦查措施。由此可以推导出侦查技术是针对涉及严重危害社会犯罪的嫌疑人展开，而不应无差别地以对待犯罪嫌疑人的技术手段对待全体公民，使公民在不具备嫌疑性的情况下被透明化，甚至追踪合成公民的行踪轨迹、生活隐私等。

### 三、平衡之历程：美国警用人脸识别技术的规制思路

（一）个人是否对面部特征信息具有合理隐私期待

个人在公共场所中享有匿名的权利和隐私，主观上并不期望被他人实时观察和辨认。同时由面部识别形成的个人行踪轨迹信息、位置隐私，也是个人不希望公开和透明的隐私。在1967年卡茨诉合众国（*Katz v. United States*）案[1]中，Harlan大法官首次提出"合理隐私期待"的概念，具体指如果公民在主观上期待其某种隐私受到保护，且这种期待在社会中普遍存在，那么政府对这种隐私的侵犯将构成"搜查"，需要根据宪法第四修正案申请搜查令。结合美国司法实践的发展，本文认为公民在公告场所中对自己的面部特征信息享有合理的隐私期待，因此使用人脸识别技术必须事先获得搜查令，否则可能违反美国宪法第四修正案中的"禁止无理搜查和扣押"。

有学者认为，当个人经过警方摄像头时采取了有效措施试图隐藏其面部特征，或试图避免其被面部识别技术的识别，个人则对其暴露于公共场所的面部特征享有主观上的合理隐私期待。相反，如果经过摄像头的行人没有采取任何措施试图隐藏其面部特征，或在摄像头下进行违法犯罪活动，则警方使用面部识别技术则不会引发宪法第四修正案的相关问题。[2] 笔者认

---

[1]　See *Katz v. United States*, 389 U. S. 347（1967），at 352.

[2]　高荣林："美国警方使用面部识别技术与公民隐私保护问题"，载《重庆邮电大学学报（社会科学版）》2018年第6期。

为，上述以主观隐私愿望作为是否具有合理隐私期待的判断标准并不恰当。其一，将公众人物与普通人予以区别对待，可能徒增个人生活的警惕性与危机感。例如明星佩戴墨镜、口罩即具有不被识别的隐私期待，而普通人没有采取措施则不具备该期待，但在新冠疫情等情况下所有人均佩戴口罩，是否能理解为所有人都对面部特征不被识别具有合理期待？其二，具备主观隐私愿望采取隐藏面部特征行为的前提是警方履行告知义务，但警方的侦查行为往往秘密进行，摄像头及识别技术无法向公众完全公开，导致以是否具有主观隐私愿望作为判断侦查行为是否合宪的可行性较低。

合理隐私期待的范围应采取一般人标准，结合侦查技术的实际效果来判断行为人是否具有合理隐私期待。美国最高法院的许多判例也证实了这一观点，公民的合理隐私期待伴随侦查技术的升级而扩大，理应及时修正"非法搜查"的内涵，实现对公民权利的有效保护。在 2013 年的新泽西州诉埃尔斯（*State of New Jersey v. Earls*）案中，新泽西州最高法院认为，根据新泽西州宪法，警察必须基于"合理理由"获得搜查令后才能获取公民私人手机内的信息。[1] 法官认为，手机在现代生活中具有高度隐私性，关联着个人生活的多个细节，包括政治活动、私人关系、消费记录、医疗信息等，这些均为公民不愿意与他人分享的隐私，不得随意入侵。在 2014 年的合众国诉戴维斯（*United States v. Davis*）案中，联邦上诉法院第十一巡回区强调，手机只要处于开机状态，每隔 7 秒就会自动搜索基站信息，并且与信号最强的手机基站取得联系，形成定位，这一过程是自动完成的。[2] 当随身携带手机时，其定位直接暴露主人信息，

---

[1] *State v. Earls*, 70 A. 3d 630（N. J. 2013）.

[2] See *United States v. Davis*, 754 F. 3d 1205, 1216-17（11th Cir. 2014）.

检测手机定位显然是直接掌握了公民在公共领域的行踪信息，是对个人生活全面、密集的监视。同类案件还有 2018 年的卡朋特诉合众国（*Carpenter v. United States*）案[1]，在该案中，公诉机关从嫌疑人的手机通信服务公司即 MetroPCS 公司和 Sprint 公司中共获得其定位信息 12898 个，导致其被判犯有抢劫罪、联邦暴力犯罪中的持枪罪等 6 项罪名。案件最终被上诉至美国联邦最高法院，判决认为手机定位信息属于公民的合理隐私期待，受宪法第四修正案保护，政府对公民手机定位信息的调取属于非法搜查。

在人脸识别技术出现以前，如果要完成公共场所内的"人像追踪"，需要消耗大量的警力、物力、财力，因此社会普遍的合理隐私期待是警方不会轻易花费巨大的成本对待公民，特别是毫无嫌疑、嫌疑轻微的公民。人脸识别技术出现后，警方可以无差别地采集追踪监控个人的面部特征信息，且在公民不知情的情况下使用该信息，而公民难以察觉和监督。根据前文的论述，面部特征信息在当下时代早已与个人身份、行为信息紧密关联，可以轻而易举地合成公民的动态路径乃至生活细节。甚至可以说，个人的全部生活隐私都被压缩在面部特征信息之上，个人当然对面部特征信息享有合理的隐私期待。

（二）使用人脸识别技术是否构成"搜查"

人脸识别技术不具备物理侵入性，其是否能够构成搜查成为争议的焦点。本文认为使用人脸识别技术构成宪法第四修正案中的搜查。首先，应判断该技术是否为一般公众可以使用的技术。其次，应考量该侦查技术对公民合理隐私期待的威胁是否与"搜查"所要求的"揭示大量的或精准的隐私信息"的程度相同。

---

〔1〕　See *Carpenter v. United States*, 585 U. S. 2018.

在 2001 年吉洛诉合众国（*Kyllo v. United States*）一案中，警察使用热探测设备探测到嫌疑犯的住宅中使用了大功率的电灯，因此警察怀疑其在宅内种植大麻。美国最高法院的判决意见为，警方使用的热探测设备不属于"一般公众可以使用的技术"，同时该技术用于获取住宅内个人生活的详细信息。公民对其住宅内信息享有合理的隐私期待，如果不适用该技术，则必须通过进入嫌疑人的房间才有可能获知该信息，因此警方的行为属于搜查行为。

面部识别技术作为生物信息识别技术，与指纹信息、虹膜信息的采集与比对相比较，其显然不属于一般公众可以使用的技术。美国宪法第四修正案的大意为，公民的人身、房屋、物品不受侵犯，政府除非有正当理由不得搜查与扣押。因此使用该种技术的行为应认定为搜查，可能侵犯嫌疑人所享有的宪法第四修正案中规定的隐私权。

虽然没有直接使用人脸识别技术的判例，但视频监控严重侵犯隐私利益的判例有许多。在托雷斯一案[1]中，警方在疑似恐怖分子的活动场所中放置视频监控装置，及时阻止了恐怖分子制作炸弹的犯罪活动。美国联邦第七巡回法院认为，该场所并非私人之地，且恐怖活动具有高社会危险性，在平衡监控的必要性与隐私的侵入程度后，认为该监控行为并不构成危险。但同时，法院也强调，视频监控是一种侵入性较高的技术，使用该技术前必须有更为严格的审查标准，如果这种侵入性的搜查超出了使用视频监控的必要范围，即使警方获得了搜查令也可能违反宪法第四修正案。人脸识别技术融合了视频监控的技术优势与人工智能自动识别的系统优势，可视为视频监控系统的智能化发展，其搜查力度与侵入性较传统的视频监控有过之

---

〔1〕 *United States v. Torres*, 751 F. 2d 875, 880–81（7th Cir. 1984）.

而无不及，由此推证人脸识别技术属于搜查的范畴。

## 四、比较之分析：我国警用人脸识别技术的合法边界

### （一）我国人脸识别技术的特殊背景：民用商用广泛

与美国、欧盟等国家和地区不同的是，我国国民对人脸识别的接受度普遍较高。人脸识别技术的应用在我国起步较早，2001 年，公安部门开始利用人脸识别技术防范和打击重大刑事犯罪。2008 年北京奥运会时期，我国人脸识别技术进入规模化应用。2014 年，阿里巴巴等大型互联网企业推广人脸识别，以现金优惠、折扣福利等方式使"刷脸"迅速铺开。2018 年，北京大学等高校采用人脸识别技术作为入校入园、进入宿舍的门禁系统，滴滴上线人脸识别系统等。在刷脸支付、刷脸解锁等人脸识别技术被广泛民用、商用的过程中，彼时个人信息保护尚未在全社会引起关注，"刷脸"带来的快捷和便利体验使得我国国民对人脸识别技术普遍形成了较高的接受度。因此，我国国民对面部特征信息的隐私期待标准不能完全照搬美国，在实际应用中应结合人脸识别技术在我国的应用现状进行考量。

### （二）由美欧立法看我国面部特征信息的法律保护现状

确立警用人脸识别技术的边界，首先需要确立个人面部特征信息的法律地位，明确保护位阶，因此借助美欧立法来分析我国面部特征信息法律保护的现状，推导面部特征信息在我国立法中的保护思路。

在人脸识别技术对个人人格尊严、隐私权利、信息权益造成现实威胁的时代背景下，面部特征信息保护的法治化成为世界范围内个人信息立法保护的崭新趋势。就面部特征信息的立

法保护而言，[1] 世界范围内主要有两种代表性立法模式：一种是美国的专门立法保护模式；另一种是欧盟的综合立法保护模式，如《通用数据保护条例》（GDPR）。

美国在联邦和各州层面陆续制定了有关生物识别信息保护的专门立法，2020 年的联邦隐私法案《消费者数据隐私和安全法案》（Consumer Data Privacy and Security Act of 2020，CDPSA）在第二部分第 14 条中明确了个人敏感数据包括面部特征信息在内的生物识别数据，[2] 使对面部特征信息的保护通过个人敏感数据保护规则得以实现。伊利诺伊州、得克萨斯州、加利福尼亚州旧金山市等州或城市陆续制定了有关生物识别信息保护的专门立法，以伊利诺伊州《生物识别隐私法案》（Biometric Information Privacy Act，BIPA）为代表，该法案通过规范除政府以外的企业、协会和其他组织对生物识别信息的处理行为，以保证公共安全和公共利益。[3] 具体包括拥有生物识别信息的企业或组织必须制定书面政策并向全社会公开，书面政策包括生物识别信息被保存的时间及销毁规则等。

欧盟则采取原则上禁止面部特征信息的收集处理的保护态度，《通用数据保护条例》中第 9 条明确规定了生物识别数据属于特种个人数据。对于个人面部特征信息的收集和处理，GDPR 提出了较为严格的要件，即"禁止处理"、"明示同意"和"法

---

[1]　潘林青："面部特征信息法律保护的技术诱因、理论基础及其规范构造"，载《西北民族大学学报（哲学社会科学版）》2020 年第 6 期。

[2]　参见 Consumer Data Privacy and Security Act of 2020，CDPSA，Section 2 (2020).

[3]　参见 Biometric Information Privacy Act，740 ILL. COMP. STAT. § 14/1 (2008).

定必要"。[1] 欧盟在 2021 年 4 月提出《人工智能行业监管草案》,[2] 明确其对防范和监管 AI 技术高风险应用所采取的谨慎态度,其中包括"原则上禁止"在公共场合使用远程生物识别技术,除重大犯罪(如恐怖主义、绑架)外禁止在公共场所进行远程生物识别。人脸识别技术在人工智能领域备受争议,以远距离生物识别系统为首的人脸识别技术被认定为高风险应用,并严格限制执法部门除儿童失踪、恐怖袭击、甄别犯罪分子等限定情况且获得司法部门授权外,禁止使用这一技术。欧盟对生物识别技术持保守态度的背后,是对公民隐私的高度保护与对技术歧视的严格打击,反映出技术与伦理冲突下对"人类唯一决策"的不让步,即人工智能作为辅助系统仅能为人类提供建议,其无法替代人类的决策,同时为了防止人工智能歧视人类应对算法进行监督。

此外,2021 年 10 月,欧盟议会通过了《一项关于 AI 和警务的决议》,[3] 对警方使用 AI 进行的预测性警务活动实施严格限制措施。这也反映出欧盟议会对"人工智能工具价值"的坚持,当人类过度依赖和相信人工智能所反映出的客观和科学时,就陷入了忽视技术结果的局限性,可能导致技术歧视与对基本权利的侵犯。在算法的透明度、稳定性、可追溯性没有充分得到证实和记录时,司法机关和执法机关应避免过度依赖人工智能系统提供的结果。于场景化而言,警察在确定嫌疑人目标的

---

〔1〕 参见欧盟 GDPR 第 4 条第 14 款,"生物识别数据"是指基于特别技术处理自然人的相关身体、生理或行为特征而得出的个人数据,这种个人数据能够识别或确定自然人的独特标识。

〔2〕 参见欧盟 LAYING DOWN HARMONISED RULES ON ARTIFICIAL INTELLIGENCE(ARTIFICIAL INTELLIGENCE ACT)AND AMENDING CERTAIN UNION LEGISLATIVE ACTS.

〔3〕 参见 LIBE COMMITTEE PRESS:"A RESOLUTION ON AI AND POLICING", 2021 年 10 月 6 日。

情况下使用人脸识别技术对嫌疑人进行追踪具有正当性；在嫌疑人尚未可知时使用生物识别技术进行大规模检测从而推断和预测潜在犯罪对象，无差别地对所有人使用技术等同于默认所有人都有犯罪的可能，将公民置之于"具备犯罪危险"的假设之下，违背了技术使用的合目的性。

我国《网络安全法》第 76 条中将个人生物可识别信息认定为个人信息，《民法典》第 1034 条将个人生物识别信息纳入个人信息并在 1035 条确立了收集处理规则。2020 年出台的国家标准《信息安全技术 个人信息安全规范》中将个人生物识别信息列为个人敏感信息。[1] 从与美欧国家立法历程的对比上看，我国个人信息保护的法律体系尚不完全，个人信息、敏感个人信息的保护存在混淆，以面部特征信息为代表的生物识别信息与一般个人信息之间的界限模糊。随着《个人信息保护法》的出台，构建起对面部特征信息等生物识别信息的特殊保护机制成为可能。在特殊保护机制的背景下，面部特征信息与一般个人信息的差异性得以显现，面部特征信息在特别法保护框架下形成更为严格的保护态势。

（三）警用人脸识别技术的规范内涵及外延

警用人脸识别技术虽属于大数据侦查技术，但与传统侦查间存在转换，同时与搜查、调取存在重叠。根据我国《刑事诉讼法》第 136 条、第 139 条相关规定，搜查主要针对与犯罪有关的人身、物品、住处等有形物或地点进行搜索，且需要被搜查人与见证人在场；而调取主要针对与犯罪事实相关的物证、书证、视听资料等实物证据，需要被调取的单位和个人确认调取内容。[2] 人脸识别技术所获取的数据信息远远不止一张面部特

---

〔1〕 参见 GB/T 35273—2020《信息安全技术 个人信息安全规范》。

〔2〕 参见《公安机关执法细则（第三版）》第 9-02 条。

征的图像，其背后关联的数据信息量远大于"与犯罪事实相关"这一调取前提条件，且作为侦查对象的数据信息并未有形物或实体地点。

《公安机关办理刑事案件程序规定》第 264 条将技术侦查的范围概括为记录监控、行踪监控、通信监控、场所监控等。针对这一规定，有分析认为，监控手段的突出特征就是同步即时性，这与大数据侦查所具备的数据比对、分析的技术特点存在明显差异，因此技术侦查无法容纳大数据侦查。[1] 对此，本文持不同观点。在信息社会的发展中，通过对数字网络、信息载体的技术侦查往往可以起到传统意义上对人身、物品、地方搜查的效果。通过分析美国司法判例，可以证实大数据侦查技术往往包含了搜查与调取，其是在复杂信息社会中对传统侦查模式的兼容与升级。例如，个人手机信息的收集需要警方向信息主体和网络运营商调取用户信息，面部特征信息对行踪轨迹信息的合成与 GPS 的追踪、跟踪具有等同效果。

（四）程序法视角下警用人脸识别技术的规范

从目的正当性理论出发，警方在公共场所应用人脸识别技术必须出于重大公共利益、基于刑事侦查的实际需求而展开。根据前文论述，公民对面部特征信息具备合理隐私期待，人脸识别技术的使用是公民让渡个人隐私以平衡国家安全、刑事侦查效率的体现。因此警方在使用人脸识别技术前必须通过有权机关的审批，在其获得许可后才能使用人脸识别技术。规范警方权力行使的程序，如谨慎签发搜查证等，从权力的始发点控制不合目的的侦查行为。

同时，根据在比较法视角下得出的结论，人脸识别技术可

---

〔1〕 参见程雷："大数据侦查的法律控制"，载《中国社会科学》2018 年第 11 期。

能构成美国宪法意义上的"搜查",对应我国《宪法》第37条中的人身自由。警用人脸识别技术的应用可构成技术侦查措施。根据《公安机关办理刑事案件程序规定》第264条的规定,技术侦查措施是指由设区的市一级以上公安机关负责技术侦查的部门实施的记录监控、行踪监控、通信监控、场所监控等措施。技术侦查措施的适用对象是犯罪嫌疑人、被告人以及与犯罪活动直接关联的人员。第265条规定,需要采取技术侦查措施的,应当制作呈请采取技术侦查措施报告书,报设区的市一级以上公安机关负责人批准,制作采取技术侦查措施决定书。人民检察院等部门决定采取技术侦查措施,交公安机关执行的,由设区的市一级以上公安机关按照规定办理相关手续后,交负责技术侦查的部门执行,并将执行情况通知人民检察院等部门。

此外,公安机关内部应对人脸识别技术应用进行严密的监督与管理,确保技术的合法使用与采集信息的安全。人脸识别技术应谨慎使用,识别摄像头不可在私人住宅区、私人房屋内使用,只能将其适用范围对准机场、车站、道路等公共场所。只能针对犯罪嫌疑人、被告人及与犯罪活动直接关联的人员展开,不可无差别地对全体公民使用人脸识别技术进行追踪、捕捉。警方完成识别比对后,不得建立数据库存储没有犯罪或没有犯罪嫌疑的人的面部特征信息。对识别行为及信息留存应采取动态管理,在排除被识别人的嫌疑后应及时解除对被识别人的自动捕捉与追踪,并在数据库中删除该识别人的身份信息。如果采集面部特征信息的合法目的不再存续,应停止对公民面部隐私的干预。对于滥用该技术进行违法犯罪的执法人员,应给予相应的处罚。

## 五、结论

信息社会既需要提升侦查技术应对犯罪的能力,又需要警惕侦查技术对个人信息及隐私的侵蚀。美国警用侦查技术法律规制的历程横跨 30 余年，在不断试探新侦查技术与基本权利的冲突中探索警用侦查技术合宪应用的边界。欧盟从对基本权利的绝对尊重出发，近年来对警用生物识别技术从分级使用到全面禁止、逐步限缩。笔者认为，警用人脸识别技术与公民隐私保护并非为绝对对立的关系。在对未来技术赋能的高社会效率追求下，人工智能的决策建议将极大地助力司法，欧盟的"人类决策本位"思路提示执法人员应对人工智能的决策建议怀有警惕态度，但生物识别技术在侦查活动中的绝对禁止也将反向降低技术的安全性与执法的效率性。随着我国个人信息立法体系的不断完善，国民对个人信息的警惕与保护意识全面提升，警方应当谨守比例原则的依法行使职权，调整警用人脸识别技术的应用范围，警惕无效、过度的人脸识别技术的使用范围和频率，从而追求侦查效能与个人权益保护的动态平衡。

# "全球圆形监狱": 大规模监控与作为反人类罪的数据隐私侵犯?

迈克尔·博兰德 著, 安柯颖 译[*]

## 一、"恐惧吞噬灵魂"[1]

马太福音警告人们不要弄错重要性: 灵魂被认为比身体更重要, 因此人们应当更敬畏上帝, 因为他是唯一可以摧毁人类灵魂的存在。然而, 两千年之后, 上帝似乎在其领域内正面临着严重的竞争。乔治·奥威尔 (George Orwell) 的《一九八四》以及其他同类型题材的作品, 都一再表明, 人们有办法使其他人陷入无尽的恐惧之中, 使其无法说出自己的所思所想, 进而达成对灵魂的摧毁或者严重损害。如果这种恐惧状态持续了足够长的时间, 并且得到足够的负面刺激, 那么我们绝大多数人

---

[*] 迈克尔·博兰德 (Michael Bohlander), 英国杜伦大学法学院 (Durham Law School) 教授, 比较和国际刑事法学主席。柬埔寨法院特别法庭 (ECCC) 国际共同调查法官; 科索沃专家分庭法官。安柯颖, 法学博士后, 北京外国语大学法学院副教授。

[1] 参见 1974 年由 Rainer Werner Fassbinder 执导的电影 "Angst essen Seele auf" 的标题, 参阅 http://www.imdb.com/title/tt0071141/。

将开始遭受巴甫洛夫反射式的折磨，甚至变得不愿再回忆过去。[1] 如果确定与我们每个人所有相关的数据都可以被有如下特征的群体获取：（a）与人们的想法有重大政治或经济利益相关，同时（b）有着政治和经济上的力量来强制执行他们的立场，那么一种强有力的负面刺激就会形成。

在本世纪早期，美国国家安全局（NSA）和其姊妹机构英国政府通讯总部（GCHQ），正如处于意识形态阴影下的其他同行一样，在他们的"反恐战争"中明确表明了，他们有能力在人群中制造一种恐惧的文化（a culture of fear），即便这些人并未从事任何与恐怖主义相关的活动。2016年英国保守党政府出台的《调查权力法》被称为"窥视者宪章"[2]，体现了保守派政府为获取个人数据（与具体指控无关）付出了不懈的努力，包括：取消（数据）加密保护、[3] 部署无人机、创设全新或前所未知的对手类型，如"敌方战斗人员"，或者对这些人采用另一种独立的刑法，即所谓的"敌人刑法"（Feindstrafrecht）。

开放民主的古老理想越来越有可能屈服于对我们社会基础的敏感知识的行政控制的令人窒息的过度增长，德国人称此为

〔1〕 参见"关于新数字时代隐私理解中的自我审查效应"，《Blood Music on Darwin's Radio-Musings on social network data transparency, cyborg technology, science fiction and the future perception of human rights》，2013 Global Community Yearbook of International Law and Jurisprudence，2014年，第45~64页。

〔2〕 参见 www. legislation. gov. uk/ukpga/2016/25/contents/enacted。

〔3〕 参见2015年12月21日于英国《卫报》上英国首席执行官 Tim Cook 的批评，苹果呼吁英国政府缩减窥探者的宪章，载 www. theguardian. com/technology/2015/dec/21/apple-uk-government-snoopers-charter-investigatory-powers-bill。关于美国 FBI 和苹果公司之间的争论，载 www. computerworlduk. com/news/security/tim-cook-says-there-isnt-a-trade-off-between-security-and-privacy-3632367/。关于美国联邦调查局和苹果公司之间的纠纷，载 www. computerworlduk. com/galleries/security/apple-vs-fbi-in-quotes-bill-gates-google-microsoft-edward-snowden-3635572/#2。

Herrschafts wissen，这个概念已被翻译为"霸权知识"。[1] 这被广泛的政治团体视为不适合未经稀释的消费，主要是因为此类知识将损害国家安全并危及公共和平。[2] 正如 2014 年 9 月 23 日《联合国特别报告员在打击恐怖主义的同时促进和保护人权与基本自由问题的报告》中指出：

"迄今为止，实施大规模监控的国家尚未就其必要性提供详细的、可以作为证据使用的正当化事由……从《公约》第 17 条的角度来看，这几乎完全抛弃了与数字通信有关的隐私权。基于这些原因，对数字内容和通信数据的大规模监控对既定的国际法规则提出了严峻挑战。大规模监控程序的存在对隐私权构成了潜在的不成比例的干扰，简而言之，国家任意地收集所有的通讯或者元数据，与国家现有的隐私概念不符。"[3]

民主原则停止运作，因为讨论的所有参与者都无法获得相同的信息，更不用说他们有能力适当地消化各种复杂程度的信息了。从原则上讲，情况始终如此，在某种程度上，民主的理想始终是一个脆弱的概念，并带有一种幻想。但是，在我们这个全球化的时代，地缘政治利益的相互联系，无论是平行的还是敌对的，数据处理系统的力量前所未有并且稳步增长，并且伴随着潜在的广泛和系统的压制，集中在极少数人手中的信息被歪曲或以任何其他形式被滥用。理想的危险是一方面被强权者的现实政治冷嘲热讽，另一方面由于无能为力的人[4]的行动

---

〔1〕　参见 www. passagen. at/cms/index. php? id＝94&L＝1。

〔2〕　德国内政大臣德迈济埃（DeMaizière）于 2015 年 11 月表示，由于涉嫌恐怖威胁而使在汉诺威取消国际足球比赛的某些理由公开"扰乱"公众。参见斯蒂芬・库兹曼（Stefan Kuzmany），《明镜》（Der Spiegel），2015 年 11 月 18 日，我们不想知道的信息，请访问：www. spiegel. de/politik/deutschland/de－maiziere－zu－laender－spiel－absage－wuerde－die－bevoelkerung－verunsichern－a－1063439. html。

〔3〕　联合国文件编号 A/69/397 号第 18 段。

〔4〕　看到诸如"占领"，"attac"或"pegida"等激进主义者团体的兴起。

越来越积极，人们意识到所有的"民主言论"可能只是另一个"大众鸦片"。自 2010 年以来，欧洲，美国，俄罗斯，土耳其等地公开的民粹主义右翼政治毫不掩饰地崛起，就是这种危险的征兆。正如我在其他地方指出的[1]，然而，绝大多数的个人数据所有者由于在诸如社交媒体平台上免费提供大量可获取的甚至隐私的数据而越来越具有共同过失。上述提到的数据"疯狂的喂食"的综合影响，社交网络用户经常自愿提供的大量数据，以及大众对政治参与和激进主义的明显不满，尚待充分研究。

　　本文将会论证，现今的数据收集和使用（滥用）是普遍的，并以一种广泛且系统的方式进行，而且数据的收集和使用往往不是基于一定的政策（无论该政策的来源是政府还是基于大型跨国的 IT 公司和媒体网络，如谷歌、Facebook 等）。无论这些活动是出于歧视性的原因进行，抑或是不分事由地进行，它们主要影响到了广大的平民，并可能侵犯到一系列的基本人权，即隐私权，以及后续的言论自由权、信仰自由。这种批量收集数据的做法理应成为一种新类型的反人类罪（crime against humanity，CAH）。传统上，CAH 和其他国际犯罪一直侧重于以下方面：首先是明确违反适用于武装敌对行为的某些规则，其次是身体或精神上的伤害或损害，即对身体、精神或广义上的财产的侵犯，作为刑事责任的基础，即使造成这种后果的手段位于网络空间，即通过网络战争。

　　多数情况下，这两个类别在很大程度上是重叠的，但不是必须重叠的，因为某些战争规则的目的是对军事行动的进行提供一定程度的控制，其纯粹是为了允许有机会在冲突结束后，双方恢复和平关系。因此，有必要在这种冲突期间维持最低限度的人道标准，如果可以说这是一个现实的选择。红十字会和

---

〔1〕 见上文。

红新月会的符号保护可以看作是一个例子。但是，随着信息技术的迅速发展，以及单方或多方情报机关不受限制的信息搜集，上述的基本政治权利可能最终受到侵害，而这些权利是民主进程中不可协商的重要组成部分。

换句话说，侵犯这些权利可能不再仅仅是侵犯与身心健康有关的传统目标权利的工具，而是对自身本身独特的新目标权利的侵犯。在这一点上适当地声明，对传统和新的目标权利的影响不能相互排斥：构造侵犯身心健康的行为仍然可行，作为一种不可避免的和/或可预见的猖獗的情报收集和使用以这种方式获得的信息的后果。通过对富国主义的政府隐性技术镜头的分析，它们的严重性将会暴露出来。

**二、有关数据收集、存储、使用和共享的政府和企业信息政治的发展**

最近的 NSA 和 GCHP 丑闻以及相关的斯诺登事件使得多年来国家情报部门因以空前的规模对不为人知的数据进行收集这一事件引起了广大公众的注意。联合国人权保护问题的特派员本·埃默森（Ben Emmerson）详细列出了这些大规模监视工作的性质和规模。[1] 这要感谢众所周知的一些内部吹哨人，如斯诺登和其他敬业工作者的努力，因此这里无需加以赘述。所有这些对个人隐私的侵犯行为的理由都是打击恐怖主义和与有组织犯罪，以及宣称用以抗衡恐怖分子和有组织犯罪分子的强大信息技术能力的需要。

毫无疑问，受司法保护的拥护者和基于行政效率的政府支持者在国家和国际层面上都存在冲突，尤其是在保守派国家和自由派国家之间，这个问题更加严重。在这种情况下，最近欧

---

〔1〕 联合国文件编号 A/69/397 号第 20 段及后续段落。

洲和美国民族主义及右翼政党政府的崛起，会导致该问题在政治立场上的分歧。联合国人权理事会在 2015 年 3 月 24 日第 28/16 号[1]决议中设立了联合国隐私权问题特别报告员办公室，并在大会第 69/166 号决议[2]的指导下表达了对由现代数据技术不受控制的使用所造成的威胁表示深切的关注，并为此制定了一系列的政策：

"理事会（重新）申明了隐私权，根据该项权利，任何的隐私、家庭和住所或来往信件不受恣意或非法的干预，以及任何人如果受到非法干预，享有免受这种干扰的法律保护权，由《世界人权宣言》第 12 条和《公民权利和政治权利国际公约》第 17 条所规定；

互联网的全球性和开放性以及信息和通信技术的迅速发展，是推动社会各种形式发展取得进展的动力；

理事会申明了离线时人们所享有的权利也应在人们在线时予以保护，包括隐私权……"[3]

新任特别报告员在 2016 年 3 月 8 日的第一份报告[4]中得出以下结论：[5]

安全问题，处于公司商业模式和隐私之间的中心位置，但是在过去的 12 个月中，它们相互矛盾的指标表明：一些政府继续对隐私持不友好的态度，而全世界法院都支持隐私权保护，特别针对如大规模监控或破坏加密等不恰当的、侵犯隐私的手段进行了打击。

---

〔1〕 联合国文件编号 A/HRC/28/L.27，第 3 页。

〔2〕 联合国文件编号 A/69/166。

〔3〕 联合国文件编号 A/HRC/28/L.27, 3。

〔4〕 特别报告员约瑟夫·A. 坎纳塔奇（Joseph A. Cannataci）关于隐私权的报告，联合国文件。编号 A/HRC/31/64（高级未编辑版本）。

〔5〕 同上，第 48~52 段。

有市场迹象表明，隐私已经成为商业模式的首要考虑因素，甚至一些供应商将其作为卖点。如果存在隐私市场，市场力量则会供应该市场，那么全世界的消费者就会越来越意识到他们的隐私风险，进而选择对隐私友好的产品和服务，放弃对隐私中性或不友好的产品和服务；尽管一些政府继续采取不合法的侵犯公民隐私的措施，如无授权收集和拦截等。在这种情况下，荷兰和美国政府则采取了不在加密端设置后门的政策。

但是，显然地，在 2016 年美国基于 1789 年《All Writs Act》[1] 所提起的诉讼[2]中，对于涉及联邦调查局要求苹果为其 iPhone 提供后门软件的要求，以及奥巴马总统就该要求的合法性所发

---

〔1〕 美国法典第 28 卷 1949 年 5 月 24 日修订的第 1651（a）条规定："最高法院和所有法院根据《国会法案》确立的命令可以发出所有必要或适当的令状，以帮助他们各自的司法管辖区，并同意法律的使用和原则。"

〔2〕 纽约东区美国地方法院奥伦斯坦法官作出了关于要求苹果公司协助执行该法院签发的搜查令的命令，即 2016 年 2 月 29 日的备忘录和命令，案卷号：15-MC-1902（JO），载 https：//img. nyed. uscourts. gov/files/Opinions/Order% 2015mc1902. pdf（译者按：原文链接失效，此处附上有效链接）。法官否决了联邦调查局的动议，在该命令的第 49 页认为："如何最好地平衡这些利益是我们社会至关重要的问题，而且随着技术进步的浪潮，其越来越远地超出我们在几十年前看来可能的界限，解决问题的需求在每天都变得更加紧迫。但是，这场辩论必须在今天进行，而且必须在有能力考虑其前任所无法想象的世界的技术和文化现实的立法者之间进行。如果一位法官谎称我们的建国之父已经在 1789 年进行并结束了对此的辩论，这将背叛我们的宪法遗产和我们人民对民主治理的主张。"奥伦斯坦法官早先已于 2015 年拒绝了联邦调查局的单方面申请；请参阅《关于要求苹果公司协助执行本法院发出的搜查令的命令》（日期为 2015 年 10 月 9 日）。然而，加利福尼亚州中区联邦地方法院于 2016 年 2 月 16 日对苹果提出单方面命令，"与目前在本法院审理的案件相比，该公司执行的负担甚至更大，涉及的工程，即创建并加载苹果-在目标 iPhone 设备上签名软件，以规避该设备的安全性和防篡改功能，以使政府能够破解密码来访问其中包含的受保护数据。"参见"关于在黑色雷克萨斯 IS300 上执行搜查令时查获的苹果 iPhone 的搜索，加利福尼亚车牌 35kGD203"（编号 ED150451M），以及"命令苹果公司强制协助工作人员调查"（2016 年 2 月 16 日加州中区联邦地方法院）。

表的讲话[1]——奥巴马显然是甚至将其扩展到单纯的逃税问题[2]上——至少对上述政策在美国的实际实施效果提出了问题。

## 三、政府入侵

近几十年来，政府入侵的案件已经多次被诉诸国际法院。数据监控的问题不仅属于人权法院应有的审判业务，而且已经在例如欧盟法律中找到了更广泛的适用空间。为了证明本文的写作目的，笔者仅查看了最近的案例来说明该问题。尽管并不完全是人权法院，但欧盟法院于 2014 年 4 月 8 日在爱尔兰"数字权利"一案中宣布了一项有关数据保留的欧盟指令违反了欧盟法律（另请参见脚注关于实施该指令的德国法律的国内命运[3]）。在提到相关的欧盟法院的施雷姆斯案[4]和欧洲人权法院的扎哈罗夫案[5]时，除了上面摘录的报告陈述外，联合国特别报告员坎纳塔奇还指出[6]了他们的判决中的两个基本段落，即欧盟法院在施雷姆斯案的第 94 段中指出的：

---

〔1〕 参见 Philip Elmer-DeWit："这是奥巴马关于苹果公司与联邦调查局之争的发言"，2016 年 3 月 12 日，载 http：//fortune. com/2016/03/12/obama-sxsw-apple-vs-fbi/。

〔2〕 奥巴马说："我们有什么机制可以执行诸如执行税收这样简单的事情？因为如果实际上你根本无法破解，并且政府也无法介入，那么每个人都会带着口袋里的瑞士银行账户走来走去。因此，必须以某种方式让步一些信息。"参见 Philip Elmer-DeWitt："这是奥巴马关于苹果公司与联邦调查局之争的发言"，2016 年 3 月 12 日，载 http：//fortune. com/2016/03/12/obama-sxsw-apple-vs-fbi/。

〔3〕 案例 C-293/12 和 C-594/12，载 http：//curia. europa. eu/juris/documents. jsf？num=C-293/12。

〔4〕 案例 C-362/14，载 http：//eur-lex. europa. eu/legal-content/EN/TXT/？uri=CELEX：62014CJ0362。

〔5〕 诉状 47143/06，载 http：//hudoc. ECHR. coe. int/eng？i=001-159324。

〔6〕 A/HRC/31/64，第 32 和 37 段。

"特别是，允许政府对电子通信的内容进行一般性访问的立法必须被视为对该公约第 7 条所保证的尊重私人生活的基本权利造成了实质损害。"

在扎哈罗夫案的第 270 段，欧洲人权法院也指出：

"法院认为，俄罗斯的秘密监视系统的运作方式为安全部门和警察提供了技术手段，在没有事先获取司法授权的情况下以绕开授权程序启动拦截通讯。尽管永远无法完全排除不诚实、过失或过分热心的官员采取不当行为的可能性，无论采用哪种体制，法院都认为，有一种系统，例如俄罗斯的那种系统，可以使特勤局和警察直接拦截每个公民的通信而无需他们向通信服务提供商或任何其他人出示拦截授权的系统尤其容易受到滥用。尽管无论采用哪种体制都永远无法完全排除不诚实、过失或过分热心的官员采取不当行为的可能性，如法院认为俄罗斯可以使特勤局和警察直接拦截每个公民的通信而无需向通信服务提供商或任何其他人出示拦截授权。因此，防止滥用防护措施显得尤为重要。"[1]

2016 年 1 月 12 日，欧洲人权法院在 Szabó 和 Vissy 诉匈牙利

---

[1] 在这种情况下，有迹象表明，德国联邦情报局（Bundesnachrichtendienst）的前负责人 Gerhard Schindler 告诉国会调查委员会，该局的"技术情报"部门（technische Aufklärung）使用了 NSA 提供的选择，却没有在德国法律下进行合法性审查，并且该部门的行为已经"超出了控制范围"。在被解雇之前，他委托私人顾问公司 Roland Berger 检查部门的流程并提出改善建议。参见 Tagesschau："BND engagiert Beraterfirma Roland Berger"，载 www.tagesschau.de/inland/bnd-307.html，2016 年 5 月 12 日。联邦数据保护监察专员 Andrea Voßhoff 于 2016 年 2 月宣布德国联邦情报局的监控行为违反宪法。请参阅 Georg Mascolo 于 2016 年 2 月 24 日发表于 Tagesschau 网站的文章，"Abhörpraxis des BND"，载 www.tagesschau.de/inland/datenschutz-bnd-abhoerpraxis-101.html。

案[1]中，批评了缺乏对情报行动作出的有意义的[2]司法控制，并特别指出"作出监控决定的主体是政治任命的政府官员（其作为行政相关领域的负责人）"这一事实。其中，在判决第 53 段提到："仅是国内相关法律就存在威胁邮政和电信用户之间的通信自由。"自 1978 年以来，在 Klass 等案[3]与技术进步相关的案例中显示："对电子邮件，移动电话和互联网服务的潜在干扰以及大规模监控进一步导致了公约对私人生活的严格保护"；"面对这一现状，法院必须仔细审查以下问题：是否在监控方法发展的同时提供了法律保障措施……"[4] 其中，匈牙利政府指出："政府一方有可能获取公民生活中最私密领域的详细资料……可能会特别侵害私人生活。……现存的《公约》和判例法对拦截的支持需要加强……但是，由于匈牙利的保障制度似乎甚至不能实现该原则，因此也不宜在此案中这样处理。"[5] 在提及允许此类高度侵入性措施所需的标准时，欧洲人权法院提醒匈牙利，有必要对必要性原则进行严格解释。[6] 欧洲人权法

---

[1] 诉状 37138/14，2016 年 1 月 12 日的判决。

[2] 这里是指当唯一的信息来源与要行使的控制权完全相同时，有意义的司法控制还会出现吗？

[3] Klass 及其他诉德国案，1978 年 9 月 6 日，序列 A 28 号。

[4] Klass 及其他诉德国案，1978 年 9 月 6 日，序列 A 28 号，第 68 段（脚注 31）。

[5] Klass 及其他诉德国案，1978 年 9 月 6 日，序列 A 28 号，第 70 段

[6] "鉴于所涉干扰的特殊性以及尖端监视技术侵犯公民隐私的潜力，……'民主社会中必要'的要求必须在此上下文解释为在两个方面要求'严格必要性'。只有在绝对必要的情况下，秘密监视措施才被认为符合《公约》。……为了用于保护民主机构，……在单个行动中获得重要情报。…… 对于监控手段的授权及其实施而言，一个共同的中心问题是缺乏司法监督。这些监控措施是由负责司法事务的部长根据有关安全部门高管的提案授权的……其本身就是警察部队中的一个专门战术部门……对于法院来说，这种监督主要是政治上的，但是由司法部部长执行，而司法部部长似乎正式的独立于 TEK 和内政部长这本来就无法确保关于目的和手段的严格必要性进行要求的评估。"参见 Klass 及其他诉德国案，1978 年 9 月 6 日，序列 A 28 号，第 73~75 段。

院明确表示了对匈牙利政府采取的政治选择的蔑视。[1]"鉴于措施的范围几乎可以包括任何人,指令可在行政权所及的全部范围内进行,并且没有严格的必要性评估,新技术甚至可以轻易地拦截行动范围之外的人员的海量数据,而且没有任何有效的补救措施,更不用说司法救济措施了"。[2]欧洲人权法院判决匈牙利的做法违反了欧洲人权公约(ECHR)第8条的结论。

2016年7月19日,欧洲法院主审法官(Advocate General)在针对有关爱尔兰数字权利的批量数据收集和保留的联合后续

---

〔1〕"(尽管)政府的论点认为,政府部长比法官在授权或监督秘密监视措施方面更胜一筹……从操作的角度来看可能是有争议的,在分析目的和手段的严格必要性时,法院并未被说服……授权和监督的政治性质增加了滥用措施的风险。……对于法院来说,由具有政治责任的行政长官(例如司法部部长)进行监督并不能提供必要的保证。"参见 Klass 及其他诉德国案,1978年9月6日,序列 A 28 号,第76~77段。

〔2〕 Klass 及其他诉德国案,1978年9月6日,序列 A 28 号。其第89段的措辞虽然听起来很强硬,但大多数的最终实际应用对于法官 Pinto de Albuquerque 而言是不够的,他在另一个但一致的意见中批评了他的同事们,因为他们偏离了原先认为在授权之前大审判庭所要求的可疑程度的 Zakharov 测试的严格性,他在第35段宣称:"尽管语气是正确的,但判决的实质内容有可能无法完全缓解因这种法律框架而给公民的隐私,法治和民主带来的严重危险。更糟糕的是,分庭的选择在法院判例法中引起强烈的不和谐的声音。判决的第71段与罗曼·扎哈罗夫案例(Roman Zakharov)的第260、262和263段以及 Iordachi 等人诉摩尔多瓦案例的第51段具有明显分歧,因为分庭使用模糊的、治标的、不合格的'个人怀疑'来实施秘密情报的收集措施,而大审判庭则使用精确的、苛刻的、合格的'合理怀疑'标准。如果再加上分庭普遍采用的标准,司法授权和审查便会被削弱,因为任何形式的'怀疑'都足以对国民发动大规模的国家监视的重量级手段,而法官显然有可能成为政府社会控制的橡皮图章。普遍存在的'个人怀疑'等同于总体怀疑,即完全没有怀疑测试。在实践中,分庭对广泛的非基于怀疑的为了国家安全所实施的'战略监视'持漫不经心的纵容态度,即使在 Zakharov 案例中有来自大审判庭的认为这种把情报收集隐藏变为了以'国家,军事,经济或生态安全'目的的方法的直接的申斥。只有大审判庭的干预才能使事情回到正轨。"

案例中，即在 Tele2 Sverige ab 等案例中[1]指出：收集和保留数据的制度在原则上不与欧盟法律相抵触的同时，也主张需要遵守严格的数据保护标准。尤其是，他认为爱尔兰数字版权协会（Digital Rights Ireland）制定的关于在线服务提供商的数据保留义务会造成严重侵权，对此不再需要进一步阐明。[2]并且专门提出"这种义务带来的巨大风险超过了它们在打击普通犯罪和进行刑事诉讼以外的其他诉讼中所带来的利益。"[3]

他运用比例原则和严格必要性原则，敦促各国法院不要"简单验证通用数据保留义务的基本效用，而是要严格验证没有其他措施或措施的组合，例如与其他调查工具结合验证特定数据的保留义务，这同样可以作为打击严重犯罪的有效手段。"[4]欧盟法院指出：实证研究表明，对数据进行大规模收集和保存是具有危险性的，并拒绝了部分国家（包括德国）所提出的理由，即部分保护标准的欠缺，可以通过其他更高的标准来弥补。毋宁说，所有的标准都是强制性的最低要求，无法互相交换。[5]

欧盟法院在其 2016 年 12 月 21 日的相关判决[6]中确认了其

---

〔1〕 案例 C - 203/15 和 C - 698/15，2016 年 7 月 19 日的意见，载 http：//curia. europa. eu/juris/document/document. jsf? docid = 181841&doclang=EN。

〔2〕 案例 C-203/15 和 C-698/15，2016 年 7 月 19 日的意见，第 128 段，载 http：//curia. europa. eu/juris/document/document. jsf? docid = 181841&doclang=EN。

〔3〕 案例 C-203/15 和 C-698/15，2016 年 7 月 19 日的意见，第 172 段，载 http：//curia. europa. eu/juris/document/document. jsf? docid = 181841&doclang=EN。

〔4〕 案例 C-203/15 和 C-698/15，2016 年 7 月 19 日的意见，第 209 段，载 http：//curia. europa. eu/juris/document/document. jsf? docid = 181841&doclang=EN。

〔5〕 案例 C-203/15 和 C-698/15，2016 年 7 月 19 日的意见，第 244 段。

〔6〕 合并案例 C-203/15 和 C-698/15（2016 年 12 月 21 日判决），载 http：//eur-lex. europa. eu/legal-content/EN/TXT/? uri=CELEX：62015CJ0203。

先前的立场，并遵循了主审法官的批判观点。[1] 在欧洲人权法院的法律规则下，可以将其视为是当今最发达、最复杂的国际人权保护框架，包括对于几乎同样先进的欧盟法院判例，可将其视为当今国际法通行的司法态度。

## 四、非国家机构侵犯

国家机构并不是大规模使用数据的唯一参与者。私营部门不仅在积累数据方面，而且将数据商业化以获取私人利润方面几乎与当局一样。它有时代表政府行事，有时是纯粹出于私人目的。[2] 私营参与者从互联网公司和社交媒体网络（例如谷歌、脸书和推特）到保险公司、医疗服务商和雇主，都希望获取客户的私人数据。

特别报告员本·埃默森（Ben Emmerson）在其2014年关于前者的报告中有以下说法：

国家越来越依赖私营部门来促进数据监控。这不仅仅限于

---

〔1〕 "根据《欧盟基本权利宪章》第7、8和11条和第52（1）条的精神来阅读第2002/58/EC号指令……第15（1）条，应当被解释为排除国家立法，该国家立法以打击犯罪为目的，规定了与所有电子通信［和］有关的所有用户和注册用户的所有流量和位置数据的一般的和不加区分的保留。……在排除监管交通和位置数据的安全的国家立法，特别是国家主管当局对保留数据的访问，在打击犯罪背景下，访问的目的并不仅仅限于打击严重犯罪，访问不受法院或独立行政当局的事先审查，并且不要求有关数据应保留在欧盟内部。"参见合并案例C-203/15和C-698/15（2016年12月21日判决），第134段之后，载 http：//eur-lex. europa. eu/legal-content/EN/TXT/？ uri＝CELEX：62015CJ0203。

〔2〕 参见"内政部拒绝对使用视频的医疗机构员工实施隐私法规"，载《卫报》2017年1月18日，www. theguardian. com/society/2017/jan/18/home-office-refuses-to-enforce-privacy-code-on-nhs-staff-using-video？ CMP＝Share_iOSApp_Other。参见 John Harris："他们称之为娱乐，但数字巨头正在将工人变成机器人"，载《卫报》2017年1月20日，www. theguardian. com/commentisfree/2017/jan/20/digital-giants-workers-robots-film-employee-monitoring-the-circle？ CMP＝Share_iOSApp_Other。

颁布立法，要求强制性地保留数据。公司还通过设计便于实施大规模监视的基础通信设施，直接参与了批量访问技术的应用。电信和互联网服务提供商已被要求将漏洞整合到其技术中，以确保它们可被随时监听。人权事务高级专员将这些做法定性为"以自我监察和合作为幌子，将执法和准司法责任下放给互联网中间机构"（见 A／HRC／27/37，第 42 段）。特别报告员同意这项评估。为了确保他们不会成为侵犯人权的共谋，服务提供商应确保其业务遵守人权理事会于 2011 年批准的《企业与人权指导原则》。[1]

特别报告员坎纳塔奇（Cannataci）在向人权理事会[2]和联合国大会[3]提交的三份报告中也谈到了这一问题，尽管他一直更加重视政府资助的监视，他仍然时常对此予以重点关切，并看到一些国家回避的迹象，一些国家甚至试图劝阻他不要过于深入地调查该问题[4]。

正如 Mic Wright 在 2015 年 7 月 29 日的关于微软 Windows 10

---

〔1〕 同上，第 57 段。他在 2016 年 2 月 22 日提交给人权理事会的最新报告 A/HRC/31/65-主要侧重于预防极端暴力的背景下的数据问题。他确实在第 39 段警告说，在压制极端主义宣传的背景下对互联网话语的监管可能会对这一重要议程的自由辩论施加单独的限制，这可能会导致对研究人员，新闻工作者等进行的善意的工作的监督，并将其纳入对主题的过于宽泛的定义。

〔2〕 2016 年 3 月 8 日的 A/HRC/31/64 和 2017 年 2 月 24 日的 A/HRC/34/60。

〔3〕 2016 年 8 月 30 日 A/71/368。

〔4〕 见 A/HRC/34/60，例如，第 13、19-29、42 段。

上的文章[1]中以举例说明各个普通终端用户所面临的挑战时所描述的那样，微软已将实现最大限度的数据共享提上议程。提倡创新地运用竞争法来解决私有参与者对数据的处理问题的 Anca Chirita 最近追踪了许多提供商和社交媒体网络的隐私制度，并发现了各种各样或多或少的隐藏的机制，旨在收集数据并尽可能与第三方自由共享[2]。

---

〔1〕 "这里有一些令人不安的东西存在里面。……微软获取非常广泛的功能，可以收集您在使用其软件时所做的事情，说出的内容和创建的内容。可以肯定的是，您的数据不会保留在您的计算机上。……使用您的微软帐户登录 Windows，操作系统立即将设置和数据同步到公司的服务器。其中包括您的浏览器历史记录，收藏夹和您当前打开的网站，以及保存的应用程序，网站和移动热点密码以及 Wi-Fi 网络名称和密码。您可以通过跳到 Windows 的设置来停用它，但是我认为应该选择启用，而不是默认启用。即使他们可能愿意，许多用户也不会采取措施将其关闭。……打开虚拟助手 Cortana，您还将打开大量数据共享。为了使 Cortana 能够提供个性化的体验和相关建议，微软收集并使用各种类型的数据，例如您的设备位置，日历中的数据，您使用的应用程序，电子邮件和文本消息中的数据，您打给谁，您的联系人以及在设备上与它们进行交互的频率。Cortana 还通过收集有关您如何使用设备和其他 Microsoft 服务的数据来了解您，例如音乐，警报设置，锁定屏幕是否打开，您查看的内容购买，浏览和必应搜索历史等等。在'等等'这个词中，还有很多事情都可以存在。还要注意，由于 Cortana 会分析语音数据，因此 Microsoft 会收集'您的语音输入，您的姓名和昵称，您最近的日历事件和约会对象的姓名以及有关您的联系人（包括姓名和昵称）的信息。'……微软将'从您和您的设备中收集信息，包括在 Windows 上运行的使用数据'和'与您所连接的网络有关的数据。'……Windows 10 会在每个设备上为每个用户生成一个广告 ID。开发人员和广告网络可以使用它来勾画您的'轮廓'。重申一遍，您可以在设置中将其关闭，但是您需要知道在哪找这些设置：……微软可以在需要时公开您的数据。这是您最应该关注的部分：微软的新隐私政策……在何时访问或将不会访问和披露您的个人数据方面非常宽松。"参见 Mic Wright："您应该了解的 Windows 10 隐私问题"，载"下一个网站"2015 年 7 月 29 日，https：//thenextweb.com/microsoft/2015/07/29/wind-nos/#.tnw_SvgDxb9G。

〔2〕 参见 Anca Chirita："大数据的兴起与隐私的丧失"，《竞争法，消费者保护法和知识产权法中的个人数据-迈向整体方法》（柏林/海德堡，施普林格，2017 年），Mor Bakhoum，Beatriz Gallego Conde，Mark-Oliver Mackenordt 和 Gintare Surblyte 主编，https：//ssrn.com/abstract=2795992。

从本质上讲，非国家参与者出于商业利益使用数据所构成的威胁，即使从长远来看并不严重，同时也构成了对政府的威胁。我们该如何将对总体情况的概括描述转变为在法律层面上对危害人类罪（CAH）特征的归纳？在下一节中，我们将尝试提出一些主要标准。

**五、将数据滥用场景转换到危害人类罪（CAH）的国际法框架**

（一）找到被侵犯的权利

鉴于上述国际法院和上述专家们都对私人数据采集予以重点且有根据的关切，国家和非国家参与者在采集私人数据时经常会跨过红线这一情况是毋庸置疑的，尽管这条红线迄今在某种程度上没有明确的公认定义。传统上，由于危害人类罪（CAH）的历史发展和武装冲突法的相关规定，关于CAH的法律的主要目的一直是保护人们免受生命或肢体、个人自由和财产的直接物理伤害。CAH就像战争罪行一样，将责任附给个人而不是国家。但是，特别是在遭受迫害和其他不人道行为的情况下，随着时间的流逝，人们已经对可能受到侵犯的权利有了更广泛的了解，包括严重的心理伤害。[1]尤其是在网络战争背景下，不难想象，滥用数据也可以被用作侵犯任何上述权益的手段。鉴于国际习惯法逐渐分开观察反人类罪及其伴随着武装冲突的必要性，人们早已认识到，在和平时期也可能犯下危害人类罪。实际上，这是危害人类罪（CAH）相对历史上形成的战争罪概念的主要区别特征之一。这一特征使危害人类罪（CAH）的概念成为一个有吸引力的视角，透过它可以审视滥用

---

〔1〕 有关判例法的概述，参见 Otto Triffterer / Kai Ambos：《*The Rome Statute of the International Criminal Court-A Commentary*》，第3版，（CH Beck 等人，Munich 等人，2016年），第七条，第142页。

权力和机会来收集私人和法人实体的数据的个人刑事责任问题。这些滥用甚至通常主要是在没有武装冲突的情况下发生，尽管它们当然也可能是在敌对行动中发生。但是，数据滥用在危害人类罪（CAH）背景下的工具性作用并不是我们感兴趣的问题。从概念上讲更为有趣的问题是，在上述国际法院的裁决和国际专家的报告中阐述的隐私权本身能否作为一种直接被侵犯的目标权利。在我们探讨是否可以将隐私概念化为危害人类罪（CAH）的新目标权利的问题时，有两种可能形式：首先，将其纳入现有的危害人类罪（CAH）的目标权利中，如迫害和其他非人道行为；其次，直接将隐私权侵犯作为危害人类罪的一个新类型。

显而易见，将其纳入"迫害"一类中会严重限制隐私权作为目标权利的范围，因为迫害需要有歧视性因素，而根据定义，（尽管不必要）在不加区别地监视和收集数据的情况下这个因素是缺失的。其他非人道行为不需要歧视性要素，但是它们的概念似乎过于紧密地（通常是在潜意识中）且在情感上要求与对生命肢体、个人自由及精神伤害等传统保护权益的侵犯程度相等同。的确，就国际刑事法院（ICC）的法律而言，《国际刑事法院规约》第7条第1款第k项将效力限制为等同于严重的身体或精神伤害的影响。从无效犯罪原则的角度，人们还对习惯国际法中该定义的特殊性表示关切。[1]

尽管有这些限制，然而了解目前被纳入"迫害"一类的权利和受保护利益是有益的，因为危害人类罪（CAH）中明确地陈述了一类开放式的"基本权利"。"迫害"要求具有与国际法

---

〔1〕 参见 Kai Ambos：《Treatise on International Criminal Law》，Vol. Ⅱ，（OUP，2014）（以下称 Ambos，专论），第115页。仍然存在一个额外的问题，即在基于相同事实对多种法律特征进行控告或定罪的过程中，在传统上受国际刑事法院支持的不同元素测试中，其他非人道行为通常可以被视为主要的排除对象。

相悖的故意和严重剥夺人们的基本权利。1994 年联合国人权事务委员会第 24 号[1]一般性意见似乎可以得出这样的结论：在《公民权利和政治权利国际公约》（ICCPR）的背景下，涉及强制性规范时肯定会触发这一类别。[2] 对于我们的讨论而言，有趣的是其突出显示的公民和政治权利的本质，而不是对个人的身体、思想或自由的不受侵犯权。虽然它们未在第 24 号一般性意见中列出，因为它涉及对 ICCPR 的保留，尤其是在面对强制性规范的情况下，ICCPR 的第 17（1）、（2），第 18（1）、（2）以及第 19（1）、（2）条可以自然、有资格地成为防范大规模监视实践的基础，因为 ICCPR 中所提到的这些内容将其直接置于国际法规定的基本权利范围之内。所有的这些权利自然受制于合格条款，该条款允许出于更重要的公共利益的目的而侵犯（某些权利）。然而，隐私、见解和言论自由以及思想、良知和宗教自由之间的联系非常明显。国际法庭的认可的实例包括社

---

〔1〕 CCPR 第 24 号一般性意见，即《与在批准或加入〈公约〉（〈公民权利和政治权利国际公约〉）或其〈任择议定书〉时所作的保留有关的问题，或与人权事务委员会第五十二届会议通过的〈公约〉第 41 条的声明有关的问题》，CCPR/C/21/Rev. 1/Add. 6，1994 年 11 月 4 日。

〔2〕 同上，第 8 段："相应的，代表国际法的公约条款（以及具有强制性规范性质的诉讼条款）可能不会成为保留的主题。相应地，一国不得保留以下权利：从事奴役，刑讯逼供，使人遭受残忍的、不人道或有辱人格的待遇或处罚，任意剥夺人的生命，任意逮捕和拘留，剥夺在思想、良知和宗教信仰方面的自由，有罪推定，要求自证无罪，处决孕妇或儿童，允许提倡国家、种族或宗教仇恨，剥夺已到适婚年龄的人结婚的权利，或者剥夺少数群体享有本民族文化、拥有本民族宗教信仰或使用本民族语言的权利。尽管对第 14 条特定条款的保留是可以接受的，但对公正审判权的一般性保留将不会被接受。"载 CCPR 第 24 号一般性意见，即《与在批准或加入〈公约〉或其〈任择议定书〉时所作的保留有关的问题，或与人权事务委员会第五十二届会议通过的〈公约〉第 41 条的声明有关的问题》，CCPR/C/21/Rev. 1/Add. 6。参见 Otto Triffterer / Kai Ambos：《The Rome Statute of the International Criminal Court-A Commentary》，第 3 版，（CH Beck 等人，Munich 等人，2016 年），第七条，第 142 页。

会附属物方面的个人自由，如从事职业的自由、公民权、参与国民生活或家庭生活的权利。[1] 从此方面出发，将隐私权等同于现有类别中的那些权利只需要一小步。

（二）证明同等严重性——福柯式的视角

在将其列入"迫害"这一类别中或作为单独的危害人类罪（CAH）并创建新的目标权利时，需要牢记的一个标准是同等严重性要素，即在生命肢体、自由和财产方面，对新的目标权利的侵害必须与对传统权利的侵害同等严重，所有这些或多或少都与身体和相连的物理世界直接相关。对于许多人来说，在谈论诸如隐私之类的抽象权利时，这可能不会显而易见，可以将其视为不同方面的集合，其中数据隐私似乎比诸如家庭生活、（亲密的）社交互动，包括性取向、保护自己的住所等之类的传统隐私方面更为抽象。在这方面，以福柯的视角来分析具有同等严重性的问题是有益的，尤其是他对监控背后内在治理的看法。他认为，监控的目的不在于收集数据本身，而是把收集数据作为控制其来源即人的行为，乃至其身体（和灵魂）的先导。而控制的手段要么是通过伪装成执法手段从外部予以施加，要么更糟的是将其完全内部化，方法是通过看似是个人自愿的自我服从过程，要么是知晓其与潜在政治章程的一致性（"我没有什么可隐瞒的"）或通过潜意识接受隐藏框架的章程。而且后者通常可以被隐藏在诸如基于国家支持政策或私人商业环境的工作场所程序中，该程序利用了人类客观化的新自由主义目标，这是通过被个人采用的道德上有价值的为了努力产生客观可衡

---

〔1〕 参见 Otto Triffterer / Kai Ambos：《The Rome Statute of the International Criminal Court-A Commentary》，第 3 版，（CH Beck 等人，Munich 等人，2016 年），第七条，第 142 页。

量的产出的自我责任感的观念来实现的[1]。

在其开创性著作《规训与惩罚》中，米歇尔·福柯在其最初的法文论作中（即在我们语境中名为《Surveiller et punir》一文）辩称，旧的体罚已被一种（新的）系统取代，该系统不是对身体造成痛苦，而是对其进行连续而全面的监控，通过控制来防止其行为异常，他以监狱系统的兴起作为其主要实例。为了通过控制来防止其行为异常，他对监狱系统进行了连续和全面的监视，他以监狱系统的崛起为主要例证。特别是在标题为"全景敞视主义"的一章[2]中，他借鉴了边沁（Bentham）有关"全景敞视监狱（Panopticon）"的概念[3]，即一种监狱建筑形式，由围绕中央塔楼而以环状组装的单个牢房组成，可以在任何给定时间监视每个牢房的居民，而其却不会注意到自己正在被监视。他以瘟疫为例，将国家所希望的尽可能地对每个人进行监控的渴望回溯到公共紧急状态下的国家：

为了使权利和法律根据纯理论发挥作用，法学家将自己置于自然状态下的想象中；为了看到完美的纪律发挥作用，统治者幻想着瘟疫下的状态。作为规训方案的基础，瘟疫的形象代表着各种形式的迷失和混乱；就像麻风病人的形象一样，它与

---

〔1〕 关于英国学术界的发展情况，请参考具有典型意义的文献，如 Rosalind Gill："Breaking the silence：The hidden injuries of neo-liberal academia"，《Secrecy and Silence in the Research Process：Feminist Reflections》，（London，Routledge，2009 年），RóisinRyan-Flood / Rosalind Gil 主编，第 228~244 页。

〔2〕 参见 "Race/Ethnicity：Multidisciplinary Global Contexts"，Vol. Ⅱ，No. 1，《The Dynamics of Race and Incarceration：Social Integration，Social Welfare and Social Control》，第 1~12 页，Indiana University Press，载 www. jstor. org/stable/25594995。

〔3〕 参见 John Bowring 主编：《The Works of Jeremy Bentham》，vol. 4（Panopticon，Constitution，Colonies，Codification），1843 年，载 http：//oll. libertyfund. org/titles/bentham-the-works-of-jeremy-bentham-vol-4。

人类的一切接触都被切断，成为排斥方案的基础[1]。

实质上，正如当前反恐辩论的言论所证明的那样，福柯认为，公共当局尽可能地在持续的紧急状态或"特别状态"的基础上运作，乔治·阿甘本（Giorgio Agamben）也提出了同样的观点。[2] 与数据隐私入侵一样，全景敞视监狱（Panopticon）的最终目的是给人以持续的可见性印象，创造自我监控并产生相应地适应行为。

由此就产生了全景敞视建筑的主要后果：在被囚禁者身上形成一种有意识和持续的可见状态，从而保证权力自动地发挥作用。这样安排的目的是，监视具有持续的效果，即使监视在实际上是断断续续的，这种权力的完善应趋向于使其实际运用不再必要；总之，被囚禁者应该被一种权力局势（power situation）所制约，而他们本身就是这种权力局势的载体。对于实现这一点来说，被囚禁者应该受到的监督者的持续观察既太多了、又太少了。"太少了"是因为需要使他知道自己正在受到观察；"太多了"是因为他实际上不需要被这样观察。有鉴于此，边沁提出了一个原则：权力应该是可见的但又是无法确知的。所谓"可见的"，即被囚禁者应不断地目睹着窥视他的中心照望塔的

---

〔1〕 同上。

〔2〕 参见 Giorgio Agamben：《例外状态》，2005 年，芝加哥大学出版社。有关批评的信息，请参见 Stephen Humphreys：《合法化非法：关于乔治·阿甘本（Giorgio Agamben）的例外状态》，EJIL（2006），第 677~687 页。Malcolm Bull 在其书评中写道，"国家不真的介意其公民的死亡（前提是他们不立即全部死亡）：他们只是不希望其他人杀死他们"，London Review of Books，Vol. 26，No. 24，2014 年 12 月 16 日，3~6 页，对于阿甘本的分析是这样说的："我们已经从雅典搬到奥斯威辛集中营：西方的政治模式现在是集中营而不是城邦。我们不再是公民，而是被拘留者，与关塔那摩的囚犯在法律状态下的区别不大，而仅仅是因为我们还没有不幸地被囚禁，或者被无人驾驶飞机的导弹意外杀死了……虽然他最近的例子来自反恐战争，但它们所代表的政治发展是……治理更广范围的一部分，在这种治理中，法治经常被例外状态或紧急状态所替代而且人们越来越多地遭受司法外国家暴力。"

高大轮廓。[1] 所谓"无法确知的"，即被囚禁者应该在任何时候都不知道自己是否被窥视，但是他应该确知他永远都如此。[2]

福柯认为："这种行为上的适应会导致一种状况，即监视的对象同时成为他们自我归顺的主角。隶属于这个可见领域并且意识到这一点的人承担起实施权力压制的责任。他使这种压制自动地施加于自己身上。他在权力关系中同时扮演两个角色，从而把这种权力关系铭刻在自己身上。他成为征服自己的本原。因此，外在权力可以抛弃其物理重力，而趋向于非肉体性。而且，它越接近这一界限，它的效应就越稳定、越深入和越持久。这是一个避免任何物理冲撞的永久性胜利，而且胜利的结局总是预先已决定了的。"[3]

---

〔1〕 参见 Giorgio Agamben：《例外状态》，2005 年，芝加哥大学出版社。

〔2〕 译者按：此处中文译文摘自［法］米歇尔·福柯：《规训与惩罚》，刘北城、杨远婴译，生活·读书·新知三联书店 2003 年版，第 226 页。

〔3〕 Giorgio Agamben：《例外状态》，芝加哥大学出版社 2005 年版。然而，在大规模数据隐私入侵的背景下，他在 1975 年无法预见其所有复杂性，在福柯看来，其认为也可以开放全景敞视监狱给公众的民主控制来审查，但这在某种程度上过于乐观或过于理论化。他说："此外，按照这种机构的设计，其封闭性并不排除有一种外来的持久存在。我们已经看到，任何人都可以来到中心降望塔行使监视功能，在这种情况下，他可以清楚地了解监视的运作方式。实际上，任何全景敞视机构，即便是像罪犯教养所那样严格地封闭，都可以毫无困难地接受这种无规律的、经常性的巡视——不仅是正式的巡视员的而且是公众的巡视。任何社会成员都有权来亲眼看看学校、医院、工厂、监狱的运作情况。因此，全景敞视机构所造成的权力强化不会有蜕化为暴政的危险。规训机制将受到民主的控制，因为它要经常地接待'世界上最大的审判委员会'。这种全景敞视建筑是精心设计的，使观察者可以一眼观看到许多不同的个人，它也使任何人都能到这里观察任何一个观察者。这种观看机制曾经是一种暗室，人们进入里面偷偷地观察。现在它变成了一个透明建筑，里面的权力运作可以受到全社会的监视。"（译者按：此处中文译文摘自［法］米歇尔·福柯：《规训与惩罚》，刘北城、杨远婴译，生活·读书·新知三联书店 2003 年版。）一直都有各种迹象表明，政府将不允许任何有意义的外部干扰，甚至不允许对情报机构进行审查。即使表面上是民主建立的控制机制，也必须基于这样的假设，即在任何给定情况下，情报界将以全部事实为他们提供服务；他们没有独立的方式来验证情报人员的真实性或信息的真实性，也无法对其进行安全评估，因此无法对其进行适当且独立的审查，因为这需要只有情报部门才拥有的专门知识并且他们不愿分享这些知识。社会上的其他情形基本上是福柯创作《规训和惩罚》这一著作的基础，因此在数据隐私入侵辩论中该情形基本上不存在，在这种情况下，每个人都受到极少数人的监视，而不是使用所谓的通过客观收集可靠的情报服务于社会其他部分的目的。

托马斯·麦克穆兰（Thomas McMullan）也是基于边沁（Bentham）的"全景敞视监狱（Panopticon）"的概念，他阐释了当今数据入侵的影响。[1] 边沁（Bentham）所撰写的序言中的以下内容比麦克穆兰（McMullan）对"道德改革-健康维护-工业振兴"这一行的引用内容更多，对我们的目的更具启发性，即："一种以没有先例的规模获得驾驭精神的力量的新模式"[2]。这种隐藏的、实质上是新自由主义的、活跃的统治术在许多地方被民众被动反应的态度（即冷漠或缺乏意识）放大了。就英国环境而言，仅举一例，戴维·戴维斯（David Davis）——实际上他是曾在前面提到的 C-698/15 案例中的在欧盟法院挑战先前的英国情报法律的人之一，但后来他在特蕾莎·梅（Theresa May）的政府要中担任政府大臣时的却把自己从这个案子中除名。尽管这也许有些夸大了英国的独特位置，

---

〔1〕 参见 Thomas McMullan："在数字监控时代，全景敞视监狱意味着什么？"，载《卫报》2015 年 7 月 23 日，www.theguardian.com/technology/2015/jul/23/panopticon-digital-surveillance-jeremy-bentham。"在我个人浏览的私人空间中，我不会感到被暴露，我不觉得自己的数据受到监视，因为我不知道该数据的开始或结束位置。我们大部分时间都在线生活，……但是对数据的依恋远不如对身体的依恋。没有实物所有权和明确的接触感，我就无法规范自己的行为。……但是，我的数据不仅受到我的政府的监视，而且也受到那些利用数据大量赚钱的公司的监视。……提供给政府和公司的数据多得要冲破整个屋顶，并且随着这种情况，全景敞视监狱可能会再次成为一种模型。为什么？因为我们的身体即将被带回混合态。物联网……将大大改变数字监视。随着更广泛的互联系统的出现，……所有事物很快就可以通信，从而创建了……多到泛滥的数据……它们不仅会在物体之间来回传递，而且还会最有可能走向公司和政府的数据池。从智能手表中的心率监测器到 GPS 鞋类，一道白光再次照向我们的身体。……这样做的大部分理由是据称对健康和福利的好处。'道德改革、健康保护、产业蓬勃发展'，这可不是苹果公司的营销材料，而是边沁（Bentham）关于全景敞视监狱的话。也许没有中央塔楼，但在我们最密切接触的物品中将有通信传感器。"

〔2〕 参见 John Bowring："he Works of Jeremy Bentham"，Vol. 4（Panopticon, Constitution, Colonies, Codification），1843 年，第 39 页。

他曾说道："斯诺登事件之后，世界上任何其他国家的人们对他们的政府在这些问题上施加了巨大的压力。但在英国，我们却无所事事。因为在过去的 200 年中，我们没有史塔西（Stasi）或盖世太保（Gestapo），我们在智力上对此懈惰，所以这是一场艰苦的战斗"，[1] 而记者希瑟·布鲁克（Heather Brooke）则断言："间谍的活动超出了乔治·奥威尔（George Orwell）的想象，在没有获得民主授权的情况下秘密制造了最终的全景敞视监狱。现在他们希望英国公众将其合法化。"[2] 将英国民众明显的对于政府隐私入侵行为的缺乏反抗和上述"在思想上懈惰"的背景暴露得一览无余的是于 2015 年 2 月 9 日在 yougov.co.uk 网站上发布的一项问卷调查，其中包含以下问题和答案：[3]

| 英国权力调查法庭（IPT）刚刚裁定，英国情报机构 GCHQ 与美国国家安全局分享英国公民的信息的行为不符合人权，是非法的，无论你对是非的看法如何，你认为它有助于减少恐怖主义吗？ ||
| --- | --- |
| 是 | 49% |
| 否 | 27% |
| 不知道 | 24% |

---

〔1〕 Andrew Sparrows："David Davis：British 'intellectually lazy' about defending liberty"，载《卫报》2015 年 11 月 8 日，www.theguardian.com/politics/2015/nov/08/david-davis-liberty-draft-investigatory-powers-bill-holes。

〔2〕 Heather Brooke："This snooper's charter makes George Orwell look lacking in vision"，载《卫报》2015 年 11 月 8 日，www.theguardian.com/commentisfree/2015/nov/08/surveillance-bill-snoopers-charter-george-orwell。

〔3〕 https://yougov.co.uk/news/2015/02/09/investigatory-powers-tribunal-intelligence-service/。

| 如果情报部门想现在监视你，你会不会感到困扰？ 你认为他们真的以任何方式监视你吗？ | |
|---|---|
| a）是 b）是 | 13% |
| a）是 b）否 | 32% |
| a）否 b）是 | 9% |
| a）否 b）否 | 44% |
| 不知道 | 2% |

| 你是否会允许真人秀电视节目每天 24 小时监控你一个月，作为回报给你 1000 英镑？ | |
|---|---|
| 是 | 10% |
| 否 | 90% |

关于这些问题，要交代两个问题，此处不考虑它们所拥有的统计学上的意义及其强大可靠的程度，首先，它们是关于公民测评中智力等级最低的问题，实际上几乎更多地与情绪或普通感受有关，而不是与批判性思维的应用有关，可能表明预期和/或显示出受访者群体的智力敏锐程度，特别是真人秀电视这个问题所强调的，它似乎暗示了这种情况与国家大规模监控之间的相似性。[1] 其次，如果没有对实际威胁情景进行详细了解，就无法回答上表中的问题，而实际威胁情景是没有任何受访者所能够掌握的，唯一正确的答案是"不知道"；此外，它有一个潜意识的信息，似乎是说人权必须让步于国家安全问题。49%的受访者回答"是"。事实表明，此处显示出一种令人担忧

---

〔1〕 如果金额为 10 000 英镑，答案会如何发生变化是值得商榷的。

的趋势,即人们或多或少毫无疑问地相信有关反恐措施有效性的官方叙述。类似的,第二张表中53%的被调查者根本不因被情报部门监控的前景感到"困扰"。事实上,他们不会认为自己现在被监控了,也不会实施任何抵制政府入侵个人数据的行为。最后,在这里证明了新自由主义激励人们采取看似自我选择、实则屈从的态度。它揭示了"客观"公众调查的执政[1]技术作为强化隐性执政目标的工具:其一,答案是可以在很大程度上通过问题的选择和措辞来进行编排的;其二,表面上"自动"且不受操纵的(因为仅是数学计算的)调查结果可以再次被用作验证共同共有的社会道德,这是一种假定的客观手段以及将其作为新自由主义的主体,是用以自我保护的工具。

　　总而言之,侵犯数据隐私权的行为在所有意图和目的上都是故意的,并且,因为它不仅有潜力导致作为数据主体(公民)的保护盾被动遭到损害,而且更多的是有潜力通过利用(通常是模糊地)隐私的面纱被刺穿的认知作为主要是以潜意识激励为驱动力,以此来顺应隐形的(从而充其量是同样模糊的)并由今日治理框架所传递的期望。由于这些框架是多层的,并且其涉及的范围包括地方、市级议会以及公共场所,小范围使用闭路电视摄像头作为跟踪工具监控随意丢弃垃圾的人。从以及看似无害的商业应用,如停车场的自动车牌识别,到更吓人的反恐和移民控制技术以及与健康相关的商业和就业应用,它们对隐私权主体造成了影响,导致人们针对实际情况在心理和生理上做出不同的现实生活选择,以及在总体上使其不愿成为一个独立的、积极参与的社会成员。换句话说,他们制造了一种

---

〔1〕　保守党议员纳迪姆·扎哈维(Yadhim Zahawi)是YouGov网站的创始人之一和前首席执行官。参见克里斯·崔霍恩(Chris Tryhorn): "YouGov首席执行官纳迪姆·扎哈维(Nadhim Zahawi)下台竞选保守党议员",载《卫报》2010年2月22日,www. theguardian. com/media/2010/feb/22/nadhim-zahawi-yougov-election-mp。

"吞噬灵魂"的恐惧。因此，可以认为，大规模的数据隐私侵犯和对基本权利的侵犯同等严重。

（三）门槛要素（The Chapeau Elements）

与任何危害人类罪（CAH）一样，广泛性或持续攻击是门槛元素中的必要条件，危害人类罪（CAH）必须是其中的一部分。根据习惯国际法，与武装冲突有联系不是必要的，攻击不必是军事性质。其中的大多数元素看上去很简单明了。确定了是由国家和非国家参与者在全球范围内不加选择的、故意的、有计划的和有意地使用这些条件，攻击行为（这种攻击也可以由行为本身组成[1]）同时是广泛的和系统的，即使其参考框架仅限于一个国家或地缘政治区域。不管习惯法是否要求政策要素，[2] 对于本文所涉及的数据入侵类型，如果没有这样的政策是很难想象的，因为这些行为都不是孤立的。除特定的军事间谍活动外，海量数据入侵攻击几乎是全部用以针对普通公民的。对于攻击行为的基础性质需要进行更多的思考。《国际刑事法院规约》对"攻击"的定义是指，根据第7（1）条所述的任何行为，任意数目的非法行为（即对受保护利益的侵犯），都可以满足要求，并且暴力[3]行为不是必要的。除非满足迫害的歧视性标准，并且将侵犯数据隐私的行为解释为与对基本权利的侵犯同等严重。然而，以《国际刑事法院规约》为例，似乎无法将对数据隐私基本权利的侵犯纳为可与攻击相联系的必要行为。

对于数据隐私的侵犯是否足以发动刑罚权，目前是不明确的。对此，也没有关于侵犯数据隐私入罪的国际公约。并且，通过一般刑法原理来创设一个新型的数据隐私犯罪，也是值得商榷的。因为国内法通常会创设一系列关于公共法益的条款

---

〔1〕 Trifferer/Ambos，第7条页边号14。

〔2〕 Trifferer/Ambos，第7条页边号109。

〔3〕 Ambos，《Treatise》，Vol Ⅱ，58f。

（即例外条款）。即使其可能被视为一种新共识，但也不可能做出该结论的剩余条款。联合国国际法委员会拟议的《防止及惩治危害人类罪国际公约》[1] 第 3 条关于"犯罪"的定义借鉴了《国际刑事法院规约》第 7 条的内容，这并不奇怪，这是因为需要找到一个在此平台上大多数国家都容易支持的、旨在实施国内法的公约。相反，序言的最后一段含蓄地引用了《马滕斯条款》（Martens clause）的思想。[2] 当然，这不足以建立一个成熟的危害人类罪（CAH）。实际上，第六委员会在前几届会议上各国针对联合国国际法委员会（ILC）关于危害人类罪（CAH）[3] 的项目所表达的态度，以及《公约》的支持者所收集的态度，不支持其更有希望的前景。但是，这一发现（在经过了上文在福柯式讨论的背景下所进行的讨论后）并不令人惊讶：如果有利益或影响力，无论是在本国还是在更大范围的地缘政治中，各国倾向在其领域内监视其公民和其他人；因此在最大程度上，期望他们接受建立国家实践的基础是不现实的，这种实践可以合理地解释为根据国际刑法追究其主要代理人的个人责任，而处罚几乎完全是长期的监禁。

即使在诸如欧盟这样的发达国际法律体系中，也有对此持谨慎态度的例子，如：2016 年 4 月 27 日颁布的最新 2016/679 条例，在处理个人数据和此类数据自由流动方面，保护自然人

---

[1] 《防止及惩治危害人类罪国际公约》，载 http：//law. wustl. edu/harris/cah/docs/EnglishTreatyFinal. pdf。

[2] 《防止及惩治危害人类罪国际公约》第 3 页的解释性说明："……在本公约或其他国际协定未涵盖的情况下，个人仍受从习惯，人道法和公众良知的要求中确立的国际法原则的保护和授权，并继续享有国际法承认的基本权利"，载 http：//law. wustl. edu/harris/cah/docs/EnglishTreatyFinal. pdf

[3] 载 http：//law. wustl. edu/harris/crimesagainsthumanity/？p＝1944。

并废除定于 2018 年 5 月 25 日生效的第 95/46 / EC 号指令[1]（通用数据保护条例）[2]，其从一开始就不适用于……主管当局出于预防、调查、发现或起诉刑事犯罪或执行刑事处罚的目的，当然也包括预防对公共安全产生威胁的行为发生。[3] 这意味着，消除了反恐和执行公共警务的功能。其中，在第 83 条中规定了最高 2000 万欧元的"行政罚款"之后，它在第 84 条中规定了处罚细则：

（1）会员国应适用于本规章的其他处罚，特别是那些不受第 83 条规定的行政罚款的侵权规则，并采取一切必要措施以确保它们得到实施。此类处罚应当是有效的，成比例的和劝阻性的。

（2）每个会员国应在 2018 年 5 月 25 日之前，将其根据第 1 款通过的法律规定通知委员会，并应毫不延误地将其以后的任何修正案通知委员会。

第 84 条所依据的中心的介绍性陈述在第 148－152 段，后者指出：

在本条例不统一行政处罚的情况下，或在其他有必要情况下（例如在严重违反本条例的情况下），会员国应实施有效地、对应地和劝阻性的处罚。该种处罚的性质，无论是刑事的还是行政的，都应由会员国法律确定。

该条例在理论上允许但未明确提及监禁刑，其优先选项似乎还是经济制裁。经济制裁看似严厉，但事实上其不会出现最

---

〔1〕 http：//eur－lex. europa. eu/legal－content/EN/TXT/PDF/？ uri = CELEX：32016R0679&from=EN，第 99（2）条。

〔2〕 http：//eur－lex. europa. eu/legal－content/EN/TXT/PDF/？ uri = CELEX：32016R0679&from=EN，第 99（2）条。

〔3〕 http：//eur－lex. europa. eu/legal－content/EN/TXT/PDF/？ uri = CELEX：32016R0679&from=EN，第 2（1）（d）条。

高罚款金额的法律制裁。总而言之，数据隐私侵犯作为危害人类罪（CAH）的定性与适用经济制裁的制裁手段之间差距甚远，是否对人的身体施加监禁刑，往往取决于欧盟成员国的司法态度。

### 六、结论-Per Aspera ad Astra

在本文中，我试图审问一个前提，即我们可能需要从国际刑法下的对受保护权利的传统理解，特别是在危害人类罪（CAH）的背景，转变到21世纪的模式。国际刑法（ICL）仍然过分强调可以看到和立即相关的伤害——对生命肢体，个人自由和财产的威胁，并且越来越关注性暴力和基于性别的暴力。

但是，有些权利在本质上是非物质的，但是对这些权利的侵犯可能会造成同样有形的伤害。正如福柯式分析所表明的那样，政府和私人参与者不加选择地收集大量数据的做法不仅具有压制言论自由和信仰自由的潜力，而且压制特别的隐私权，其和传统目标权利有着同等的效力。在法律改革的辩论中，隐私权已日益成为公众关注的焦点，主要集中在打击犯罪和反恐努力的主题上。这种所谓的个人自由与为了公众利益而进行控制之间的对立关系，给寻求直接而及时的解决方案带来了巨大的障碍。

基于万物平等的假设，尽管在概念和术语上确实缺乏清晰的轮廓，但我认为，要触发（国际）刑法的保护，就必须在国际法层面上存在一条"红线"。然而，对当前判例法的分析表明，对危害人类罪（CAH）的简单分类的任何希望（可能已经存在的迫害罪除外）似乎都是没有根据的。到目前为止，人们尚未充分意识到当今的隐私权已经可以与作为危害人类罪（CAH）与战争罪基础的传统权利相提并论。像其他国际法律一样，国际刑法是由国家制定的，也就是说，由那些更多的是问题的一部分而不是问题的解决者制定的。然而，即使在这样的环境中，也有必要继续向当权者讲述真相，并有时候希望真相的力量最终会占上风。

# 《欧洲议会和欧盟理事会关于开发、部署和使用人工智能、机器人和相关技术伦理原则的条例》

## (立法动议、提案及解释性陈述)*

席 斌 译 汪渊智 校**

## 目 次

一、就确立开发、部署和使用人工智能、机器人和相关技术伦理原则提请欧洲议会进行决议之立法动议

---

\* 原文标题是：DRAFT REPORT with recommendations to the Commission on a framework of ethical aspects of artificial intelligence, robotics and related technologies〔2020/2012（INL）〕），即《向委员会就有关人工智能、机器人和相关技术的伦理方面提出立法建议的报告草案〔2020/2012（INL）〕》，该报告草案于 2020 年 4 月 21 日由欧洲议会法律事务委员会提出（报告人为：Ibán García del Blanco）。按照欧洲议会程序，目前该报告草案仍处于由法律事务委员会内部决定阶段，之后还要经过欧洲议会决议。如果要最终完成立法，欧洲议会对欧盟委员会作出立法建议之决议后，还需启动正式的立法程序，这将需要一定时间。该报告草案第二部分附带的立法提案，是目前欧盟内部第一个也是唯一一个所形成的关于伦理的法律制度框架（草案）。——译者注

\*\* 席斌，山西大学法学院 2019 级博士研究生。汪渊智，山西大学法学院教授、博士生导师。

二、《关于开发、部署和使用人工智能、机器人和相关技术伦理原则的条例》之立法提案

三、立法动议及提案之解释性陈述

## 一、就确立开发、部署和使用人工智能、机器人和相关技术伦理原则提请欧洲议会进行决议之立法动议

欧洲议会，考虑到：

——《欧洲联盟运行条约》第 225 条。

——《欧洲联盟运行条约》第 114 条。

——理事会 2018 年 9 月 28 日《关于设立欧洲高性能计算联合项目的第 2018/1488 号条例》。[1]

——欧洲议会和理事会 2018 年 6 月 6 日《关于建立 2021—2027 数字欧洲计划提案的通讯〔COM（2018）0434〕》。

——欧盟委员会 2020 年 2 月 19 日致欧洲议会、理事会、欧洲经济和社会委员会以及地区委员会《关于人工智能——欧洲追求卓越和信任的方法的通讯〔COM（2020）0065〕》。

——欧盟委员会 2020 年 2 月 19 日致欧洲议会、理事会、欧洲经济和社会委员会以及地区委员会的《关于欧洲数据战略的通讯〔COM（2020）0066〕》。

——欧盟委员会 2020 年 2 月 19 日致欧洲议会、理事会、欧洲经济和社会委员会以及地区委员会的《关于塑造欧洲数字未来的通讯〔COM（2020）0067〕》。

——欧洲议会 2017 年 2 月 16 日《关于就机器人技术民事法律规则向欧盟委员会提出立法建议的决议》。[2]

——欧洲议会 2017 年 6 月 1 日《关于欧洲工业数字化的决

---

〔1〕 官方公报 L 类第 252 期，2018 年 10 月 8 日，第 1 页。

〔2〕 官方公报 C 类第 252 期，2018 年 7 月 18 日，第 239 页。

议》。[1]

——欧洲议会 2018 年 9 月 12 日《关于自动武器系统的决议》。[2]

——欧洲议会 2018 年 9 月 11 日《关于数字时代语言平等的决议》。[3]

——欧洲议会 2019 年 2 月 12 日《关于欧洲人工智能和机器人技术全面工业政策的决议》。[4]

——欧盟委员会设立之人工智能高级别专家组 2019 年 4 月 8 日题为《可信赖的人工智能道德准则》的报告。

——考虑到应依科学和技术未来小组（STOA）要求编写的简报和研究报告，该小组由欧洲议会研究处的科学远见小组负责管理，题为"如果算法能够遵守伦理原则怎么办?"、"人工智能门户：法律和伦理思考"、"算法责任和透明度的治理框架"、"我们应该害怕人工智能吗?"和"人工智能的伦理：问题和倡议"。

——欧洲议会《议事规则》第 47 条和第 54 条。

——考虑到外交事务委员会，国内市场和消费者保护委员会，运输和旅游委员会，公民自由、司法和内政委员会，就业和社会事务委员会，环境、公共卫生和食品安全委员会以及文化和教育委员会的意见。

——法律事务委员会的报告（A9-0000/2020）。

引言

A. 鉴于人工智能、机器人和相关技术正在迅速发展，有可能直接影响我们社会的各个方面，包括基本的社会和经济原则

---

〔1〕 官方公报 C 类第 307 期，2018 年 8 月 30 日，第 163 页。

〔2〕 官方公报 C 类第 433 期，2019 年 12 月 23 日，第 86 页。

〔3〕 通过的文本，编号：P8_TA（2018）0032。

〔4〕 通过的文本，编号：P8_TA（2019）0081。

和价值观。

B. 鉴于欧盟及其成员国对确保这些技术为其公民的福祉和普作出益做出贡献负有特殊责任。

C. 鉴于欧盟内部开发、部署和使用人工智能、机器人和相关技术的共同框架应既保护公民免受潜在风险，又提升这些技术在世界范围内的可信度。

D. 鉴于议会已经进行了大量研究，并就与这些技术相关的法律和伦理问题表明了若干立场。

E. 鉴于这些问题应通过一个全面的、经得起未来考验的法律框架来解决，该框架应反映《条约》和《基本权利宪章》所载的欧盟原则和价值观，这将为企业和公民带来法律确定性。

F. 鉴于为了使该框架的适用范围更为全面，它应涵盖广泛的技术及其组成部分，包括算法、软件和它们使用或产生的数据。

G. 鉴于该框架应涵盖所有需要适当考虑欧盟原则和价值观的情况，即相关技术及其组成部分的开发、部署和使用。

H. 鉴于采用统一方法来处理与人工智能、机器人和相关技术有关联的伦理原则，需要在联盟中对这些概念，诸如算法、软件、数据或生物特征识别等达成共识。

I. 鉴于在开发、部署和使用人工智能、机器人和相关技术时，需要统一应用共同的伦理原则，因此在联盟层面采取行动是合理的。

J. 鉴于只有在确定了负责确保、评估和监控合规性的人员时，共同伦理原则方为有效。

K. 鉴于各会员国应设立一个国家监管机构，负责确保、评估和监控遵守情况，并与有关利益攸关方和民间团体密切合作，以促成观点意见的讨论和交换。

L. 鉴于议会仍在吁请建立一个欧洲机构，以确保整个欧盟采取协调一致的方法来应对新的机遇和挑战,特别是由当前技术发展带来的跨境机遇和挑战。

(一) 以人为中心的人工智能

1. 声明:人工智能、机器人和相关技术的开发、部署和使用,包括但不限于人类的开发、部署和使用,应始终尊重人类的能动性和监督权,并允许随时恢复人类的控制权。

(二) 风险评估

2. 认为应根据公正、受规制管理的外部评估,来确定人工智能、机器人及相关技术在遵守伦理原则方面是否属于高风险。

(三) 安全特性、透明度和问责制

3. 坚持对于人工智能、机器人技术和相关技术,包括这些技术使用或产生的软件、算法和数据,应以安全、技术严谨之方式及善意地进行开发。

4. 强调可解释性对于确保公民信任这些技术而言至关重要,即使可解释性的程度与技术的复杂性有关,并且应辅之以可审计性和可追溯性。

(四) 非偏见和非歧视

5. 谨记人工智能、机器人和相关技术的开发、部署和使用,包括这些技术使用或产生的软件、算法和数据,应尊重人的尊严,并确保人人享有平等待遇;

6. 申明应通过为设计及使用软件、算法和数据的过程制定规则来解决软件、算法和数据中可能存在的偏见和歧视问题,因为这种方法有可能将对软件、算法和数据转化为对其偏见和歧视的巨大制衡,并成为社会变革的积极力量。

(五) 社会责任和性别平衡

7. 强调对社会负责的人工智能、机器人和相关技术应保障和促进我们社会的基本价值观,如民主、多样化和独立的媒体以及客观和自由获得的信息、健康和经济繁荣、机会平等、工人和社会权利、优质教育、文化和语言多样性、性别平衡、数字素养、创新和创造力。

8. 建议通过负责任的研究和创新，最大限度地发挥人工智能、机器人和相关技术在这方面的潜力，这需要欧盟及其成员国充分调动资源。

9. 坚持认为这些技术的开发、部署和使用不应对个人或社会造成任何形式的伤害或损害。

（六）环境与可持续发展

10. 指出人工智能、机器人和相关技术必须支持实现可持续发展、气候中和与循环经济目标；这些技术的开发、部署和使用应是对环境友好的，并有助于在其生命周期和整个供应链中尽量减少对环境造成任何损害。

11. 建议通过负责任的研究和创新，最大限度地发挥人工智能、机器人和相关技术在这方面的潜力，这需要欧盟及其成员国调动资源。

12. 强调这些技术的开发、部署和使用为实现联合国概述的可持续发展目标提供了众多机会。

（七）隐私和生物识别

13. 注意到因对人工智能、机器人和相关技术的开发、部署和使用而产生的数据生产和使用，包括生物识别数据等个人数据，正在迅速增加，从而强调依据欧盟法律尊重公民的隐私权及个人数据保护的需要。

14. 指出这些技术所提供的使用个人数据和非个人数据对人进行分类和微观目标定位、识别个人弱点或利用准确预测知识的可能性，必须根据数据最小化原则、根据自动处理和设计隐私获得决策解释的权利以及基于目的的相称性、必要性和限制原则进行权衡。

15. 强调各国政府当局在国家紧急状态期间，如在国家健康危机期间使用远程识别技术时，其使用应始终相称、有时间限制并尊重人的尊严和基本权利。

（八）治理

16. 指出对人工智能、机器人和相关技术的开发、部署和使用进行适当治理，包括制定注重问责制和应对偏见和歧视的潜在风险的措施，如此方可提高公民对这些技术的安全感和信任度。

17. 注意到数据在人工智能、机器人和相关技术的发展中被大量使用，对这些数据的处理、共享和访问必须按照数据质量、完整性、安全性、隐私和控制的要求进行管理。

18. 强调需要确保属于弱势群体，如残疾人、病人、儿童、少数群体和移民，的数据得到充分保护。

（九）国家监管机构

19. 注意到由每个会员国的国家监督机关负责确保、评估和监测在开发、部署和使用人工智能、机器人和相关技术方面遵守伦理原则所带来的附加价值。

20. 表示此类机关不仅应相互联络，还应与欧盟委员会和欧盟其他相关机构、实体、办事处和机关联络，以保证协调一致的跨境行动。

21. 吁请这些机构通过向相关利益攸关方，特别是中小企业或初创企业提供援助，以促进与民间团体的定期交流和欧盟内部的创新。

（十）欧洲人工智能机构

22. 谨记欧洲议会于 2017 年 2 月 16 日就机器人技术民事法律规则向欧盟委员会提出立法建议的决议，该决议要求委员会考虑指定一个欧洲人工智能机构。

23. 吁请委员会对这一要求采取后续行动，特别是考虑到前一段所述的内容，在联盟层级设立一个机构来协调由每个国家监管机构的任务和行动所带来的附加价值。

24. 相信这样一个机构，以及下一段中提到的认证，不仅将有利于联盟产业的发展和在这方面的创新，还将提高联盟公民对这些技术固有的机遇和风险的认识。

（十一）欧洲伦理合规认证

25. 建议欧洲人工智能机构在任何开发商、部署者或用户提出请求，要求其证明各自国家监管机构对合规性的积极评估后，制定与授予欧洲道德合规证书相关的共同标准和申请流程。

（十二）国际合作

26. 强调欧盟关于开发、部署和使用这些技术的道德原则应通过与国际伙伴合作并与具有不同开发和部署模式的第三国联络的方式在全世界推广。

27. 回顾这些技术固有的机遇和风险具有全球性，需要在国际一级采取一致的办法，因此呼吁委员会在双边和多边环境下开展工作，倡导和确保道德合规。

28. 指出了上述欧洲机构在这方面可以带来附加价值。

（十三）最后方面

29. 在对与人工智能、机器人和相关技术的伦理层面有关的方面进行上述思考后，得出的结论是，人工智能伦理应由一系列原则构成，从而在欧盟一级形成一个由国家主管当局监督、经欧洲人工智能机构协调和加强并在内部市场得到适当尊重和认证的法律框架。

30. 按照《欧洲联盟运作条约》第 225 条规定的程序，请委员会根据《欧洲联盟运作条约》第 114 条并遵循本文件附件所载的详细建议，提交一份关于开发、部署和使用人工智能、机器人和相关技术的道德原则条例的立法提案。

31. 建议欧盟委员会审查适用于人工智能、机器人和相关技术的现行欧盟法律，以便根据本报告附件所载建议，解决因这些技术快速发展带来的问题。

32. 认为如果设立一个新的欧洲人工智能机构，其所要求的提案将产生经费问题。

33. 指示其主席将本决议及所附详细建议转交委员会和理事会。

## 二、《关于开发、部署和使用人工智能、机器人和相关技术伦理原则的条例》之立法提案

（一）提案的主要原则和目标

1. 该提案的主要原则和目标是：

（1）通过确保以遵循伦理的方式开发、部署和使用人工智能、机器人和相关技术，以建立对这些技术的信任。

（2）支持欧盟人工智能、机器人和相关技术的发展，包括通过帮助企业和初创企业评估和解决发展过程中的监管要求和风险。

（3）通过提供适当的监管框架，支持在欧盟部署人工智能、机器人和相关技术。

（4）通过确保以遵循伦理的方式开发、部署和使用人工智能、机器人和相关技术，支持在联盟中使用这些技术。

（5）要求在公民之间以及开发、部署或使用人工智能、机器人和相关技术的组织内部有更好的信息流动，以确保这些技术符合拟议条例的伦理原则。

2. 提案的组成部分。该提案由以下部分组成：

（1）《关于开发、部署和使用人工智能、机器人和相关技术的伦理原则的条例》。

（2）欧洲人工智能机构和欧洲伦理合规认证。

（3）欧盟委员会的支持作用。

（4）每个成员国的"监管机构"为确保人工智能、机器人和相关技术适用伦理原则而开展的工作。

（5）利益攸关方的参与、协商和支持，包括初创企业、企业、社会伙伴和其他民间团体的代表。

3.《关于开发、部署和使用人工智能、机器人和相关技术的伦理原则的条例》以下述原则为基础：

（1）以人为中心及人造的人工智能、机器人和相关技术。

（2）人工智能、机器人和相关技术的风险评估。

（3）安全特性、透明度和问责制。

（4）防止偏见和歧视的保障措施。

（5）人工智能、机器人和相关技术中的社会责任和性别平衡。

（6）环境友好和可持续的人工智能、机器人和相关技术。

（7）尊重隐私和使用生物识别的限制。

（8）与人工智能、机器人和相关技术有关的治理，包括因这些技术使用或产生的数据。

4. 委员会在遵守开发、部署和使用人工智能、机器人和相关技术的伦理原则方面的主要任务是：

（1）监测拟议条例的执行情况。

（2）提高认识，提供信息，并与整个联盟的开发者、部署者和用户进行交流。

5. 欧洲人工智能机构应根据委员会的详细建议成立，该建议应包括以下主要任务：

（1）监督拟议条例的实施。

（2）发布有关拟议条例应用的指南。

（3）与每个成员国的"监管机构"进行联络，协调它们的命令和任务。

（4）制定符合道德原则的欧洲证书。

（5）支持与相关利益攸关方和民间团体的定期交流。

6. 各成员国"监管机构"的主要任务：

（1）评估在欧盟开发、部署和使用的人工智能、机器人和相关技术，包括因这些技术而使用或产生的软件、算法和数据，是否属于高风险技术。

（2）监控其是否符合拟议条例中规定的道德原则。

（3）与其他监管机构、欧盟委员会和欧盟其他相关机构、实体、办事处和机关的合作。

（4）负责制定人工智能、机器人和相关技术的治理标准，包括与尽可能多的利益攸关方和民间团体代表进行联络。

7. 利益攸关方的关键作用应是与欧盟委员会、欧洲人工智能机构和每个成员国的"监管机构"进行接触。

（二）立法提案案文

《欧洲议会和欧盟理事会关于开发、部署和使用人工智能、机器人和相关技术伦理原则的条例》（提案文本）

——考虑到《欧洲联盟运作条约》，特别是其中第114条。

——考虑到欧洲联盟委员会的提议。

——立法草案转交各国议会后。

——考虑到欧洲经济和社会委员会的意见。

——按照普通立法程序行事。

鉴于条款：

（1）人工智能、机器人和相关技术的开发、部署和使用，包括因这些技术而使用或产生的软件、算法和数据，都是基于为社会服务的愿望。但它们可能在带来机遇的同时带来风险。因此，从开发、部署这种技术到使用这种技术，都应该通过一个全面的伦理原则法律框架来处理和管控这些机遇和风险。

（2）在开发、部署和使用人工智能、机器人和相关技术方面，包括在联盟中使用或由这些技术产生的软件、算法和数据方面，所有成员国所遵守伦理原则的程度应该是同等的，以便其有效地抓住机遇，并始终如一地应对这些技术所产生的风险。

应确保本条例中规定的规则在整个联盟中的适用是同质的。

（3）在这种情况下，目前全联盟遵循的规则和做法的多样性对保护个人和社会的福祉和繁荣构成了重大风险，也对协调一致地探索人工智能、机器人和相关技术在促进和维护福祉和繁荣方面的全部潜力构成了重大风险。对这些技术所固有的伦理层面的考虑程度各异，会妨碍它们在联盟内部的自由开发、部署或使用，这种差异会对在欧盟一级开展经济活动构成障碍、扭曲竞争，妨碍联盟机构履行其根据欧盟法律承担的义务。此外，在人工智能、机器人和相关技术的开发、部署和使用方面缺乏一个共同的伦理原则框架，这将给所有参与者，即开发者、部署者和用户带来法律上的不确定；

（4）然而，本条例应为成员国提供回旋余地，包括考虑到本条例规定的目标，以及如何执行各自国家监管机构的任务。

（5）这种框架的地理应用范围应涵盖在欧盟开发、部署或使用的人工智能、机器人和相关技术的所有组成部分，包括部分技术可能位于欧盟之外或不存在具体位置的情况，例如云计算服务。

（6）欧盟需要对人工智能、机器人、相关技术、算法和生物识别等概念达成共识，以便采取统一的监管办法。但是，具体的法律定义需要在本条例的背景下制定，且不对其他法案和国际司法管辖区中使用的其他定义产生影响。

（7）人工智能、机器人和相关技术的开发、部署和使用，包括这些技术使用或产生的软件、算法和数据，应确保考虑到公民的最佳利益，并应尊重《欧洲联盟基本权利宪章》（下称《宪章》）、欧洲联盟法院的既定判例法以及适用于欧盟的其他欧洲和国际文书中规定的基本权利。

（8）人工智能、机器人和相关技术被赋予了从数据和经验中学习的能力，以及做出有根据的决策的能力。这种能力需要继续受到有意义的人类审查、判断、干预和控制。技术和操作复杂性绝不应成为这种情况的阻碍，即此类技术的部署者或用户在遵守本条例规定的原则存在风险的情况下，至少能够更改或停止其运行。

（9）任何人工智能、机器人和相关技术，包括这些技术使用或产生的软件、算法和数据，如果存在违反安全、透明、问责、无偏见或非歧视、社会责任和性别平衡、环境友好性和可持续性、隐私和治理等原则的高风险，从伦理原则遵守的视角，应按照国家监管机构公正、规范的外部风险评估结论，将其认定为高风险。

（10）尽管风险评估是在遵守伦理原则的情况下进行的，但人工智能、机器人和相关技术，包括这些技术使用或产生的软件、算法和数据，应始终按照客观标准并根据适用于不同领域（如卫生、交通、就业、司法和内政、媒体、教育和文化领域）的相关具体领域立法来评估其风险。

（11）可信赖的人工智能、机器人技术和相关技术，包括这些技术使用或产生的软件、算法和数据，应以安全、透明和负责任的方式进行开发、部署和使用，以鲁棒性、弹性、安全性、准确性和错误识别、可解释性和可识别性为基础，并且在不符合这些安全特征的情况下，可以暂时禁用和恢复其原有功能。

（12）开发者、部署者和用户有责任在他们参与人工智能、机器人和相关技术的范围内遵守安全、透明和问责原则，包括这些技术使用或产生的软件、算法和数据。开发者应确保相关技术的设计和构建符合安全特性，而部署者和用户应在完全遵守这些特性的情况下部署和使用相关技术。

（13）开发者和部署者应向用户提供相关技术的任何后续更新，即软件方面的更新。

（14）如果用户对这些技术的参与影响了对本条例中所规定

的安全性、透明度和问责制要求的遵守，则用户应善意地使用人工智能、机器人和相关技术。这尤其意味着，他们不得以违反本法律框架中所规定的伦理原则及其所列要求的方式使用这些技术。除了这种善意的使用之外，用户还应免除本条例中所规定的开发者和部署者的任何责任。

（15）公民对人工智能、机器人和相关技术的信任，包括这些技术使用或产生的软件、算法和数据，取决于对技术流程的理解和领悟。这类流程的可解释性程度应取决于这些技术所产生之错误或不准确输出的语境和后果的严重程度，并需要足以对其提出质疑和寻求补救。可审计性和可追溯性应有助于弥补这类技术难以理解的情况。

（16）社会对人工智能、机器人和相关技术的信任，包括这些技术使用或产生的软件、算法和数据，取决于相关技术对其评估、可审计性和可追溯性的支持程度。如果他们的参与程度需要，开发者应该确保这些技术的设计和构建能够实现这样的评估、审计和可追溯性。部署者和用户应确保人工智能、机器人和相关技术的部署和使用完全符合透明度要求，并允许审计和可追溯。

（17）软件、算法和数据中的偏见和歧视是非法的，应该通过规范设计和使用它们的程序来加以解决。

（18）人工智能、机器人和相关技术使用或产生的软件、算法和数据在下述情况下应被视为有偏见，例如，基于个人、社会或部分偏见以及随后对与其特征相关的数据的处理，它们显示出与任何个人或群体相关的次优结果。

（19）根据欧盟法律，人工智能、机器人和相关技术使用或产生的软件、算法和数据在下述情况下应被视为歧视性的，因为它们基于个人特征等理由，在没有客观或合理理由的情况下，以不同方式对待一个人或一群人，包括将他们置于与他人相比而言的不利地位。

（20）根据联盟法律，可能客观证明个人或群体之间的任何差别待遇的合理合法目标是保护公共安全、安保和健康，预防刑事犯罪，保护个人权利和自由、公平代表性和客观职业要求。

（21）人工智能、机器人和相关技术，包括这些技术使用或产生的软件、算法和数据，应在可持续发展的基础上发挥作用。这些技术应全面促进实现联合国概述的可持续发展目标，以使子孙后代能够繁荣昌盛。此类技术可以支持在可持续性和社会凝聚力指标的基础上监测适当的进展，并通过使用负责任的研究和创新工具，要求欧盟及其成员国调动资源，支持和投资于实现这些目标的项目。

（22）人工智能、机器人和相关技术的开发、部署和使用，包括这些技术使用或产生的软件、算法和数据，绝不应对个人或社会造成任何形式的伤害或损害。因此，应以对社会负责的方式开发、部署和使用这些技术。

（23）就本条例而言，开发者、部署者和用户在介入相关人工智能、机器人和相关技术的范围内，应对个人和社会造成的任何伤害或损害负责。

（24）特别地，决定和控制人工智能、机器人和相关技术的开发过程或方式的开发者，以及参与具有操作或管理功能部署的部署者，通常应被认为有责任通过在开发过程中采取适当的措施和在部署阶段完全遵守这些措施来避免任何此类伤害或损害的发生。

（25）对社会负责的人工智能、机器人和相关技术，包括这些技术使用或产生的软件、算法和数据，可以被定义为既保护又促进社会若干不同方面的技术，这些方面最显著的是民主、健康和经济繁荣、机会平等、工人权利和社会权利、多样化和独立的媒体以及客观和自由获得的信息、公众辩论之允许、优质教育、文化和语言多样性、性别平衡、数字素养、创新和创造力。上述技术也是在适当考虑到其对公民身心健康的最终影响的情况下予以开发、部署和使用的。

（26）还应开发、部署和使用这些技术，以支持社会包容、多元化、团结、公平、平等和合作，并应通过研究和创新项目最大限度地发挥和发掘这些技术在这方面的潜力。因此，欧盟及其成员国应调动资源支持和投资于此类项目。

（27）应在负责任的研究和创新工具的基础上开展与人工智能、机器人和相关技术处理社会福祉问题的潜力有关的项目，以保证从一开始就遵守这些项目的伦理原则。

（28）人工智能、机器人和相关技术的开发、部署和使用，包括此类技术使用或产生的软件、算法和数据，应考虑到它们所产生的环境影响，不应在其生命周期和整个供应链中对环境造成损害。因此，应以有助于实现气候中和与循环经济目标的环保方式来开发、部署和使用此类技术。

（29）就本条例而言，开发者、部署者和用户应在介入开发、部署或使用人工智能、机器人和相关技术的范围内，对给环境造成的任何损害负责。

（30）特别地，决定和控制人工智能、机器人和相关技术的开发过程或方式的开发者，以及参与具有操作或管理功能部署的部署者，通常应被认为有责任通过在开发过程中采取适当的措施和在部署阶段完全遵守这些措施来避免这种（对环境造成之）损害的发生。

（31）还应开发、部署和使用这些技术，以支持实现减少废物产生、减少碳足迹、防止气候变化和避免环境退化等环境目标，并应通过研究和创新项目以最大限度地发挥和发掘这些技术在这方面的潜力。因此，欧盟及其成员国应调动资源支持和投资于此类项目。

（32）应在负责任的研究和创新工具的基础上开展与人工智能、机器人和相关技术在解决环境问题方面的潜力有关的项目，以保证从一开始就遵守这些项目的伦理原则。

（33）欧盟在开发、部署和使用的任何人工智能、机器人和相关技术的过程中，包括这些技术使用或产生的软件、算法和数据，都应充分尊重欧盟公民的隐私权和个人数据保护权。特别是，它们的开发、部署和使用应符合欧洲议会和理事会的（欧盟）第 2016/679 号条例[1]以及欧洲议会和理事会的第 2002/58/EC 号指令。[2]

（34）在使用生物识别等远程识别技术自动识别个人身份时，应适当考虑使用人工智能、机器人和相关技术的伦理界限，包括这些技术使用或产生的软件、算法和数据。当各政府当局在国家紧急状态期间，例如在国家健康危机期间使用这些技术时，使用应当相称，并确定其使用标准，以便能够确定是否、何时以及如何使用，并且这种使用应当注意其心理和社会文化影响，同时适当考虑到《宪章》规定的人性尊严和基本权利。

（35）提高公民对人工智能、机器人和相关技术的开发、部署和使用的信任度，包括这些技术使用或产生的软件、算法和数据。

（36）现有的相关治理标准包括，例如，由欧盟委员会设立的人工智能高级别专家组起草的《值得信赖的人工智能道德准则》，以及由欧洲标准化委员会（CEN）、欧洲电工标准化委员

---

〔1〕《2016 年 4 月 27 日欧洲议会及欧盟理事会为保护自然人之个人数据处理与自由流通制定第 2016/679 号欧盟条例（个人数据保护条例）取代第 95/46/EC 号欧盟指令》（官方公报 L 类第 119 期，2016 年 5 月 4 日，第 1 页）。

〔2〕《欧洲议会和欧盟理事会于 2002 年 7 月 12 日关于电子通信行业中的个人数据处理和隐私保护的 2002/58 / EC 号指令（隐私和电子通信指令）》（官方公报 L 类第 201 期，2002 年 7 月 31 日，第 37 页）。

会（CENELEC）和欧洲电信标准协会（ETSI）在欧洲一级、国际标准化组织（ISO）和电气和电子工程师协会（IEEE）在国际一级采用的其他技术标准。

（37）多个参与者共享和使用的数据是敏感的，因此，人工智能、机器人和相关技术的开发、部署和使用应受反映质量、完整性、安全性、隐私和控制要求的相关标准和协议的管辖。数据治理战略应侧重于对此类数据的处理、共享和获取，包括其适当管理性和可追溯性，并保证充分保护属于弱势群体的数据，包括残疾人、患者、儿童、少数群体和移民。

（38）本条例中所规定的伦理原则有效适用将在很大程度上取决于成员国任命一个独立的公共机构作为监督机构。具体而言，每个国家监管机构应负责评估和监测由本条例所规定的被视为高风险的人工智能、机器人和相关技术的合义务性。

（39）各国监管机构还应承担监管这些技术治理的责任。因此，他们在加强联盟公民的信任度和安全感以及促成一个民主、多元和公平的社会方面可以发挥重要作用。

（40）各国监管机构应在相互之间以及与欧盟委员会和欧盟其他相关机构、实体、办事处和机关间开展定期的实质性合作，以保证协调一致的跨境行动，并根据本条例规定的道德原则，在欧盟内部一致开发、部署和使用这些技术。

（41）各国监管当局应确保聚集最多数量的利益攸关方，如行业、企业、社会伙伴、研究人员、消费者和民间团体组织，并提供一个多元化的论坛，以供反思和交流意见，以得出可理解和准确的结论并指导如何监管治理。

（42）此外，各国家监管机构应向开发者、部署者和用户提供专业的行政指导和支持，特别是在遵守本条例规定的原则方面遇到挑战的中小型企业或初创企业。

（43）举报使联盟机构注意到潜在的和实际违反联盟法律的

行为，以防止会发生的伤害、损失或损害。此外，报告程序改善了公司和组织内部的信息流，从而降低了开发有缺陷或错误的产品或服务的风险。开发、部署或使用人工智能、机器人和相关技术（包括这些技术使用或产生的数据）的公司和组织应建立举报渠道，举报违规行为的人员应受到保护，防止遭到报复。

（44）人工智能、机器人和相关技术的快速发展，包括这些技术使用或产生的软件、算法和数据，以及机器学习、推理过程和其他技术的发展是不可预测的。因此，建立一个审查机制是适当的和必要的，根据该机制，除了报告本条例的适用情况之外，委员会还应定期提交一份关于可能修改本条例适用范围的报告。

（45）由于本条例的目标，即建立一个在欧盟开发、部署和使用人工智能、机器人和相关技术之伦理原则的法律框架，无法单由各成员国予以充分实现，而因其规模和效果，可以在联盟层级更好地实现，欧盟可以根据《欧洲联盟条约》第5条规定的辅助原则采取措施。根据该条规定的相称性原则，本条例不超出实现该目标所必需的范围。

（46）本条例中所规定的联盟层面的行动宜经由建立欧洲人工智能机构来实现。此机构对于协调各成员国国家监管机构的任务和行动，释明人工智能、机器人和相关技术风险评估的客观标准，制定和发布符合本条例规定的伦理原则的认证，支持与相关利益攸关方和民间团体的定期交流，通过国际合作促进欧盟的做法以及确保在全球范围内一致应对这些技术固有的机遇和风险等方面而言至关重要。

第1条　立法目的

本条例的目的旨在为欧盟人工智能、机器人和相关技术的开发、部署和使用建立一个伦理原则的监管框架。

第2条　适用范围

本条例适用于人工智能、机器人和相关技术，包括在欧盟开发、部署或使用的此类技术使用或产生的软件、算法和数据。

第3条　地理范围

本条例适用于在欧盟开发、部署或使用的人工智能、机器人和相关技术，不论这些技术使用或产生的软件、算法或数据是否位于欧盟之外或其有无特定的地理位置。

第4条　定义

就本条例而言，适用下列定义：

（a）"人工智能"是指出其他之外，收集、处理和解释结构化或非结构化数据、识别模式和建立模型的软件系统，以便得出结论或根据这些结论在物理或虚拟维度上采取行动。

（b）"机器人技术"是指使机器能够执行传统上由人类执行任务的技术，包括人工智能或相关技术。

（c）"相关技术"是指使软件能够部分或完全自治地控制物理或虚拟过程的技术，能够通过生物特征数据来检测人员身份或人员特定特征的技术以及复制或以其他方式利用人类特征的技术。

（d）"软件"是指用代码表示的一组指令，是计算机运行和执行任务所必需的。

（e）"算法"指软件在执行任务时执行的计算或其他问题解决操作的模型。

（f）"数据"是指定义为并存储在代码中的信息。

（g）"开发"是指为了创造或培训人工智能、机器人和相关技术，或为了创造现有人工智能、机器人和相关技术的新应用而进行的算法构建和设计、软件编写与设计或数据的收集、存储和管理。

（h）"开发者"是指做出决定并控制人工智能、机器人和相关技术的发展过程或方式的任何自然人或法人。

（i）"部署"是指人工智能、机器人和相关技术的操作和管理，以及将它们投放市场或以其他方式提供给用户。

（j）"部署者"是指参与人工智能、机器人和相关技术的部署并具有操作或管理功能的任何自然人或法人。

（k）"使用"是指除开发或部署以外与人工智能、机器人和相关技术有关的任何动作。

（l）"用户"是指出于开发或部署目的而使用人工智能、机器人和相关技术的任何自然人或法人。

（m）"偏见"是指基于个人特征对一个人或一群人形成的任何成见或部分个人或社会看法。

（n）"歧视"是指没有客观或合理理由，对一个人或一群人形成的任何差别待遇，因此被联盟法律所禁止。

（o）"伤害或损害"是指身体、情感或精神伤害，偏见、歧视或污名化，因缺乏包容性和多样性而造成的痛苦，财务或经济损失，就业或教育机会丧失，对选择自由的不当限制，错误定罪，环境损害，以及任何对个人有害的违反联盟法律的行为。

（p）"治理"是指确保开发者、部署者和用户在一套正式的规则、程序和价值观的基础上采用并遵守最高标准和适当的行为规范，并允许他们在伦理问题出现时或出现之前适当处理这些问题。

第5条　人工智能、机器人及相关技术的伦理原则

1. 任何人工智能、机器人和相关技术，包括这些技术使用或产生的软件、算法和数据，应根据本条例中规定的伦理原则在联盟中开发、部署和使用。

2. 人工智能、机器人和相关技术的开发、部署和使用，包括这些技术使用或产生的软件、算法和数据，应以确保充分尊重人的尊严和《宪章》规定的基本权利的方式进行。

3. 对人工智能、机器人和相关技术的开发、部署和使用，包括对这些技术使用或产生的软件、算法和数据的开发、部署和使用，应符合公民的最佳利益。特别地，鉴于这些技术的潜力及其提供的机会，在任何时候都应考虑到保护和促进社会、环境和经济福祉的需要。

第6条　以人为本与人类制造的人工智能

1. 应以以人为本的方式开发、部署和使用任何人工智能、机器人和相关技术，包括因这些技术而使用或产生的软件、算法和数据，目的是通过保障人的自主权和决策权及确保人的能动性，为民主、多元和公平社会的存在做出贡献。

2. 对第1款所列技术的开发、部署和使用应保证在任何时候都有充分的人为监控，特别是在开发、部署或使用的过程中有违反本条例中规定的伦理原则的风险之时。

3. 对第1款所列技术的开发、部署和使用方式应允许随时恢复人类控制，包括在开发、部署或使用的过程中可能违反本条例中规定的伦理原则时，以改变或停止这些技术方式为之。

第7条　风险评估

1. 就本条例而言，人工智能、机器人和相关技术，包括此类技术使用或产生的软件、算法和数据，如有违反本条例中所规定伦理原则的重大风险，应被视为高风险技术。

2. 如果人工智能、机器人和相关技术被视为高风险技术，则应由第14条提及的国家监管机构对这些技术是否符合本条例规定的义务进行评估和监测。

3. 在不影响第1款的情况下，对人工智能、机器人和相关技术（包括此类技术使用或产生的软件、算法和数据）的风险评估，应根据在联盟层级所协调的客观标准并按照可适用的部门立法进行。

第8条　安全特性、透明度和问责制

1. 联盟开发、部署或使用的任何人工智能、机器人和相关技术，包括此类技术使用或产生的软件、算法和数据，应以确保其不违反本条例中规定的伦理原则的方式进行。特别地，它们应：

（a）以一致的方式予以开发、部署和使用，使其不追求或不开展设定之外的目标或活动。

（b）以灵活的方式予以开发、部署和使用，以确保足够的安全水平，并防止任何技术漏洞被用于不公平或非法目的。

（c）以安全的方式予以开发、部署和使用，以确保有安全措施，包括在违反本条例所规定的伦理原则之风险情况下有后备计划和行动。

（d）开发、部署和使用的方式确保人们能够给予信任，在实现目标和开展设想的活动方面，业绩是可靠的，包括确保所有业务都是可重复的。

（e）开发、部署和使用的方式确保特定技术的目标和活动的实现是准确的；如果无法避免偶尔的不准确，系统应通过适当的免责声明向部署者和用户指出错误和不准确的可能性。

（f）以易于解释的方式予以开发、部署和使用，以确保能够对技术的技术流程进行审查。

（g）开发、部署和使用的方式应能够警告用户他们正在与人工智能系统进行交互，并及时向人工智能开发者、部署者和用户披露他们的能力、准确性和局限性。

（h）根据第 6（3）条，以在不符合（a）至（g）项规定的安全特性的情况下，有可能暂时禁用相关技术并恢复对其历史功能的方式开发、部署和使用。

2. 根据第 6（2）条，应以透明和可追溯的方式来开发、部署和使用第 1 款中提及的技术，以使其要素、流程和阶段符合最高标准，并使第 14 条中提及的国家监管机构能够评估此类技术是否符合本条例中规定的义务。特别地，这些技术的开发者、部署者或用户应负责并能够证明符合第 1 款中规定的安全特性。

3. 第 1 款所述技术的开发者、部署者或用户应确保为确保符合第 1 款所述安全特性而采取的措施能够由第 14 条所述的国家监督机构进行审计。

4. 如果用户使用人工、机器人和相关技术，包括这些技术使用或产生的软件、算法和数据，是出于善意，并且绝不违反本条例中规定的伦理原则，则应推定用户遵守了本条例中规定的义务。

第 9 条　非偏见和非歧视

1. 联盟开发、部署或使用的人工智能、机器人和相关技术所使用或产生的任何软件、算法或数据应确保尊重人的尊严和所有人的平等待遇。

2. 对联盟开发、部署或使用的人工智能、机器人和相关技术使用或产生的任何软件、算法或数据应不带偏见，并且在不影响第 3 款的情况下，不得基于种族、性别、性取向、怀孕、残疾、身体或遗传特征、年龄、少数民族、族裔或社会出身、语言、宗教或信仰、政治观点或公民参与、公民身份、公民或经济地位、教育或犯罪记录等理由进行歧视。

3. 作为对第 1 款和第 2 款的减损，并且在不损害关于治理非法歧视联盟法律的情况下，只有在存在相称及必要的、客观的且合理和合法目标的情况下，才能证明个人或群体之间的任何差别待遇是合理的，只要不存在对平等待遇原则造成较少干扰的替代办法。

第 10 条　社会责任和性别平衡

1. 任何人工智能、机器人和相关技术，包括这些技术使用或产生的软件、算法和数据，应在联盟内按照相关联盟法律、原则和价值观进行开发、部署和使用，以确保最佳的社会、环境和经济结果，并且不会对个人或社会造成任何伤害或损害。

2. 本联盟开发、部署或使用的任何人工智能、机器人和相关技术，包括这些技术使用或产生的软件、算法和数据，应以对社会负责的方式开发、部署和使用。特别地，这种方式意味着这些技术是：

（a）以有助于改善个人发展、集体福祉和民主健康运行的方式进行发展、部署和使用，同时不干涉政治进程、决策和选举，也不助长虚假信息的传播。

（b）以有助于实现公平社会的方式进行发展、部署和使用，帮助增强公民的健康和福祉，促进平等创造和提供经济、社会和政治机会，并尊重工人的权利。

（c）以有助于公共辩论、补充和增强人类认知技能、鼓励优质教育和促进使用多种语文的方式进行开发、部署和使用，同时反映联盟的文化多样性。

（d）以性别平衡的方式进行开发、部署和使用，通过为所有人提供平等机会缩小性别差距。

（e）开发、部署和使用的方式有助于缩小各区域、各年龄组和各社会阶层之间的数字鸿沟，促进数字素养和技能发展、增强创新意识和创造力，同时尊重知识产权。

3. 联盟及其成员国应鼓励旨在提供基于人工智能、机器人和相关技术的解决方案的研究项目，这些项目旨在寻求促进社会包容、多元化、团结、公平、平等和合作。

4. 第14条提及的国家监管机构应监测联盟内普遍存在的人工智能、机器人和相关技术（包括这些技术使用或产生的软件、算法和数据）的社会影响，以避免对社会机构和社会关系的破坏性影响以及社会技能的退化。

第 11 条　环境友好和可持续性

1. 任何人工智能、机器人和相关技术，包括这些技术使用或产生的软件、算法和数据，应按照欧盟法律、原则和价值观在欧盟开发、部署或使用，以确保实现最佳的环境友好型结果，并在其生命周期和整个供应链中最大限度地减少其环境足迹，以支持实现气候中和与循环经济目标。

2. 欧盟及其成员国应鼓励和促进旨在提供基于人工智能、机器人和相关技术的解决方案的研究项目，寻求解决废物产生、碳足迹、气候变化和环境退化等环境问题。

3. 任何人工智能、机器人和相关技术，包括这些技术使用或产生的软件、算法和数据，应由第 14 条所明确的国家监管机构来进行环境友好型和可持续性评估，并确保采取措施减轻其对自然资源、能源消耗、废物产生、碳足迹、气候变化和环境退化的总体影响。

第 12 条　隐私和生物识别

1. 在本条例范围内进行的任何个人数据处理，包括从非个人数据和生物特征数据中获得的个人数据，应根据欧盟（EU）2016/679 号条例和 2002/58/EC 号指令进行。

2. 根据第 5 条第（2）款，如果各成员国政府当局为应对国家紧急情况而部署或使用生物识别等远程识别技术，这些政府当局应确保这种部署或使用仅限于特定目标，并在时间上受到限制，同时应在适当考虑到人性尊严和《宪章》规定的基本权利的前提下进行。

第 13 条　治理

1. 联盟所开发、部署或使用的人工智能、机器人和相关技术应符合第 14 条所述的国家监管机构根据联盟法律、原则和价值观制定的相关治理标准。

2. 联盟开发、部署或使用的人工智能、机器人和相关技术所使用或产生的数据，应由开发者、部署者和用户根据第 1 款中提及的相关标准以及相关行业和商业协议进行管理。特别地，开发者和部署者应在可行的情况下，对人工智能、机器人和相关技术所使用的外部数据源进行质量检查，并应建立关于其收集、存储、处理和使用的监管机制。

3. 在不损害其使用人工智能、机器人和相关技术产生数据的人员之可携权和个人权利的情况下，对本联盟开发、部署或使用的人工智能、机器人和相关技术所使用或产生的数据的收集、存储、处理、共享和访问应符合第 1 款中提及的相关标准以及相关行业和商业协议。特别地，开发者和部署者应确保在人工智能、机器人和相关技术的开发和部署过程中适用这些协议，明确规定处理和授权访问这些技术所使用或产生的数据的要求，以及处理和授权访问这些数据的目的、范围和对象，所有这些都应始终是可被审计和追踪的。

第 14 条　监管机构

1. 各成员国应指定一个独立的公共机构负责监督本条例的实施（"监管机构"）。根据第 7（1）和（2）条，各国监管机构应负责评估在欧盟开发、部署和使用的人工智能、机器人和相关技术（包括此类技术使用或产生的软件、算法和数据）是否属于高风险技术；若是，则负责评估和监控其是否符合本条例中规定的伦理原则。

2. 各国家监管机构应促进本条例在全联盟中的一体适用。有鉴于此，特别是在建立第 13（1）条所述的治理标准方面，各成员国的监管机构应相互合作，并与欧盟委员会及其他机构、实体、办事处和机关展开合作。

3. 各国监管机构应负责监督治理标准在人工智能、机器人和相关技术方面的适用，包括与尽可能多的利益攸关方联络。为此，各成员国监管机构应提供一个与利益攸关方作定期交流的论坛。

4. 各国监管机构应就本条例中规定的伦理原则之一般适用提供专业与行政的指导及支持，包括对中小型企业或初创企业的指导及支持。

5. 各成员国应通过［请在生效后 1 年内输入日期］向欧盟委员会通知其根据本条通过的法律规定，并毫不延迟地通知影响这些条例的任何后续修正案。

6. 各成员国应采取一切必要措施，确保实施本条例中规定的伦理原则。各成员国应支持相关利益攸关方及民间团体在联盟和国家层级致力于确保（人工智能产业）及时、合乎伦理和知情地应对新的机遇和挑战，特别是应对人工智能、机器人和相关技术相关的技术发展带来的跨境机遇和挑战。

第 15 条　举报违规行为和保护举报人

欧洲议会和欧盟理事会第（EU）2019/1937 号指令〔1〕应适用于举报违反本条例的行为，并保护此类违规行为的举报人。

第 16 条　欧盟第 2019/1937 号指令修正案

欧盟第 2019/1937 号指令修改如下。

（1）在第 2（1）条中，增加以下内容：

"（xi）开发、部署和使用人工智能、机器人和相关技术。"

（2）在附件第一部分中，增加了以下内容：

"第 K.2（1）条第（a）（xi）点——人工智能、机器人和相关技术的开发、部署和使用。"

"（xxi）欧洲议会和理事会关于开发、部署和使用人工智能、机器人和相关技术的伦理原则的第［XXX］号条例。"

---

〔1〕《欧洲议会和欧盟理事会 2019 年 10 月 23 日关于保护举报违反欧盟法律者的第 2019/1937 号指令》（官方公报 L 类第 305 期，2019 年 11 月 26 日，第 17 页）。

第 17 条　审查

委员会应定期审查人工智能、机器人和相关技术的发展，包括这些技术使用或产生的软件、算法和数据，并应在［请在生效后 3 年内输入日期］后每 3 年向欧洲议会、理事会和欧洲经济和社会委员会提交一份关于本条例适用的报告，包括对本条例适用范围的可能修改的评估。

第 18 条　生效

1. 本条例应自其在联盟官方公报上发布后的第 20 日起生效。自 XX 起开始适用。

2. 根据建立欧洲联盟的条约，本条例应完全具有约束力，并直接适用于各成员国。

### 三、立法动议及提案之解释性陈述

在 1982 年的电影《银翼杀手》中，瑞秋（Rachael）——一个为一家制造其他"复制人"的公司工作的"复制人"，即有感知能力的人形机器人，对以消灭流氓复制人为生的赏金猎人德卡德（Deckard）说："看来你觉得我们的工作对公众没有好处。"

德卡德（Deckard）回答道："复制人就像任何其他机器一样——他们要么是一种利益，要么是一种危险。如果他们是一种好处，那不是我的问题。"

（一）益处与危害

人工智能在我们在公共场所、工作场所和社会中互动的所有机器上的大规模安装，将意味着或已经意味着一场只能与过去工业革命所预示的变革相媲美的技术变革。生活将不再一样，劳动力市场、人们与政府机构的关系、个人关系甚至我们的家庭环境都将发生深刻的变化——想想我们家中所有设备中的"物联网"实际上意味着什么。如此巨大的技术巨变让我们陷入了《银翼杀手》所引发的两难境地：任何技术都有益处和危险。当我们谈及人工智能的问题时，我们谈论的是前所未有的益处和/或风险，因为它具有内在的力量。

（二）欧盟在建立法律框架中的作用

然而，当公共行政部门处理这一现象时，我们不能接受德卡德（Deckard）的职业犬儒主义。对于欧洲议会而言，利用这些技术对欧洲福祉和竞争力的潜在好处，就像是与监控它们的内在风险，或者预先防范由这些风险实际表现出来的后果同等重要。因此，我们希望成为在法律上建立伦理门槛的先锋，这一门槛既能保护欧洲公民免受这一技术变革可能带来的不利影响，又能为全世界对欧洲人工智能的信任带来附加价值。该伦理门槛符合《欧洲联盟基本权利宪章》所载的欧洲原则和价值观，也完全符合我们项目的文明使命。我们的规章制度必须受到人文主义和以人为中心的技术发展方法的启发。一套规则不仅适用于欧洲开发的人工智能，而且对任何打算在欧盟运营这项技术的人来说，这也是一项严格的监管要求。

至关重要的是，由此所确立的一系列权利和义务应在欧盟所有成员国之间共享和承担。一系列没有共同基准的国家法规可能意味着单一市场的崩溃，并破坏我们在世界上实现技术领先的集体努力。建立一个欧洲机构来负责监督该条例的制定，将助益于调和各成员国的法律和技术框架的制定。

（三）灵活且面向未来的监

为了回应那些主张放弃行业自律的观点，最初的对话也有助于说明公众参与的必要性，以期实现超越单纯经济盈利的目标：欧盟机构必须努力避免决策过程中的歧视（无论其基础如何），并利用这些技术的变革潜力，以推进建设一个更加公平、环境更加可持续的社会——特别强调消除基于性别的歧视——以及其他目标。该文本为欧洲各政府当局提供了能够解决这些问题的明确授权。

本条例还希望将一套雄心勃勃的要求与监管的便宜性相结合，避免向相关机构设置复杂的监管系统和/或强加沉重的官僚负担。条例还寻求建立一个足够灵活的框架，以适应不断变化的现实进展，同时允许该领域的发展规则去塑造更加具体的现实。

（四）一条综合的路径，包括建立国家监管机构

该条例旨在将监管扩展到所有高度复杂的技术领域，其具体包括了关于通过机器学习或深度学习的技术的发展、实施和演变的规定。在处理被定义为"高风险"的技术时，特别强调预防，即那些极有可能造成负面外部影响的技术和/或那些需要使用敏感材料以获得特殊保护的技术（在《条例》中也有定义）。它还规定了个人权利和远程识别技术的高度敏感问题，为其使用建立了许多保障措施。还为特殊情况制定了非常严格的临时材料框架，供各政府当局在发生重大紧急情况时使用。

该条例的另一个目标是鼓励所有公民，特别是受这些技术介入与/或影响的个人和群体，来参与这一监管框架的设计、开发、控制和监督。条例案文规定了各国监管机构的任务——它明确指出这是强制性的，以确保来自民间团体的必要和持续支持。同样地，它为人工智能的设计者、操作者和用户在透明度和问责制方面制定了雄心勃勃的要求。它还包括了用户以应有的礼貌行事之义务，以及确保他们善意使用技术的必要条件。

（五）可解释性、透明度、问责制、责任和治理

我们距离开发一种能够产生"心理历史"的算法还有很长的路要走，这是艾萨克·阿西莫夫（Isaac Asimov）在《基础（Foundation）》系列中的虚构科学。自由意志的概念是人类不可分割的特征，目前似乎没有危险性。这种情况依然存在，尽管利害攸关的是从本质上预测历史大潮流的出现。我们民主的

政府当局必须确保在人工智能技术的帮助下所做出的所有决定，无论大小，都不会是晦涩难懂的数学公式的结果。可解释性、透明度、问责制和责任将是在欧洲联盟开发和运行的人工智能不可或缺的特征。

简而言之，欧洲联盟必须是一个在保障公民权利和促进技术发展之间保持必要平衡的区域。我们的条例和监管机构制定的监管形式必须为世界其他地区树立榜样，并且应成为确保在全球层面充分治理这一现象的第一步。